Los caminos adversos de Dios

XABIER PIKAZA

Los caminos adversos de Dios

Lectura de Job

SAN PABLO

© SAN PABLO 2020 (Protasio Gómez, 11-15. 28027 Madrid)
Tel. 917 425 113 - Fax 917 425 723
E-mail: secretaria.edit@sanpablo.es - www.sanpablo.es
© Xabier Pikaza Ibarrondo 2020

Distribución: SAN PABLO. División Comercial
Resina, 1. 28021 Madrid
Tel. 917 987 375 - Fax 915 052 050
E-mail: ventas@sanpablo.es
ISBN: 978-84-285-5875-4
Depósito legal: M. 14.787-2020
Printed in Spain. Impreso en España

Introducción

Al terminar los estudios en el Bíblico de Roma, presenté al profesor L. Alonso Schökel (1920-1988) un comentario sobre algunos textos narrativos del AT y, al devolvérmelo, me dijo: «Te queda la poesía, empieza con Job». Me puse a ello, aunque el hebreo del libro era difícil, como solía decirnos M. Dahood (1922-1982), al enseñarnos ugarítico, idioma perdido de la costa de Fenicia. El trabajo que había emprendido era prometedor, pero no pude culminarlo.

Pasado un tiempo, traduje el comentario de F. Delitzsch, *Das Buch Job*, Leipzig 1876, y sentí que aquello iba en mi línea. A diferencia de Dahood, él aceptaba el hebreo de los masoretas, con vocalización y acentos, insistiendo además en el parentesco entre *la religión proto-semita* (abrahámica) de Job y *el islam coránico* del VII-VIII d.C. Quise retomar el estudio de Job, pero también entonces tuve que dejar pendiente la tarea y solo he podido completarla a partir del año 2015, traduciendo al fin el comentario de Delitzsch (cf *El libro de Job*, Clie, Viladecavalls 2020), y preparando este libro de *Lectura de Job*, a partir de las lecciones de poesía de Schökel, con la visión más filológica de Dahood y la apertura al diálogo de religiones de Delitzsch. Significativamente, he culminado este trabajo en un tiempo de miedo y de «peste» parecido al de Job (en medio de la pandemia de coronavirus: marzo/abril 2020), sintiendo la necesidad de recrear su (nuestra) visión de Dios, a partir de las víctimas expulsadas en el estercolero de la historia.

Libro de experiencia personal y estudio

El año 1973 comencé a enseñar en la Facultad de Teología en la U. P. de Salamanca, tuve muy presente a Job como fondo, como muestran algunos de mis libros: *Dimensiones de Dios* (1973); *Historia del pueblo de Dios* (1987); *Dios judío, Dios cristiano* (1996); *Teodicea* (2013). Más que su poesía me empezó a importar entonces el carácter mítico (simbólico) de sus imágenes «sagradas» (cielo y tierra, lluvia y tormenta, vida y muerte), con la melodía del dolor universal, interpretada a seis o siete manos, entre Dios y Diablo, Job y sus amigos, los mineros (cap. 28) y Elihu, el fiscal fracasado de Dios.

Yo venía de Aristóteles y Kant, con una tesis doctoral sobre hermenéutica *(Exégesis y filosofía: R. Bultmann y O. Cullmann,* Madrid 1972), y quería hallar ideas claras y distintas, mientras Job me devolvía al mundo de los miedos y los sueños ancestrales, con luces intensas que se velaban de nuevo, dentro de una trama existencial de tipo mitológico, con un Dios supra-poderoso, acompañando a Job en su travesía de víctima, con antagonistas dudosos (tres amigos) por los que Job tenía que orar al final (42,7-17) para que también ellos pudieran seguir viviendo.

Aquel trabajo me llevaba al dolor de los hombres, pero también a la experiencia de un mundo de tormentas y animales extraños (onagro, avestruz, cabra montés...) y otros más imaginarios como *Behemot y Leviatán,* con la certeza de que Dios no se demuestra, ni se impone, sino que está (se revela) en cada instante, en el silencio atronador de la *tormenta* y el estallido brutal de *Leviatán,* diciendo que vivamos.

Job me interesaba especialmente como texto de crisis teológica, en el lugar de paso entre el Dios-Cosmos, poder de toda realidad, y el Dios-Dolor y esperanza de los hombres, dialogando, discutiendo y encontrándose en la vida, como si yo mismo fuera un personaje de su trama, entre Dios y el Diablo, con los tres amigos y Elihu, sobrado de razones y corto de respuestas, pero nunca pude trazar una visión de conjunto de su obra. Solo ahora (2018-2020), maduro en años, «jubilado» por fuerza de la teología académica, con libertad para ir y venir por «caminos adversos», he podido pagar mi deuda con Job, en una línea más existencial que filológica, perplejo ante las voces adversas de sus protagonistas.

Descubrí de esa manera la armonía de los cantos (discursos) discordantes de Job y sus amigos, con el fiscal Elihu, apelando a la sumisión más que a la escucha compartida de la vida, con animales de fondo y un Dios extraño, que absuelve a Job, pero deja muchos cabos de la historia sueltos. El libro aparecía ante mí como una tragedia antigua y una ópera moderna, con imágenes y argumentos que se iban cruzando, sobre el canto firme del dolor de los hombres y de Dios, un Dios que apenas podía liberarse de Satán y sus «demonios».

Leí comentarios antiguos y supe que el libro de Job se había leído, comentado, cantado y sufrido con inmensa pasión, a lo largo de los siglos, no solo entre judíos, sino entre cristianos como el papa Gregorio Magno (578-595), cuyos *Comentarios Morales (Moralia)* marcaron durante un milenio la conciencia de la Iglesia. Ciertamente, con el racionalismo y la Ilustración, algunos pensaron que era un texto de retórica vacía, y así corrió el riesgo de caer en desuso, pero nuevos pensadores y testigos del siglo XX han vuelto a destacar sus aportaciones:

- C. G. Jung, *Respuesta a Job* (Trotta, Madrid 2014, original 1952), ha insistido en su *novedad antropológica*. Conforme a su visión, en una línea que había sido adelantada por diversos exegetas (como F. Delitzsch), el libro de Job plantea preguntas y problemas que el Dios de aquel momento (V-IV a.C.) no sabía ni podía responder, pues no había compartido la carne de dolor de los hombres. Por eso, a fin de dialogar por dentro con Job, Dios tuvo que ser/hacerse humano, para experimentar los temas y tareas de la «carne»; solo así ha podido iluminar la problemática del hombre.
- R. Girard, *Job. La ruta antigua de los hombres perversos* (Anagrama, Barcelona 1985), ha puesto de relieve la *novedad social* del libro: más que como expresión de un conflicto entre el hombre y Dios, el libro de Job expone un conflicto interhumano, que debe interpretarse desde la problemática del chivo expiatorio. Los tres amigos, con el «dios» al que defienden, descargan sobre Job su violencia, convirtiéndolo en víctima del «sistema» (del «dios» de este mundo: cf 2Cor 4,4). En un una línea distinta avanza Elihu, nuevo teólogo, pero el libro de Job desmonta su argumento, pasando así del Dios (teología) de la opresión al Dios de la encarnación y comunión, partiendo de las víctimas.

~ G. Gutiérrez, *Hablar de Dios desde el sufrimiento del inocente* (Sígueme, Salamanca 1986; cf J. Pixley, *El libro de Job: comentario bíblico latinoamericano*, Seminario Bíblico Lationiamericano, San José de Costa Rica 1982), destaca la *novedad liberadora* del libro de Job, que nos lleva del plano de la *imposición ontológica* centrada en el talión (para justificar el orden establecido) al de la *acción liberadora*, a partir de las víctimas, suscitando así una humanidad liberada, de gracia. En esa línea, la llamada paciencia de Job no sirve para justificar lo existente (el orden impuesto), sino para transformarlo, como han visto, en líneas distintas pero convergentes, algunos pensadores judíos como F. Rosenzweig *(La estrella de la redención*, Sígueme, Salamanca 1998; original de 1921) y E. Lévinas *(Totalidad e infinito*, Sígueme, Salamanca 1977; original de 1961).

Desde el otro lado de Dios

Job se sitúa en el momento axial de la humanidad (cf K. Jaspers, *Origen y meta de la historia*, Acantilado, Barcelona 2017, original de 1949), en el contexto de la gran transformación que se produjo, de un modo especial, en la India (Buda), Grecia (trágicos) e Israel (profetas), entre el VI y el IV a.C., pasando del *orden sacral impositivo* (que expulsa y condena a las víctimas) a la experiencia superior de *la vida como libertad*, con un Dios que aparece y camina al otro lado de la vida, omnipotente y débil a la vez, a diferencia de lo que en aquel tiempo iba diciendo Buda:

~ *Buda* se sintió abrumado ante el dolor de la existencia (enfermedad, vejez, muerte). Pero no respondió acusando a Dios, ni pidiendo su llegada como juez final, ni discutiendo con otros hombres, ni echándoles la culpa de sus males, pues cada uno es responsable de sí mismo y de esa forma, solo por sí mismo, puede superar el dolor de los deseos, dejándose alumbrar por el Nirvana.

~ *Job*, en cambio, se enfrentó con Dios y con un grupo de aliados suyos, a quienes acusaba de oprimirle, haciéndole víctima. Por eso, su respuesta debió hallarse vinculada con la necesidad de un cambio de Dios (que parecía poderoso pero injusto) y de unos hombres prepotentes, a fin de reconstruir el camino de la vida desde el dolor de las víctimas, como experiencia de reconciliación y justicia desde la misma tierra.

Ciertamente, como he dicho ya, Job puede compararse con los trágicos de Grecia, pero he querido compararlo especialmente con Buda pues, siendo distintos, ellos nos sitúan ante las dos visiones quizá más significativas del sentido de Dios en la existencia humana: *Job* concibe la vida como juicio sobre Dios omnipresente; *Buda* prescinde externamente de Dios; pero ambos insisten en el dolor y en su superación.

~ *El libro de Job ilumina y enriquece la vida humana desde su excelsa poesía,* centrada en la experiencia y superación del dolor como castigo de Dios o como catarsis creadora. Su autor no crea una nueva religión, una comunidad de «jobistas» (como los budistas), sino que escribe un libro de especialidad, para expertos, con tiempo y medios para reflexionar sobre el dolor y la justicia, un libro que a pesar de su dificultad literaria ha influido mucho en el despliegue de fondo del judaísmo y del cristianismo.

~ *Buda no expone su visión en un libro, sino que ha sido inspirador de un movimiento riguroso de superación del deseo,* con normas o leyes de vida entendidas, extendidas y aplicadas por sus seguidores. Él ofrece así unas «herramientas» de acción liberadora para iluminados (cuatro nobles verdades, unas pautas de acción), a fin de que los hombres entiendan y superen el dolor, trascendiendo los deseos que lo causan, pasando así del dolor universal a la experiencia del Nirvana, también universal.

Buda no instituye un proyecto de justicia social, sino un camino de trascendencia personal para que la vida «sea» (se ilumine) más allá de los deseos. *Job* en cambio se introduce en la problemática social, vinculada a la opresión de unos hombres por otros, y por eso no quiere «negar» los deseos, sino «purificarlos», para que los hombres puedan así relacionarse en libertad.

Ambos intentan liberarse del karma del talión, entendido como rueda de deseos que pueden crear nuevos deseos (caminos) de muerte. Pero hay mucha diferencia: Buda no discute con Dios, prescinde de él. Por el contrario, Job le necesita, pensando que solo Dios puede solucionar el dolor de ser hombre. Ciertamente, la Biblia sabe que los caminos de Dios son rectos, y que los justos han de transitar por ellos (Os 14,9), pues en él vivimos, nos movemos y somos (cf He 17,28). Pero Job añade que esos caminos han de verse como sendas de infortunio, muerte y catarsis, como muestra el mismo argumento del libro:

- *Infortunio, un Dios con Satán* (1-2). En un momento dado, el Dios propicio de la religión tradicional de Israel ha venido a vincularse en Job con un Satán nocivo, el Adversario con mayúscula, aquel que vigila al hombre desde su distancia superior de muerte, disparándole sus flechas, para cazarlo y torturarlo como a bestia fiera peligrosa.

- *Senda de muerte, disputa dramática* (4-27). Situado ante la prueba, Job empieza diciendo que, mejor que vivir sufriendo, hubiera sido no haber nacido (3), pues esta vida es una gran contra-dicción, una carrera de dolor, sin más salida que la muerte. El Dios con el que le amenazan sus amigos-enemigos se eleva ante él como *Adversario,* que lo mantiene muriendo sobre el polvo, tras haberle quitado lo que amaba: casa, riqueza, honor, familia.

- *Catarsis e iluminación: tres grandes discursos de juicio para una sentencia* (28-42). Pero, en un proceso de maduración, tras un canto a la Sabiduría (28) y una intensa apología de Job –que alza su voz como abogado defensor de sí mismo (29-31), después del discurso condenatorio de Elihu, que actúa como fiscal teológico (32-37)–, toma la palabra el mismo Dios con un largo discurso judicial (38,1–42,6), culminando en una sentencia absolutoria, de tipo paradójico (42,7-17).

Camino de transformación.
Estrategias y transformaciones

Empobrecido y enfermo, Job no puede apelar al Dios de sus antiguos amigos, pues ellos le han secuestrado, poniéndole al servicio de sus intereses, y para quedar satisfechos necesitan que él se doblegue, confesando que ha pecado. Desde aquí se entienden las estrategias básicas del libro, sin contar con la de Satán (cf caps. 1-2) que al final queda simplemente «cesado», como si Dios no le necesitara:

- *Estrategia de los amigos* (4-27): Ellos quieren probar que Job es culpable y que sufre con razón, por haberse rebelado contra Dios, de forma que solo podrá ser «perdonado» (rehabilitado) si confiesa su pecado, dejando que Dios le acepte de nuevo y que sus amigos, triunfadores del sistema, le perdonen, quedando así sobre él.

- *Estrategia de Job* (debate, 4-27, y apología: 29-31). Mantiene su razón, diciendo que es inocente y el Dios que le castiga es injusto. Según eso, la solución no es someterse a este «dios», pidiéndole perdón, sino apelar al Dios más alto y verdadero, por encima del sistema del talión de sus «amigos».

- *Nueva teología: Un fiscal contra Job* (32-37). Viendo que los tres «amigos» no han logrado acallar a Job, el redactor final del libro ha introducido un *cuarto perso-naje* (Elihu, Dios es él), como defensor de Dios, para dictar su lección final de «teología», condenando a Job por haberse elevado contra el orden de Dios, que no puede entenderse en la línea del talión interhumano, sino de pura trascendencia religiosa; no tiene sentido argumentar ante (o contra) Dios, sino someterse a su dictado.

- *Sentencia de Dios, una vida abierta* (38-42). A él apelan todos y él responde al fin, acogiendo las protestas y razones de Job, e incluso las acusaciones de los tres amigos, aunque insiste en que Job tiene razón y les dice a sus amigos que le pidan perdón. Dios, ignora, sin embargo, los «sermones teológicos» del fiscal Elihu, mostrando así que no necesita sus defensas, demasiado teológicas y poco humanas, diciendo a todos que la vida continúa, que sigan buscando y dialogando, sin imponerse con violencia unos a otros. El fiscal queda descalificado y Satán cesado.

Esta es la temática del libro, y desde ese fondo siguen abiertos sus motivos principales, de tal manera que lo único claro es que Job tenía razón planteando las preguntas que ha planteado y elevando las quejas que ha elevado. Lo único claro es que el dolor del hombre (el grito de las víctimas) llega hasta Dios y que Dios lo acoge. Situándose ante ese tema, algunos comentaristas han pensado que la catarsis o transformación de Job se parece a la de Esquilo *(Orestíada)*, haciéndonos pasar del Dios adverso de las erinias al Dios favorable de las euménides.

Pero hay una gran diferencia: los dioses de la *Orestíada* (con Atenea) justifican, desde el Areópago de Atenas, la violencia establecida de Orestes, en contra de su madre, para defender de esa manera al Dios del Poder. Por el contrario, el libro de Job rehabilita a la víctima oprimida. Su Dios no condena a Job, ni condenaría a Sócrates (en contra del Areópago de la *Orestíada,* que lo hace), ni a Jesús (en contra de los poderes imperiales y sacerdotales de Jerusalén, que lo hacen). Este es el mensaje básico del libro: Dios ama y rehabilita a Job, el oprimido.

El mismo Dios declara al fin la derrota de Satán (1-2) y el triunfo de Job que es la humanidad sufriente (42,7-17), compleja y rica de dolores y apuestas de vida, con Job y sus amigos nuevamente empeñados en la trama del dolor y la esperanza. En un sentido, Dios resuelve el nudo de la trama, pero en otro deja, como he dicho, muchos cabos sueltos, para que nosotros los vayamos ajustando. Eso significa que el de Job no es un libro de final resuelto, de forma que se pueda cerrar y pasar a otras cosas, sino *un libro para volver,* como hará en otro plano el evangelio de Marcos, que acaba pidiendo a sus lectores que vuelvan al principio de Galilea (Mc 16,8). En esa línea, el epílogo de Job 42,7-17 nos lleva otra vez al prólogo de los capítulos 1-2, no para cerrar en círculo los temas, sino para mantener abiertos en espiral los motivos centrales de la trama, en un gesto superior de transformación:

- *La transformación de Job exige mantener los oídos abiertos al grito* (cf Job 3), esto es, a la llamada y al lamento de aquellos que sufren y elevan su dolor contra (frente) a Dios, como han puesto de relieve tanto el AT como el NT, con el llanto de los hebreos de Egipto (Éx 2,23-25) y la opresión de los enfermos y excluidos de Galilea (cf Mt 9,36). Sin ese grito se pierde y apaga la vida de los hombres.

- *Job nos lleva a transformar el sistema de poder de sus amigos (Job 4–27) que justifican el sometimiento de las víctimas.* Ciertamente, un orden como aquel ofrece un tipo de seguridad, pero acaba oprimiendo (expulsando) a los millones de vencidos y caídos del camino por donde transita el Dios de Job. Este libro exige, por tanto, la transformación de un sistema divino y humano de opresión, y quiere hacerlo desde la perspectiva de las víctimas, entre las cuales se eleva Job de un modo tanteante en su *apología* (cf 28-31).

- *El Dios de Job destruye la estrategia del fiscal teológico Elihu* (32-37), que critica a sus «amigos» y quiere presentarse de un modo superior (sin acepción de personas, ni ricos ni pobres), como portavoz de un Dios más alto, lleno de razones. Toma nota; pero no las acepta, mostrando así que Dios no necesita las razones del fiscal teológico (38-42), ni las de Satán (acusador, tentador), pues la respuesta «teológica» no basta y la estrategia acusadora de Satán es falsa, porque los temas de la vida del hombre no se solucionan apelando al sometimiento ante un Dios incomprensible.

Ciertamente, Job no niega al Dios de los caminos de la vida, sino al de la opresión, propio de aquellos que utilizan su nombre para dominar sobre la tierra, situándonos así ante el Dios verdadero de los expulsados. Él ha proferido las acusaciones más hirientes contra el Dios/Poder de sus «amigos», que le exigen sumisión, de forma que debe celebrarse un tipo de juicio final, en el que, de un modo sorprendente, el Dios de la vida (de los caminos adversos) no solo no lo condena, sino que lo rehabilita, y exige que sus acusadores se conviertan, para iniciar así un camino distinto de la historia (de humanidad) a partir de las víctimas. Desde ese fondo, los lectores judíos y cristianos de la Biblia han recibido en este libro una ayuda para sufrir y para vivir, para amar a Dios que es Vida y para abrir un camino distinto de futuro, en tiempos de gran crisis.

Y con eso puede terminar mi introducción, debiendo confesar que, a pesar de mis deseos iniciales, no ofrezco aquí un comentario filológico de Job, pues en ese plano existen en castellano muy buenos libros, como los de L. A. Schökel (con J. L. Sicre) y V. Morla, a quienes acudo en lo que sigue, sino una traducción y lectura de tipo más antropológico y teológico. La *traducción* se inspira en las de Reina-Valera, con F. Delitzsch, A. Schökel y V. Morla. La *lectura* es mía, pero el lector interesado descubrirá lo que debo a los autores citados, y a otros como P. Dhorme y J. Lévêque, con los que aparecen en la *bibliografía general* del final del libro.

Solo me queda agradecer la amistad e interés de M. Ángeles Romero, directora de la Editorial San Pablo, y en especial la resistencia amorosa de Mabel, que ha debido soportar semana tras semana, mes a mes, mis soliloquios y conversaciones con Job, haciendo así posible que esta «lectura» salga a luz, en unos días marcados por la pandemia del «coronavirus», que me ha permitido comprender mejor la importancia del libro de Job para nuestro tiempo.

San Morales, Salamanca
Abril 2020

Prólogo.
Dios y Satán discuten sobre Job (1–2)

Probablemente, este prólogo del libro (Job 1–2) ha sido escrito al mismo tiempo que el epílogo (42,7-17), después de la discusión de Job con sus amigos (4–27), con su apología final (29–31) y la revelación de Dios en la tormenta (38,1–42,6). Este prólogo se divide en tres partes: 1. Job, hombre de Dios; Satán, la duda (1,1-12). 2. Primera prueba: la pérdida de todo (1,13-22). 3. Segunda prueba: enfermedad que da que pensar (2,1-13).

Job, hombre de Dios; Satán, la duda (1,1-12)

1,1-5 presenta a Job como hombre perfecto; 1,6-12 expone la duda de Satán, quien dice a Dios que Job no le ama (sirve) de un modo desinteresado, sino por conveniencia, identificando así a Dios con el egoísmo humano.

1. *El hombre Job* (1,1-5), perfecto y recto, temeroso de Dios y apartado del mal (cf 1,1). La tradición, citada en Ez 14,14, lo coloca junto a Noé y Daniel como ejemplo de honestidad

y justicia. No era judío, como tampoco Noé (Gén 6-9), ni tampoco (en principio) Daniel, sino representante de una humanidad buena y justa, en un contexto social de Oriente. El autor de este libro ha reescrito su historia desde una perspectiva israelita, pero sin fundarse en tradiciones bíblicas (Ley del Sinaí, monarquía de David, profetas y templo de Jerusalén...), elaborando en torno a la figura de Job un libro de tipo sapiencial, aceptado en el canon de la Biblia, con Salmos, Proverbios, Eclesiastés y Cantar. Tanto el NT (Sant 5,1) como el Corán (4,163; 6,84; 21,83; 38,41).

1 ¹Había una vez en el país de Uz un hombre llamado Job. Era un hombre perfecto y recto, temeroso de Dios y apartado del mal. ²Le habían nacido siete hijos y tres hijas. ³Su hacienda era de siete mil ovejas, tres mil camellos, quinientas yuntas de bueyes, quinientas asnas y muchísimos criados. Era el hombre más importante de todos los orientales.

⁴Sus hijos celebraban banquetes en sus casas, cada uno en su día; y enviaban a llamar a sus tres hermanas para que comieran y bebieran con ellos. ⁵Y sucedía que una vez pasados los días de turno, Job los hacía venir y los santificaba. Se levantaba de mañana y ofrecía holocaustos conforme al número de todos ellos. Porque decía Job: «Quizá habrán pecado mis hijos y habrán blasfemado contra Dios en sus corazones. Esto mismo hacía todos los días».

El libro comienza en forma de parábola. Al oriente de Israel, entre Siria, Transjordania, Moab o Idumea, habitaba un rico y justo adorador de Dios (Shadai, Eloah, Elohim), en un contexto patriarcal. Se puede pensar que era (literariamente) contemporáneo de Abraham y Jacob, pastor y agricultor, sedentario y rico, gran jeque (rey) de una tierra fértil, entre la ciudad y el desierto, que no necesitó emigrar como los patriarcas a la tierra de Canaán, para iniciar así la historia israelita.

Job 1,1 le presenta como un *ish,* hombre-varón, y le define con cuatro notas: *es perfecto y recto (tam y yashar), temerosos de Dios (yere Elohim) y apartado del mal (sar mira').* «Temer» significa respetar, en el sentido de «honrar»: acoger la palabra de Dios (su presencia) y apoyarse en ella. Ciertamente, conforme al mandamiento fundamental o *shema* (Dt 6,4-6), el hombre ha de «amar» a Dios (más que temerle); pero a lo largo del AT, temer es amar en el sentido de obedecer (escucharlo), compartiendo su camino.

Este pasaje insiste en la oposición entre *Dios (Elohim),* a quien Job teme, y *el mal (ra'),* del que se separa. De esa manera, siendo temeroso de Dios, recto y perfecto, Job aparece como «imagen y semejanza» de Dios (cf Gén 1,27), signo de su vida sobre el mundo. Al mismo tiempo, Job aparece como hombre/varón poderoso, el más rico de los orientales (cf 1,3), jeque o rey de una tierra, entre Palestina, Arabia, Siria y Mesopotamia. No es uno cualquiera, es un hombre muy significativo, por su riqueza, sabiduría y poder (cf Job 29), como Salomón y el autor del Eclesiastés, rico, poderoso y sabio sobre el mundo.

El libro trata de Job y otros hombres, y apenas alude a mujeres. Ciertamente, cita a algunas, como la mujer e hijas de Job, al principio y final del relato (cf 1,2-5; 42,12-17). Pero en el centro del libro solo aparecen las doncellas del cap. 31 a las que Job respeta (en contra de los violadores de Gén 6,1-6), y la mujer en general, como «madre impura» de los hombres (cf 14,1; 15,14). Aquí no se habla del amor de hombre y mujer (como en el Cantar de los cantares), sino *del poder de unos hombres (varones) sobre otros.* Este «silencio» sobre las mujeres define y limita el sentido del libro, de manera que para interpretarlo bien, en nuestra perspectiva (siglo XXI), habría que reescribir su temática, desde la perspectiva de varones y mujeres.

Job es un patriarca principal, un hombre rico, una especie de príncipe del pueblo, entre la ciudad y la estepa, en Oriente, en una tierra que el autor del libro no ha querido precisar mejor, entre los arameos del nordeste de Israel, más allá del Golán (como piensa F. Delitzsch), o entre los idumeos del sudeste de Judá, allende el Mar Muerto, como parece más probable. No es israelita (judío), sino un pagano del entorno de Israel, un príncipe-sacerdote de Dios, antes (o fuera) de la religión confesional israelita, cercano al de Esdras-Nehemías, bajo la dominación persa (siglo V a.C.), cuando se estaba fijando el conjunto de la Biblia hebrea, y muchos (sacerdotes y escribas) promovían una restauración nacional de Israel.

Significativamente, a diferencia de Esdras-Nehemías y de Crónicas (con algunos textos de los últimos profetas y el mismo Pentateuco), el libro de Job no busca una restauración de Israel, sino la recreación del hombre, y lo hace en un momento en que los judíos nacionales rechazan y condenan a los idumeos, a los que pertenecía probablemente Job (cf Abdías). De un modo significativo, este Job, un extranjero, quizá idumeo, de un pueblo que consideraban maldito, aparece como signo de la humanidad y representante de la justicia de Dios: «hombre perfecto y recto», temeroso de Dios y apartado del mal, de noble familia quizá sacerdotal (como Melquisedec, pagano de Jerusalén: cf Gén 14,18-20), padre de hijos ricos, por quienes ofrecía sacrificios rituales de purificación y alabanza que ascienden al cielo (*'olôt*, 1,5), cada semana... Este es el «héroe» de nuestra historia.

2. *Satán, duda de Dios sobre Job* (1,6-12). Job, el más rico y más justo de Oriente, es fuente de disputa entre Dios y Satán, el Diablo (un tema que puede compararse con Gén 2–3, aunque con una perspectiva distinta). En los «felices» tiempos anteriores no se hablaba de Satán, pues Dios aparecía como la Naturaleza entera, «esencia» de la Vida que se expresa y actúa en todos los vivientes, sin diferencia entre buenos y malos, en armonía con los poderes de la tierra. Pero ahora, cuando Job aparece como totalmente bueno, emerge a su lado la posibilidad de lo malo.

1 [6]Pues bien, un día acudieron a presentarse ante Yahvé los hijos de Dios, y entre ellos vino también Satán. [7]Dijo Yahvé a Satán: «¿De dónde vienes?». Respondiendo Satán a Yahvé: «De rodear la tierra y andar por ella». [8]Yahvé dijo a Satán: «¿No te has fijado en mi siervo Job, que no hay otro como él en la tierra, varón perfecto y recto, temeroso de Dios y apartado del mal?». [9]Respondiendo a Yahvé, Satán dijo: «¿Acaso teme Job a Dios de balde? [10]¿No le has rodeado de tu protección, a él y a su casa y a todo lo que tiene? El trabajo de sus manos has bendecido, y por eso sus bienes han aumentado sobre la tierra. [11]Pero extiende ahora tu mano y toca todo lo que tiene, y verás cómo blasfema contra ti en tu propia presencia». [12]Dijo Yahvé a Satán: «Todo lo que tiene está en tu mano; solamente no pongas tu mano sobre él». Y salió Satán de delante de Yahvé.

Dios celebra un consejo de gobierno, rodeado por ángeles (hijos), entre los que se encuentra Satán, Diablo o Tentador, como Fiscal supremo, que discurre por el mundo escudriñando sus rincones en busca de «pecados» (pecadores) para presentar sus faltas ante Dios. Este Satán no es enemigo de Dios, como el Diablo de relatos posteriores, ni un anti-dios, como en algunas teologías dualistas (Irán, Mesopotamia) que influyeron en el judaísmo (esenios de Qumrán) y el cristianismo (gnósticos y maniqueos). No es un anti-dios, pero sospecha de Dios (desde el interior divino), y se eleva como acusador de los hombres (de Job), enfrentándose por (contra) ellos con el mismo Dios, como la serpiente del Gén 2-3, también tentadora del hombre, con el permiso de Dios.

Este Satán vive en la trama de la tierra y afirma que es fácil bendecir a Dios (la vida) en tiempos de dicha, pero difícil ser agradecidos y fieles en tiempos de desdicha; desconfía de todos y dice a Dios que incluso Job (con fama de bueno) le sirve solo por interés, esto es, por conveniencia. En esa línea, más que a Job, Satán está tentando al mismo Dios, que se deja influir por él, y le permite probar a su «siervo» Job, apareciendo así como una especie de tentación intradivina.

La Biblia revela que Dios prueba a los hombres (cf Gén 2-3), pero en principio lo hace por su bien, para que puedan vivir en libertad. Aquí, en cambio, lo hace, quizá por desconfianza, por un tipo de juego maligno, incitado por el Diablo, de forma que el mismo Dios (que tiene aquí rasgos de Diablo), parece interesado en saber si hay hombres que le aman (=temen) por sí mismo, y no por simple interés o miedo. Sea como fuere, este Dios que hasta entonces parecía centrado en su divinidad, sin dar cuentas de nada a nadie, parece dudar de sí mismo, pues «su Diablo» le dice que Job, su servidor, un ser humano, no le quiere ni sirve por fidelidad, sino solo por interés.

Hasta ahora, Dios se elevaba como simplemente bueno, antes (por encima) de la distinción entre el bien y mal. Pues bien ahora parece dividirse, mostrando en su interior un elemento malo, o mejor, ambivalente, con los dos rasgos o aspectos que hallamos en el hombre, capaz del bien y el mal.

Desde ese fondo se puede afirmar que Dios pide a Satán (su «hijo oscuro», la parte negativa de sí mismo), con rasgos de orgullo divino, que se fije en Job, aquel a quien el libro había presentado como perfecto-recto, temeroso de Dios y alejado del mal (1,6).

Este no es ya el Dios seguro de sí, sino que empieza a dudar del hombre, como en Gén 2–3, pero con una diferencia: en Gén 2–3 el Diablo (Satán/Serpiente) tentaba a la mujer, para que dudara de Dios; aquí, en cambio, ese Diablo/Satán tienta a Dios para que dude del hombre. Estos textos nos sitúan ante el gran «enigma» de la duda (o desconfianza) de Eva/Adán, la humanidad, o del mismo Yahvé, la divinidad:

~ *Yahvé/Dios es bueno,* pero tiene un «elemento oscuro», que de alguna forma puede identificarse con Satán/tentador, que no aparece (todavía) como «diablo personal» separado, sino que forma parte de eso que podemos llamar la parte adversa o cara oculta de Dios, que Job irá explorando a lo largo del libro, para superarla, como parece mostrar al final el relato (42,7-17).

~ *También Job es bueno,* pero como Adán/Eva en Gén 2–3 tiene elementos negativos, es decir, satánicos, una cara oculta que se va desplegando a lo largo del libro de una forma desgarrada. Pues bien, desde Job 3, el Diablo como «persona aparte» desaparece del libro, como si no existiera o influyera y en su lugar quedan Dios y Job (los hombres).

De ahora en adelante (desde el primer discurso de Job), el libro no hablará ya de ningún diablo personal, pero lo diabólico late en (=está en el fondo de) todo, igual que la serpiente de Gén 3, como riesgo de Dios y signo de «grandeza» del hombre que es libre y que libremente puede rechazar a Dios, desconfiando de él, oponiéndose a su designio. Entendido así, Satán es una «posibilidad» de Dios, con sus elementos oscuros. Pero, al mismo tiempo, es una «posibilidad del hombre», como aparece con toda nitidez en los «amigos», que dudan de Job y lo condenan, como ha hecho el Diablo. Este Satán forma parte de la familia de Dios (de sus hijos), de unos hombres a quienes Dios ha dado libertad (a imagen suya), dejándolos en manos de su propia opción humana, entre el bien y el mal, entre lo divino y lo diabólico.

Leyendo el texto en esa línea descubrimos que el problema no empieza siendo Job (su tema es posterior), sino el mismo Dios, de forma que la posibilidad de «pecado» (duda, ruptura) se plantea primero entre Dios y Satán, que discuten sobre la posibilidad de que exista una bondad o religión gratuita: que un hombre (Job) sirva a Dios (=le ame, cf Dt 6,5) de un modo desinteresado, sin más recompensa que el mismo amor.

Lo que está en juego es el amor de gratuidad, la posibilidad de que Dios (y la vida del hombre) sea puramente gracia, por encima de la ley-talión (que sería un «comercio» religioso), integrando así lo que he llamado «caminos adversos» en la claridad de un amor que es vida que surge en (y con) la muerte. No es solo que el hombre (varón-mujer) pueda vivir en gratuidad, como regalo de vida, sino que el mismo Dios sea gratuidad, por encima de un juicio que condena a los «malos» y salva a los «buenos» (cf Mt 25,31-46), en armonía más alta de amor. La apuesta de Job es que pueda haber un Dios sin Satán, un Dios que no dude del hombre, que no le tiente, ni se deje tentar por el Diablo, que no sea salvación y/o condena, sino puro amor sobre todo pecado y/o condena.

Así lo plantea ya, de forma paradójica, la primera escena: Dios y Satán discutiendo (Job 1–2). Satán (=sombra oscura de Dios) afirma que el amor de gratuidad es imposible, que todo es un comercio de interés. Dios (=luz positiva) contesta que el amor gratuito es posible, apostando así por Job. El protagonista del relato no es simplemente Job, sino un Dios entre el Bien y el Diablo.

Primera pérdida: Posesiones y familia (1,13-22)

Por obra de Satán, Job pierde de un golpe, en un día, su hacienda, como muestran los cuatro mensajes que le anuncian la ruina de sus bienes y la muerte de sus familiares. Externamente hablando, esa destrucción es obra de la naturaleza y la violencia social (tormenta, razias «terroristas»). Dios había dicho (Gén 1) que todo lo de Dios era bueno. Pero en el fondo de esa bondad el texto presenta aquí cuatro «riesgos», dos que proceden de la naturaleza, y otros dos de la violencia humana:

1 [13]Un día aconteció que sus hijos e hijas comían y bebían vino en casa de su hermano primogénito, [14]y vino un mensajero a Job y le dijo: «Estaban arando los bueyes y las asnas pacían cerca de ellos; [15]de pronto nos asaltaron los sabeos y se los llevaron (a bueyes y asnas), y mataron a filo de espada a los criados. Solamente escapé yo para darte la noticia».

[16]Aún estaba hablando el anterior, y vino otro diciendo: «Fuego de Dios cayó del cielo y quemó a ovejas y a pastores, y los consumió. Solamente escapé yo para darte la noticia».

[17]Aún estaba ese hablando, y vino otro diciendo: «Tres escuadrones de caldeos arremetieron contra los camellos y se los llevaron,

y mataron a los criados a filo de espada. Solamente escapé yo para darte la noticia».

[18]Mientras este hablaba, vino otro diciendo: «Tus hijos y tus hijas estaban comiendo y bebiendo vino en casa de su hermano primogénito, [19]cuando un gran viento se levantó del lado del desierto y desgajó las cuatro esquinas de la casa, que cayó sobre los jóvenes, y murieron. Solamente escapé yo para darte la noticia».

[20]Entonces Job se levantó, rasgó su manto y se rasuró la cabeza; luego, postrado en tierra, adoró [21]y dijo: «Desnudo salí del vientre de mi madre y desnudo volveré allá. Yahvé dio, Yahvé quitó: ¡Bendito sea el nombre de Yahvé!». [22]En todo esto no pecó Job ni protestó contra Dios (Elohim).

La vida de Job, patriarca, estaba unida de manera inseparable a sus posesiones, sus siervos y sus familiares. Él era todo eso, y todo quedó destruido, porque Dios quiso probarle y lo hizo quitándole sus bienes y matando a su familia:

- *Labradores* (1,13-15). Una «razia» de sabeos, nómadas árabes, robaron los asnos y bueyes de la hacienda de Job y mataron a sus agricultores, en un mundo de sociedades enfrentadas, donde unas viven a costa de las otras, en una oposición que parece venir del mismo Dios.
- *Pastores* (1,16). El libro de Job seguirá hablando de tormentas buenas, como signo de la fecundidad del mundo (agua, nieve...). Pero la tormenta aparece aquí como fuego del cielo (rayo, golpe de calor) que destruye los rebaños de Job y mata a sus pastores.
- *Mercaderes* (1,17). Esta vez actúan los caldeos, nómadas famosos por sus incursiones, que después crearon el imperio de Babel. Ellos atacan aquí a las caravanas

de Job, matando a sus mercaderes y llevándose a los camellos con todas sus riquezas.

- *Familiares*. Un huracán destruye la casa donde comen los hijos de Job, con sus hermanas y sus descendientes, de forma que toda su estirpe desaparece, dejando sin bienes ni futuro, sin identidad familiar ni descendencia, al patriarca y «rey» de Oriente (1,18-19).

Así desaparecen los cuatro grupos de personas/bienes que definen la identidad de Job ante Dios y ante los hombres (labradores-pastores, mercaderes-hijos), dejándolo solo. Los miembros de esos grupos mueren por Job, como si no fueran diferentes, como si no tuvieran personalidad ni importara su muerte. Desde nuestra perspectiva de (post-)cristianos del siglo XXI esta visión resulta extraña: los agricultores-pastores-caravaneros-familiares de Job (con sus hijos e hijas) mueren por su «causa», como si a nadie importara su dolor, como si solo Job importara y sufriera en un mundo patriarcal, a merced de las inclemencias atmosféricas y de «bandidos» diversos (caldeos, sabeos...). Esos bandidos, ladrones antiguos, con sus razias e invasiones, ocupando territorios y robando a los propietarios, forman parte inseparable de la historia antigua y moderna; entre ellos podrían contarse los israelitas bíblicos, entrando a filo de espada en la tierra de Canaán (libro de Josué), y los imperios que conquistaron más tarde la tierra de Israel (asirios y babilonios, helenistas y romanos...).

El texto dice que Job perdió en un día toda su hacienda-herencia patriarcal, obra de generaciones de vida y trabajo, con agricultores, pastores, comerciantes y familiares, quedando así privado de su «casa», sin más identidad que su persona solitaria. Ciertamente, el texto supone que la caída de Job ha sido una «tentación de Satán», pero en otro plano ha sido un golpe de la naturaleza (tormenta, huracán) y de la lucha interhumana, representada por sabeos y caldeos, que son una expresión de la violencia (¿terrorismo?) de unos sobre (contra) otros, en una línea que Jesús matizará diciendo: «No os hagáis tesoros en la tierra, donde la polilla y el orín corrompe, y donde los ladrones horadan paredes y roban» (Mt 6,19).

Antes, Job había sido un gran patriarca, una especie de rey, con su gran «casa» (criados, pastores, comerciantes, hijos...). Ahora descubre su soledad radical. A pesar de eso, él responde: «Desnudo salí del vientre de mi madre y desnudo volveré allá. Yahvé dio, Yahvé quitó: bendito sea el nombre de Yahvé» (1,21). Yahvé es quien da y quien quita, el que es (hace ser: cf Éx 3,14), y así lo descubre Job, desnudo y solo (sin tierras, rebaños, pastores, hijos...), a merced de la divinidad, expresada como «vientre» del que se nace (madre-mujer) y vientre al que se vuelve (madre-tierra, cf Eclo 40,1).

Así aparece por primera vez, desnudo ante Dios y ante sí mismo. La «fortuna» le ha causado un gran mal; pero, al mismo tiempo, le ha permitido descubrirse en su verdad más honda. Ciertamente, ha perdido mucho (autoridad patriarcal, riqueza, poder social...), pero ha podido ganar más en identidad ante Dios. Ya no puede apelar a su poder de rico y patriarca, ni a los beneficios de Dios, sino a Dios como tal, contra lo que había dicho Satán. Esta es la primera derrota de Satán, pues Job no sirve (=no acepta) a Dios por su poder o riqueza, sino por lo que él es, raíz y fundamento de su vida: «En todo eso Job no pecó contra Dios» (1,22).

Segunda pérdida: Enfermo, expulsado, víctima (2,1-13)

Esta sección intensifica el motivo anterior, de manera que Job pasa de la pérdida de bienes y personas (campos, rebaños, caravanas, hijos...) a la pérdida de su salud y equilibrio vital. Antes vivía en un amplio entorno de poder, riquezas y familia, con buena salud de cuerpo y mente. Ahora, sin poder ni familia, él pierde además su salud; y así queda, a solas y enfermo, sin casa ni familia, sobre las cenizas del basurero (estercolero) donde se queman los residuos de la ciudad, como interpreta el texto de los LXX:

2 ¹Otro día acudieron a presentarse ante Yahvé los hijos de Dios, y entre ellos vino también Satán para presentarse ante Yahvé. ²Dijo Yahvé a Satán: «¿De dónde vienes?». Respondiendo Satán a Yahvé, dijo: «De rodear la tierra y andar por ella». ³Yahvé dijo a Satán: «¿No te has fijado en mi siervo Job, que no hay otro como él en la tierra, varón perfecto y recto, temeroso de Dios y apartado del mal? ¡Todavía mantiene su integridad, a pesar de que tú me incitaste contra él para que lo arruinara sin causa!».

⁴Respondiendo Satán a Yahvé, dijo: «Piel por piel; todo lo que el hombre tiene lo dará por su vida. ⁵Pero extiende tu mano, toca su hueso y su carne, y verás si no blasfema contra ti en tu misma presencia». ⁶Dijo Yahvé a Satán: «Él está en tus manos; pero conserva su vida». ⁷Salió entonces Satán de la presencia de Yahvé e hirió a Job con una llaga maligna desde la planta del pie hasta la coronilla de la cabeza. ⁸Y Job, sentado en la ceniza (LXX, en el basurero de la ciudad), tomaba un trozo de ladrillo y se rascaba con él.

⁹Entonces le dijo su mujer: «¿Aún te mantienes en tu integridad? ¡Maldice a Dios y muérete!». ¹⁰Él le dijo: «Como suele

31

LOS CAMINOS ADVERSOS DE DIOS

hablar cualquier mujer insensata, así has hablado. ¿Pues qué? ¿Recibiremos de Dios el bien, y el mal no lo recibiremos?». En todo esto no pecó Job con sus labios.

[11]Tres amigos suyos, Elifaz, el temanita, Bildad, el suhita, y Sofar, el naamatita, al enterarse de todo este mal que le había sobrevenido, llegaron cada uno de su tierra, habiendo acordado venir juntos a condolerse con él y a consolarle. [12]Estos, alzando los ojos desde lejos, no lo reconocieron. Entonces lloraron a gritos, y rasgaron cada cual su manto y esparcieron polvo los tres sobre sus cabezas hacia el cielo. [13]Así permanecieron sentados con él en tierra durante siete días y siete noches, y ninguno le decía una palabra, porque veían que su dolor era muy grande.

Job sufre así, esperando la muerte, en un infierno o *Gehena,* como el basurero de Jerusalén (citado incluso en el NT: Mc 9,43; Mt 10,38; 23,33), lugar donde se quema o pudre lo inútil e impuro de la ciudad y el campo. Allí es arrojado Job, como un «residuo» impuro, sin nadie que le ayude, hasta que llegue la muerte, sin más tarea que pensar y sufrir con la lucidez que producen el dolor y la soledad, aprendiendo lo que antes ignoraba y viviendo lo que antes no vivía, cuando se hallaba sentado sobre el pedestal de su grandeza.

El mismo Job, que se tenía por grande, signo y presencia del Dios poderoso, ahora no es más que un *descartado social,* al margen de la vida, como tantos «expulsados», pero con la circunstancia de haber sido antes el hombre más significativo de Oriente, pasando de pronto del poder más alto a la suprema impotencia y rechazo. En esa circunstancia, con lucidez extrema, descubriendo cosas que ignoraba, solo y enfermo, recibe la visita de tres antiguos compañeros de poder, con quienes discute (dialoga) sobre el sinsentido de su vida, recibiendo una luz más alta, un nuevo conocimiento como Arjuna/Krisna en la guerra (Bagavad Gita) o Buda ante la higuera de Benarés.

Antes no sabía, solo repetía las consignas del poder. Ahora en cambio, sin poder ni riqueza, como deshecho personal y social, en el estercolero, empieza a comprender su vida, desde los caminos adversos de Dios. No habla ya desde fuera, *sobre* los pobres y expulsados, sino por dentro, *como perseguido, pobre y enfermo,* en búsqueda de Dios y de la verdad más honda. Esta será su travesía, en solitario, sin que lo acompañe ni siquiera su mujer que aparece un momento para decirle que maldiga a Dios y muera.

Solo de esa forma, expulsado y enfermo, en cerrada discusión con tres «amigos» (2,11-13), que quieren que claudique y se confiese pecador justamente castigado, Job se eleva por su pensamiento sobre el mismo Dios del sistema, realizando así una intensa revolución teológica. En vez de consolarlo, sus tres amigos exigen que confiese sus pecados. Ellos son testigos de su vida antigua, representantes del poder que le ha expulsado, es decir, de la religión de los triunfadores. De esa forma se enfrenta Job con el dogma primordial del culto de un Dios que premia a los buenos concediéndoles poder y riqueza, y castiga a los que yacen como Job en el estercolero, por ser culpables, merecedores de castigo.

Desde ese fondo ha de entenderse todo lo que sigue, partiendo del grito de protesta. Pues bien, en ese contexto debemos recordar algo muy significativo: a partir de aquí ya no se cita a Satán, el tentador. Sin duda, está en el fondo, y sigue actuando a su manera, pero ya no es necesario recordarlo, pues todo sucede como si él no existiera. Más aún, al final del juicio (42,7-17), él no aparece ya, pues ha sido vencido por la fidelidad de Job. Esta es la buena noticia del libro: la victoria de Job (y de su Dios) contra Satán. Por eso, lo que importa no es que Satán haya aparecido al principio, sino que ya no aparece al final, es un Diablo derrotado.

Preludio (3).
¡Maldito el día en que nací!

Otros libros de la Biblia tienen otros principios (cf Gén 1,1; Jn 1,1). Pero desde la perspectiva de la opresión lo primero es el grito: la protesta de las víctimas que claman a Dios (Éx 2,23-25), y en nuestro caso el bramido de Job maldiciendo su nacimiento. Por eso, tras el prólogo en prosa, que ha servido para situar el tema, como si fuera una «voz en *off*», que presenta a los tres personajes principales (Job, Dios y Satán), el drama propiamente dicho comienza con el grito o lamento del personaje principal que es Job.

El prólogo se situaba en un tipo de cielo, entendido a modo de corte suprema, en el que residía Dios presidiendo y dirigiendo la historia de los hombres. Allí había ido Satán para contarle algunas cosas que pasaban en la tierra. Después comenzó la «historia de la tierra», que había sido introducida ya en los capítulos 1-2 con la «fortuna adversa» de Job y la visita de sus tres amigos. Ahora, de pronto, empieza el drama propiamente dicho, que se inicia con el grito de Job, desde el lugar donde se encuentra sufriendo, derribado, sobre el mundo. En esa línea he dicho que el comienzo de la historia humana es el grito:

3 ¹Después de esto, abrió Job su boca y maldijo su día. ²Exclamó, pues, Job y dijo:

[3]«Perezca el día en que nací, la noche que dijeron:
"Han tenido un varón".
[4]Que aquel día sea oscuridad;
que Eloah no lo cuide desde arriba
ni haya luz que sobre él resplandezca.
[5]Cúbranlo tinieblas y sombra de muerte,
y reposen sobre él las sombras,
que la niebla lo cubra, que lo llene de terror un eclipse.
[6]Apodérese de aquella noche la oscuridad;
no sea contada entre los días del año
ni entre en el número de los meses.
[7]¡Ojalá aquella noche hubiera sido estéril,
sin canción ninguna para ella!
[8]Maldíganla los que maldicen el Océano,
los que despiertan a Leviatán.
[9]Oscurézcanse las estrellas del alba;
que llamen a la luz, y que no venga,
y que no se despierte esa mañana con el parpadeo de la aurora.
[10]¿Por qué no cerró el vientre y escondió de mis ojos la miseria?
[11]¿Por qué no perecí yo en la matriz, no expiré al salir del vientre?
[12]¿Por qué me acogieron las rodillas de mi padre
y el pecho de mi madre?
[13]Si hubiera muerto reposaría ya;
dormiría, y hubiera sido bueno para mí,
[14]con reyes y consejeros muertos, que para sí construyeron sepulcros,
[15]con príncipes ricos también muertos
que llenaban de plata sus casas.
[16]Como aborto escondido, no hubiera existido,
como feto, sin ver la luz.
[17]Allí dejan de perturbar los malvados, y descansan los cansados.
[18]Allí reposan los cautivos,
y no escuchan las órdenes del vigilante.

¹⁹Allí están juntos chicos y grandes;

y el esclavo queda libre de su amo.

²⁰¿Por qué vio la luz el desgraciado y tuvo vida el de ánimo amargado,

²¹el que espera la muerte y no le llega,

el que la busca como gran tesoro,

²²el que se alegraría en la tumba y gozaría en el sepulcro?

²³¿Por qué dar vida al carente de camino,

al que Eloah ha cerrado el paso?

²⁴Pero en vez de pan, tengo sollozos,

y mis gemidos son como el agua.

²⁵Temía el gran temor y me ha venido,

lo que me espantaba me ha llegado.

²⁶¡No tengo paz ni tranquilidad;

no tengo descanso, todo es sobresalto!».

Se ha dicho que el pensamiento nace de la admiración, del asombro agradecido ante la vida. Pero, en este caso, nace del dolor y la protesta contra la opresión, de forma que la primera palabra del hombre es un aullido de dolor que sacude el puente de la vida (cf cuadro de E. Munch, *El grito)*. Desde ese fondo comentaré en conjunto este capítulo, insistiendo en tres motivos: (1) Job y Jeremías. (2) Trauma o dolor de nacimiento. (3) Dolores concretos de Job.

1. *Job y Jeremías, destinos paralelos.* Este capítulo se parece a un texto más breve pero igualmente dramático de Jeremías que grita ante Dios su protesta por haber nacido para ser profeta perseguido, herido y fracasado.

Maldito el día en que nací; no sea bendito el día en que mi madre me alumbró... Sea como las ciudades que desoló Yahvé... pues no me hizo morir en el vientre. Mi madre debería haber sido mi tumba... ¿Por qué salí del vientre para ver sufrimiento y tormento, para que mis días se consuman en vergüenza? (cf Jer 20,14-18; Job 3, 2.11-15).

Este es el grito de Jeremías, profeta perseguido por hombres violentos, entre un presente de guerra y un futuro de desastre sin salida. Tanto él como Job hubieran preferido la muerte, antes que soportar lo que soportan: la destrucción del orden anterior, la amenaza de un futuro de muerte. Han nacido para ser muertos vivientes, y hubieran preferido haber muerto en el vientre de su madre, o tras el parto.

Jeremías se había enfrentado con los sacerdotes y nobles de Jerusalén, que le perseguían como a un traidor, protestando contra Dios, diciendo como Job que hubiera sido mejor no haber nacido. Miradas desde fuera, sus palabras pueden parecer blasfemas; pero en el fondo son una confesión de fe. En medio de una fuerte lucha interna, perseguidos por los defensores de un Dios de violencia, Jeremías y Job protestan pidiendo (esperando) la manifestación de un «nuevo» y más alto Dios que ha de revelarles su rostro:

- *Jeremías fue un profeta histórico, real,* y sus palabras brotaban de su experiencia concreta, en la crisis del «antiguo régimen», con la esperanza «imposible», pero necesaria, de una recreación de Jerusalén tras la ruina del orden antiguo. Por eso, su profecía (con su protesta ante el Dios del sistema y su esperanza en el Dios de gracia) choca con las autoridades de Jerusalén, que una y otra vez le rechazan, muriendo al fin en el exilio.
- *Job, en cambio, es un personaje simbólico, como el Siervo de Yahvé* (Isaías II), creado (recreado) por unos poetas-escribas del nuevo judaísmo, tras el exilio, como signo

de la destrucción del orden antiguo (con el Dios de los prepotentes), para anunciar (postular e iniciar) una esperanza superior de salvación, desde el estercolero de la historia, en la «sala de espera» (no esperanza) de la muerte.

Los lamentos de Jeremías reflejan su experiencia concreta de profeta. El libro de Job es, en cambio, una obra literaria, sapiencial, que recoge la experiencia de un pueblo al borde de la muerte, que espera la revelación del Dios de la vida.

2. *La vida, dolor desde el principio.* Job recoge la experiencia de Israel, pero, al mismo tiempo, es la expresión o signo de toda la humanidad que grita desde el dolor y espera la llegada de la nueva humanidad (la revelación del Dios más alto). Desde ese fondo ha de leerse este capítulo (Job 3), donde el grito de dolor se hace palabra de esperanza, esto es, de nuevo nacimiento, como muestra el libro de un gran antropólogo judío, O. Rank, *El trauma del nacimiento* (1923).

El libro de Job cuenta el trauma de su re-nacimiento, en el basurero donde sufre, expulsado y enfermo, combatido por sus amigos, torturado y condenado, elevando ante Dios su protesta. Algunos exegetas antiguos tuvieron el atrevimiento de acusar a Job por lo que decía en el capítulo 3, afirmando que no tuvo paciencia, de forma que su misma actitud era un pecado. Pero esa acusación pasa por alto el hecho de que Job había empezado diciendo: «Yahvé me lo ha dado, él me lo ha quitado» (2,21), a pesar de que ahora debe añadir: maldito «el día en que nací...» (3,3). La vida de Job oscila así entre la paciencia y la protesta (2,21 y 3,3), sin que el autor del libro haya visto contradicción entre una y otra, pues la misma paciencia le permite protestar ante el Dios a quien apela, como seguiremos viendo (cf 4–27).

Esta protesta de Job 3 (¡muero por no haber muerto!) puede compararse con el llanto de Arjuna en la guerra (Bagavad Gita) y con el dolor de Buda ante la enfermedad, vejez y muerte. Pero tanto Arjuna como Buda han superado (dejado atrás) el dolor. En contra de eso, Job mantiene vivo su dolor ante Dios, sin evadirse, como indica el excurso siguiente, que es un resumen de todo el libro.

3. *Excurso. Los cinco dolores de Job, pregunta de (por) Dios.* El dolor de los héroes de la tragedia (Edipo, Antígona...) ha marcado el pensamiento griego. La guerra de Arjuna y los dolores de Buda (enfermedad, vejez y muerte) definen el pensamiento oriental. Pues bien, los dolores de Job nos sitúan en el centro de la experiencia israelita, que la Biblia ha condensado como paso entre una humanidad regida por los poderosos, y la nueva humanidad representada por la libertad de la opresión y la injusticia.

En principio, Job no era víctima, sino rico y poderoso, rey de la tierra. Pero ha caído bajo la maldición de Dios y de otros hombres, y por eso sufre. Sus amigos le dicen que padece por su culpa, por haberse elevado contra Dios. Él, en cambio, afirma que sus cinco dolores son injustos:

- *Dolor material, pérdida de bienes.* Conforme a los caps. 1–2, Job no ha perdido sus bienes por haber pecado, sino porque Dios ha permitido a Satán que se los quite. En contra de eso, sus amigos afirman que Job sufre a consecuencia de su culpa (Job 4–27), por haberse alzado contra Dios; por eso ha perdido sus bienes, y está condenado a morir, sin rebaños ni tierras

de cultivo, sobre el suelo duro, en un infierno terrestre
(un basurero).

Ha perdido casa y campos, propiedades familiares y
sociales. Desnudo yace y sin poder, fuera de la buena
tierra de la tribu de los nómadas y de los ciudadanos
ricos, expulsado de la sociedad donde había sido juez
y consejero. De un modo consecuente, conforme a
la visión de sus enemigos, Job no solamente debería
aceptar el sufrimiento, sino añadir: ¡Bendito dolor que
mis pecados merecen, conforme a la justa ley divina!

~ *Dolor social, pérdida de familia.* Job era un «patriarca»
de siete hijos, en cuyas casas comía cada día de la
semana, y de tres hijas, que eran la bendición de su
vida, con criados, labradores, pastores, boyeros y camelleros, como rey de un extenso dominio que él admi-
nistraba de modo «principesco», dictando su justicia
bondadosa sobre huérfanos, viudas y pobres.

Pero todo lo ha perdido y sus amigos le culpan
diciendo que lo ha merecido, por alzarse contra Dios,
de forma que yace sin honor, sin casa, ni familia, rechazado, condenado, solitario, esperando la muerte en el
estercolero donde se pudren en vida las basuras de la
sociedad. Hubiera sido más simple matarle (o dejarle
morir), pero sus amigos necesitan ver cómo muere
cada día, como prueba de que ellos tienen razón.

~ *Dolor personal, enfermedad.* Es de tipo psíquico y somá-
tico, y de esa forma la sufre, en cuerpo y alma, en el
basurero *(Gehena),* que es como una tumba, un verte-
dero donde se amontonan hombres y cosas que sobran
y estorban, hasta acabar muriendo del todo. Esto es
Job, él no es más que pura escoria.

Sus enemigos le acusan diciendo que lo tiene merecido, queriendo así destruirlo del todo, física y mentalmente. Pero, de forma paradójica, esa misma enfermedad le ha producido una gran lucidez, y así puede conocer lo que ignoraba, en la frontera de la muerte. En otro tiempo, externamente sano, él no veía. Solo ahora, desde la enfermedad, empieza a conocerse a sí mismo, descubriendo a Dios con claridad.

~ *Dolor estructural, víctima del sistema.* Job sufre expulsado, como víctima «justa» de un sistema teológico y social que le va destruyendo, como ejemplo de castigo justo para otros. En un sentido, su presencia y pasión en el basurero es necesaria para que funcione la «buena sociedad» de los triunfadores, que se justifican de esa forma ante Dios.

Para sentirse herederos del cielo, esos enemigos de Job necesitan que él sufra en su infierno del que solo podrá salir si confiesa ante todos su pecado. De esa forma le «prometen» el perdón de Dios (de quien se dicen representantes) si es que se somete a ellos, confesando su culpa. Pero, de manera paradójica, como seguirá mostrando todo el libro, esos «jueces» de Job, pareciendo triunfadores, son en realidad los perdedores. No valen por sí mismos, sino solo condenando y expulsando. Por eso tendrán al fin que «convertirse».

~ *Dolor teológico, torturado por Dios.* En otro tiempo, Job había formado parte del bando de los triunfadores, y así confiaba en un Dios del poder, conforme a las leyes del sistema. Dios mismo le había dado autoridad social y familiar, gran riqueza, por encima de los pobres (a quienes ciertamente ayudaba). Pero todo eso lo ha perdido, quedando en manos del Dios de los vencedores, que lo expulsa y tortura en el infierno del sistema.

Solo así, desde el «infierno» de su enfermedad, torturado por el «dios» del sistema, Job podrá ir descubriendo al Dios verdadero. Desde el abismo de su dolor, condenado por el sistema de los triunfadores, viendo próxima la muerte, Job podrá asumir e interpretar el sentido de sus sufrimientos, descubriendo en ellos y por ellos al Dios vivo y verdadero que no «cubrirá su sangre» (cf 16,18), esto es, no justificará su fracaso, abriendo en él y por él un tipo nuevo de esperanza.

En su etapa anterior, él no sabía, no conocía a Dios (lo identificaba con el orden del sistema). Por el contrario, a partir de aquí, con la lucidez extremada de las víctimas, irá descubriendo que el Dios del sistema (entendido como talión de venganza) es en el fondo satánico. Solo así, manteniéndose firme, desde el reverso del dios-talión, en el basurero donde padecen los pobres y fracasados, como víctima de un poder social injusto, Job vislumbrará el sentido (la existencia) del Dios verdadero, garante de la vida de los perdedores.

Job y sus «amigos».
Unidad dramática en tres actos
(4–27)

Tras el prólogo narrativo (1-2) y el preludio del «grito» (cap. 3), vienen las dos partes del drama de Job, claramente distintas, aunque están implicadas entre sí, formando un todo armónico:

~ *Primera parte: Job y sus amigos, unidad dramática en tres actos* (4-27). Es la más conocida y citada del libro. Al enterarse de la desgracia de Job, vienen tres amigos a consolarle, pero, al escuchar su grito de protesta y descubrir después su forma de pensar y su rebelión contra el Dios tradicional, van convirtiéndose progresivamente en antagonistas como lo muestra este «drama en tres actos», formados por discursos contrapuestos entre los tres amigos/enemigos y Job.

Esta es la parte poéticamente más bella, religiosamente más intensa, de manera que puede interpretarse como centro de la obra. Los amigos defienden la justicia del sistema socio-religioso, centrado en la visión de Dios como poder y de la desgracia o enfermedad como consecuencia del pecado contra Dios (y el orden social). Job, en cambio, se descubre y eleva como inocente, teniendo según eso que culpar al mismo Dios de su desgracia. De esa manera, lo que podía empezar siendo un drama sobre el sentido de la enfermedad y pecado de Job viene a convertirse de hecho en alegato y juicio contra Dios.

~ *Segunda parte. Juicio de Job. Tres discursos para la sentencia* (29,1-42,6). Tras un interludio dedicado al trabajo de los mineros y a la sabiduría de Dios (28), esta parte consta de tres largos «discursos» judiciales, que enmarcan y preparan la «sentencia final» de Dios, muy breve, expuesta en forma narrativa, en la línea del prólogo (1-2). La sentencia de Dios que viene al final, como epílogo (42,7-17), resuelve de manera paradójica los temas de la unidad dramática (4-27) y de los tres discursos anteriores de esta segunda parte (29,1-42,6).

Estos discursos han sido dispuestos de un modo ascendente, como preparación de la sentencia. El primero es una apología de Job (29-31), que actúa como abogado defensor de sí mismo, confesando ante Dios y ante los hombres su inocencia. El segundo discurso (32-37) es obra de un nuevo personaje, que aparece casi sin que nadie lo llame y actúa como fiscal de Dios, que acusa a Job de pecado y pide para él una condena. Termina esta parte con el discurso final de Dios (38,1-42,6), que no hace caso al fiscal, ni se fija demasiado en las razones de la defensa de Job, sino que se presenta a sí mismo como Señor del cosmos y amigo de los animales misteriosos, dentro de un mundo que es duro y extraño pero bueno. Ese discurso de Dios-Juez es la preparación y el razonamiento (justificación) de la breve sentencia final (42,7-17).

Las dos partes han de escucharse y entenderse de un modo unitario. La primera (drama en tres actos) solo puede entenderse desde la perspectiva de la segunda (tres discursos para una sentencia). El mismo despliegue de la obra, que iré precisando a lo largo de mi lectura mostrará su unidad. El lector irá viendo que se trata de una obra literaria que, mirada desde fuera, puede parecer desordenada, pero que pronto se muestra como gran joya poética, dramática y judicial. No hay en el Antiguo Testamento ni en el conjunto de la Biblia un libro literariamente más perfecto que este.

Primer acto (4-14).
¿Será Job más justo que Dios?

Este es el primer acto del drama dialogado entre los tres amigos y Job (4-27). En secciones anteriores he mostrado el punto de partida y la unidad fundamental de los tres actos, compuestos de la misma forma. El *primero*, que ahora empieza (4-14), consta de tres partes: discurso de Elifaz y respuesta de Job (4-17), discurso de Bildad y respuesta de Job (8-10), discurso de Sofar y respuesta de Job (11-14). El *segundo* (15-21) sigue ese esquema, con la misma composición de los discursos, se inicia con las acusaciones de los tres amigos y sigue con la respuesta y defensa de Job. El *tercero* (22-27) empieza con el mismo esquema, pero luego parece complicarse de manera que solo son claros los discursos de Elifaz y Bildad, con las respuestas de Job, quedando la parte final más desordenada (falta el posible discurso de Sofar).

La temática de los actos parece al principio muy repetitiva y monótona, como si volvieran siempre los mismos argumentos y contra-argumentos, de manera que lo que está al principio pudiera haberse puesto al final y viceversa. Pero si entramos con más detención en los temas, siguiendo su ritmo ascendente (más en espiral que en línea recta) podremos ir descubriendo el avance de los argumentos. Este primer acto constituye una especie de «toma de postura» que sirve para situar a los personajes.

Recordemos que Job ha dicho ya su palabra esencial (cap. 3) como grito de lamento (de trauma) por su nacimiento y de acusación contra el Dios de su «destino». Con ese dolor y esa acusación podía haber comenzado y terminado el libro. Pero los amigos irán contestando a ese dolor con argumentos, empezando por Elifaz. No olvidemos a partir de ahora esta dinámica. Lo primero ha sido el grito (Job 3), y como respuesta a ese grito sigue todo, el intento repetido de los amigos que intentan explicar el dolor de ese grito (razonarlo), echando en el fondo la culpa a Job, que solo así, reconociendo su culpa (confesándose responsable) podría alcanzar la salvación.

No olvidemos que el libro nos pone ante un drama psicológico, de forma que puede interpretarse como el primer gran *psico-drama* de la historia de Occidente, que puede ser leído, interpretado y resuelto (¡si ello fuera conveniente!) desde varias perspectivas: una más histórica y otra más teológica, una más individual y otra más social... Como he venido insinuando, quiero utilizar (o, mejor dicho, evocar) algunas «herramientas» de comprensión y quizá de solución del tema, desde la perspectiva de la tragedia griega y del budismo, desde una perspectiva psicológica más judía y desde otra más cristiana.

En esa última línea puedo imaginar a Job en el «diván» del psico-analista, que viene a escucharlo (¿interrogarle?) al mismo estercolero donde aparece condenado a muerte. Vienen a interpretar su historia los dos psico-terapeutas quizá más significativos del siglo XX: por una parte S. *Freud* (1856-1939), de origen judío, que diría que esta historia clínica de Job no tiene solución, pues el hombre es un ser condenado a la *shoah,* es decir, al gran derrumbamiento, de manera que el «final feliz» de 42,7-27 no es más que una pequeña ilusión pasajera, para seguir sufriendo; por otra parte, podría venir *C. G. Jung* (1875-1961), de origen cristiano, a quien ya me he referido, que afirma que el derrumbamiento de Job puede interpretarse, y en el fondo superarse, desde la perspectiva de la encarnación de Dios en Cristo.

Queden de fondo estas dos «interpretaciones», cuyo alcance y sentido retomaré brevemente al ocuparme del epílogo (42,7-17). Ahora paso a la trama del libro. Me he presentado ya en la introducción; no soy psicoanalista como Freud y Jung, ni un puro analista literario (como muchos autores que cito en la bibliografía final), pero creo que puedo ofrecer una lectura del libro de Job, en clave humanista y básicamente (judeo-)cristiana. Y así lo seguiré haciendo en este libro.

Como he puesto en el título, el tema de fondo de esta primera ronda de discusiones entre los amigos de Job (que reinterpretan su grito del cap. 3) y el mismo Job que les responde es la justicia: si un hombre como Job, que grita a Dios, puede ser más justo que el mismo Dios de la tradición de Oriente (y del judaísmo tradicional).

1ª ronda: Elifaz y Job (4-7)

Desde este momento, hasta el epílogo (42,7-17), el protagonista no es *Yahvé,* Dios de Israel, Señor del Éxodo, de la Alianza y de los profetas, sino el Dios universal, que rige la vida de los pueblos, con el nombre de *El/Elohim,* y de un modo especial como *Eloah,* lo divino (o también con el de *Shadai,* el Altísimo). Lógicamente, los amigos de Job, que vienen de Oriente (fuera de Israel) no pueden argumentar con razones y experiencias de la Biblia, sino en nombre del Dios de los pueblos.

Probablemente, el autor conoce el pensamiento de Occidente, de las costas e islas de los griegos, pues, como he dicho, su estilo y argumento es paralelo al de la «tragedia» griega. Pero no apela a Grecia, sino a Oriente, tierra de los arameos, árabes y persas, de donde vienen los tres sabios para responder «dialogando» con Job, para reprenderle y pedirle que abandone su pecado y se convierta al Dios que puede perdonarle. El primero es Elifaz, quizá el más moderado, y su primer discurso (Job 4) insiste en la revelación «espiritual» de Dios y el segundo (Job 5) destaca la necesidad que tiene Job de convertirse.

Elifaz a (4). Una voz me llegó, como un susurro

Los tres sabios son como los «magos» que vendrán más tarde para ofrecer a Jesús (¡rey de los judíos, mesías universal!) el testimonio de su sabiduría (cf Mt 2). Pero hay una diferencia: los sabios de Jesús (¡no se dice que son tres!) vienen para «adorarle», descubriendo y venerando a Dios en el niño perseguido; por el contrario, los de Job vienen a reprenderle desde su sabiduría:

4 ¹Respondió Elifaz de Temán:
²«Si me atrevo a hablar, te molestará, pero
¿quién podrá refrenarse y no hablar?
³Mira, has enseñado a muchos y has fortalecido
los brazos inertes;
⁴con tus palabras sostenías al que tropezaba
y fortalecías las rodillas decaídas.
⁵Pero ahora que te toca a ti te quejas;
te ha tocado y te desalientas.

⁶¿Por qué no pones tu confianza en la piedad,
y en la rectitud tu esperanza?
⁷Recuerda: ¿Qué inocente ha perecido?
¿Cuándo han sido destruidos los rectos?
⁸Esto he visto: Los que cultivan iniquidad y siembran injuria,
eso cosechan.
⁹Perecen por el aliento de Eloah;
por el soplo de su ira son consumidos.
¹⁰Aunque ruja el león y brame la leona,
a sus cachorros les arrancarán los dientes.
¹¹El león viejo vaga por falta de presa,
y los cachorros de la leona se dispersan.

¹²Y una voz me llegó, como un susurro;
mis oídos la oyeron como cuchicheo.
¹³Entre cavilaciones, en visión nocturna,
cuando el sopor cae sobre los hombres,
¹⁴me sobrevino espanto y temblor,
crujieron de miedo la multitud de mis huesos:
¹⁵y un aliento pasó sobre mi rostro
y se erizó de miedo el pelo de mi piel,
¹⁶se detuvo, y no lo conocí; era como una imagen,
y escuché un murmullo suave:

¹⁷¿Será el mortal más justo que Eloah?
¿Será el varón más puro que su Hacedor?
¹⁸Mirad, él no confía ni en sus siervos,
y en sus ángeles descubre imperfecciones,
¹⁹¡cuánto más en los que moran en casas de barro,
que serán aplastadas como la polilla!
²⁰De la mañana a la tarde son destruidas,
perecen para siempre sin nadie que las repare.

[21]¿La cuerda de su tienda no se rompe?
Mueren por no tener sabiduría.

1. *4,1-11: ¿Qué inocente ha perecido?* Elifaz responde al grito de Job (cap. 3) y a toda la historia y justicia de Dios que él conoce (o cree conocer). Ciertamente, ha escuchado, pero no contesta estrictamente a lo que escucha, sino a lo que sabe de antemano y, en esa línea, el Dios en cuyo nombre empieza hablando es poder y ante él deben inclinarse todos, en gesto de sumisión soberana.

Este Dios impone silencio y los hombres no tienen más remedio que abajarse bajo su poderío superior, confesando sus pecados. Por eso, Elifaz manda callar a Job, diciéndole que acepte su condena y se someta sin quejarse, pues el castigo que recibe es merecido, y solo de esa forma, al aceptarlo, encontrará la vía superior de Dios, como en tiempos anteriores: «Tú enseñabas a muchos y fortalecías los brazos inertes, las rodillas que decaen...» (cf 4,4).

Job había compartido en otro tiempo el poder de Dios, de forma que él mismo (Job) podía ayudar (fortalecer y sostener) a los caídos y oprimidos; pero siempre desde arriba, en su situación privilegiada, sin advertir que de esa forma era causante (o, al menos responsable) del dolor de las víctimas, pues lo que él hacía a favor de ellas servía para justificar y mantener la injusticia del sistema, al servicio de un Dios de Poder.

Desde ese punto de vista le corrige aquí Elifaz: Pero ahora que te toca a ti te quejas y gritas, protestando contra Dios y cometiendo el mayor de los pecados, la rebelión contra el dominio superior, pues sin dominio, es decir, sin jerarquía, se destruye el orden de Dios, que premia a unos y castiga a otros: «¿Qué inocente ha perecido? ¿Cuándo han sido destruidos los rectos? Los que cultivan iniquidad y siembran injuria, eso cosechan» (4,7-8).

Elifaz formula un «dogma» que aparece en salmos y libros del Antiguo Testamento, «talión» sagrado de la retribución, la ley del eterno retorno de la culpa, que venía definiendo un tipo común de religión, desde China a Grecia, pasando por la India e Israel. Eso significa que, si Job sufre, es por haber pecado: recoge lo que sembró, recibe lo que ha merecido, y por eso Elifaz le acusa y condena, aunque con un atenuante: puede arrepentirse y, si lo hace, Dios ha de perdonarle.

2. 4,12-16. Voz de Dios, como un susurro. Conforme a la esa ley, los afortunados (poderosos) lo son por ser buenos y de esa forma pueden (deben) gobernar a los demás, según la justicia de Dios, y así lo ha descubierto en el fondo Elifaz: «Entre cavilaciones, en visiones nocturnas... me sobrevino espanto y temblor...: Y un aliento pasó sobre mi rostro... y escuché una voz. *¿Será el mortal más justo que Eloah?* ¿Será el varón más puro que su Hacedor?» (cf 4,12-17).

Este pasaje nos sitúa ante la «revelación originaria» (retomada por Elihu en el cap. 32). Como sacerdote (o chamán), Elifaz ha descubierto a Dios, en una línea cercana a la descrita por R. Otto («Lo Santo», *Das Heilige,* 1917), como Poder Sagrado, imposición numinosa, que castiga a los malvados, entre los que se encuentra Job, a quien acusa de querer hacerse más justo que Eloah, más fuerte y puro que su Hacedor.

Elifaz aparece así como testigo (garante, sacerdote) de una religión universal de poder, a diferencia de Job, que se rebela en contra de ella. Como prueba de su afirmación, expone Elifaz la voz sagrada que le habló en sueños: aliento de divinidad, aleteo superior que erizó su cabello.

Ciertamente, este pasaje no se puede aducir para condenar las revelaciones, apariciones sagradas que se han dado desde la remota antigüedad, pues sigue habiendo personas (mujeres, varones y niños) que sienten (ven, escuchan) lo sagrado en sus diversas formas. Pero el conjunto del libro irá mostrando que pueden ser y son falsas cuando, como en este caso, sirven (se utilizan) para condenar a un inocente como Job. Mirada así, desde el final del libro (42,7-17), esta experiencia visionaria de Elifaz es no solo mentirosa, sino interesada (sirve para justificar la imposición), mientras que en el conjunto del libro la experiencia más alta de Dios será el sufrimiento de Job.

En un sentido, se puede afirmar (como dice Elifaz) que «Dios no confía ni siquiera en sus siervos y que en sus ángeles encuentra manchas» (cf 4,18); pero en otro más hondo descubrimos que el verdadero Dios ha puesto su confianza en Job (cf 1-2): no se revela en visiones de expertos religiosos, que ponen su piedad al servicio del poder, como Elifaz, sino en víctimas como Job.

En esa línea, el libro nos irá llevando del Dios-Poder (Elifaz y sus amigos) al Dios-Víctima, al servicio de Job, cuya protesta se eleva sangrante (desafiante) hasta el cielo. No es que Elifaz sea malo (ni tampoco sus dos compañeros), ni que su discurso sea moralmente falso (ni teológicamente equivocado), sino al contrario: ¡es piadoso, está lleno de reverencia ante Dios! Pero esa reverencia está en el fondo dirigida por el Diablo, como suponía Job 1-2. El Dios de Elifaz es en el fondo un *Satán* que domina a los hombres y les hace siervos, contra el Dios que quiere Job.

Elifaz b (5). Un discurso devoto pero falso

Ciertamente, su consejo a Job es bueno: «Yo me acercaría, es decir, me convertiría a él (=a Dios) y encomendaría mi causa a Elohim» (5,8). Pero el tema no es la conversión en general, sino el tipo de conversión que Dios pide en este caso; no es la piedad sin más, sino la piedad verdadera. En esa línea, este «dios» de sometimiento de Elifaz no es Dios sino Diablo, y la sumisión que él exige es diabólica, no divina.

Por eso, Elifaz quiere silenciar a Job: que asuma su destino de oprimido dentro del sistema, sometiéndose bajo el poder de los potentados, entre los cuales él había estado en otro tiempo (igual que ahora Elifaz); solo así será protegido (perdonado y nuevamente elevado) por el Dios de la dominación sagrada. De una forma muy clara, esta visión va en contra de la experiencia y protesta de Job, que no quiere someterse al «dios» antiguo (para que «dios» lo eleve), sino descubrir al Dios verdadero, desde su condición de víctima. Y dicho esto sigue Elifaz:

5 ¹¿Habrá quien quiera responderte?
¿Y a cuál de los santos te volverás?
²Porque al necio le matan las lamentaciones,
y al simple le consume la envidia.
³He visto que el necio echaba raíces,
pero de repente he maldecido su morada.
⁴Sus hijos quedarán sin socorro, caídos en la puerta,
sin que nadie los rescate.
⁵Su cosecha la comerán los hambrientos, sacándola de entre espinos;
y los intrigantes arrebatarán su hacienda.
⁶Porque la aflicción no nace del polvo
ni la desdicha brota de la tierra.

[7]Es el hombre quien engendra la desdicha
como las chispas se elevan a lo alto.

[8]Ciertamente yo me acercaría a él (=a Dios)
y encomendaría mi causa a Elohim.
[9]Él hace cosas grandes e inescrutables,
maravillas que no pueden contarse.
[10]Da la lluvia sobre la faz de la tierra
y derrama aguas sobre los campos.
[11]Eleva a los humildes y a los afligidos les ofrece prosperidad.
[12]Frustra las maquinaciones de los astutos,
para que no se afiancen sus manos.
[13]Atrapa a los sabios en su astucia
y frustra los planes de los perversos.
[14]Cuando hay luz tropiezan en tinieblas;
a mediodía andan a tientas, como de noche.
[15]Él libera a los necesitados de la espada,
los saca de la mano de los malvados;
[16]por eso, el débil tiene esperanza,
pero la iniquidad deberá cerrar su boca.

[17]Bienaventurado aquel a quien Eloah corrige.
No desprecies la corrección de Shadai.
[18]Porque él hace la herida, pero él la cura;
él golpea, pero sus manos sanan.
[19]De seis tribulaciones él te rescatará,
y el mal de la séptima no te tocará.
[20]En tiempo de hambre te salvará de la muerte,
y del golpe de espada en la guerra.
[21]Del azote de la lengua serás protegido
y no temerás cuando venga la destrucción.
[22]De la ruina y el hambre te reirás y a las fieras de la tierra no temerás,

²³con los espíritus salvajes pactarás
y las fieras del campo se pacificarán contigo.
²⁴Sabrás que hay paz en tu tienda:
buscarás en tu familia y nada faltará.
²⁵Y verás que tu semilla es numerosa,
y tu descendencia como hierba del campo.
²⁶Llegarás en tu madurez a la sepultura,
como gavilla de trigo recogida a su tiempo.
²⁷Mira, lo hemos inquirido, y es así;
escúchalo y estate atento a ello (para tu bien)».

1. *5,1-7. Atrapa a los sabios en su astucia. He visto que el necio echaba raíces, pero de repente he tenido que maldecir su morada...* (5,3-7). Necio es el malo *('awîl)*, insensato (LXX: *aphron*, sin entendimiento...). Ciertamente, Elifaz sabe que hay «malos» (insensatos) que prosperan por un tiempo, ellos y sus familiares, pero pronto ha debido maldecirles (saber que son malditos), porque los ha visto derribarse de su altura, cayendo sin remedio (socorro), sin que nadie los defienda en la puerta (tribunales), condenados al hambre, al infortunio que ellos mismos han creado.

Elifaz está diciendo así de un modo indirecto, pero claro, que Job ha sido derribado por su culpa, conforme al «talión» histórico de Dios, según el cual toda enfermedad o desgracia es consecuencia de un pecado, es decir, un castigo de Dios a los culpables. Eso significa que los fracasados, caídos, hambrientos, sin casa, tienen su merecido y no deben protestar gritando (como Job), sino bendecir a Dios por haber sido castigados, para así cambiar y ser bendecidos.

La sabiduría consiste por tanto en que cada hombre se acomode a su suerte, aceptando el poder y la riqueza (si lo tiene) y recibiendo con resignación el castigo merecido, si es que es castigado, sin protestar, sin rebelarse, porque la aflicción de los pobres forma parte del orden divino (cf 5,6-7). Los excluidos como Job (víctimas) deben aceptar su exclusión, como destino de Dios, sin protestar ni maldecir, bendiciendo al Dios que les «castiga» (los oprime), porque es para su bien, pues lo han merecido. Solo así podrá Dios rehabilitarlos, si es que se arrepienten y aceptan su más alto poderío.

2. *5,8-16. Atrapa a los sabios en su astucia*. Dentro de este sistema de Dios hay lugar para los cambios, de manera que los humildes (pequeños) pueden elevarse y los de arriba (astutos-poderosos) caer desde su altura. Unos suben, otros bajan, mientras la estructura de poder queda inalterable. «Eleva a los humildes y a los afligidos les ofrece prosperidad... Atrapa a los sabios en su astucia y frustra los planes de los perversos... Libera a los necesitados de la espada...; por eso, el débil tiene esperanza...» (cf 5,11-16). Este motivo reaparece en el canto de María (derriba del trono a los poderosos, enaltece a los oprimidos: Lc 1,46-55) y de un modo más preciso en 1Cor 3,19, donde Pablo dice que Dios «atrapa a los sabios en su propia astucia», aunque con algunas variantes:

- ˜ *Según Elifaz*, Dios puede elevar a los oprimidos, si es que se «arrepienten» de su pecado y aceptan el «orden sagrado», de manera que cambian (son rehabilitados), pero dentro del mismo sistema de poder, que continúa. Esa forma de actuar está al servicio del poder (pues los poderosos siguen siendo representantes del Dios, que tiene siempre razón).
- ˜ El *Magníficat de María* (Lc 1,46-55) no evoca solo un

cambio de lugar en el sistema de poder que permanece, sino la destrucción de ese sistema, en la línea de Pablo (1Cor 3,19) cuando dice que Cristo (verdadero Job) ha cazado (superado) la sabiduría del sistema (cf 1Cor 1,18-25), a fin de que todos sean «uno» en Cristo (cf Gál 3,28).

Conforme a la visión de Elifaz, Dios puede «perdonar» (elevar) a los pecadores como Job que se arrepientan, pero lo hace a fin de mantener la estructura de poder, en la línea del talión. Por el contrario, en el camino iniciado por Job (y culminado en Cristo, en la línea de 1Cor 1,18-25 o de Lc 1,46-55), el Dios más alto supera el sistema de poder del talión que defiende Elifaz.

3. *5,17-27. Bienaventurado el hombre a quien Dios corrige.* El libro de Elifaz puede perdonar, pero dentro del sistema de poder. Más aún, este Dios quiere tener pecadores para perdonarles, situándose por arriba, como Elifaz cuando corrige a Job: «Él hace la herida, pero él la cura; él golpea, pero sus manos sanan. *De seis tribulaciones él te rescatará,* y en la séptima no te tocará el mal...» (5,18-22).

No es fácil precisar bien el sentido de estas frases, pero resulta claro que Elifaz promete a Job y a los «pobres arrepentidos» (que confiesan su culpa) la reconciliación y la abundancia, pero solo si se someten al sistema de poder, pues solo los ricos/poderosos garantizan la vida y la elevación de los culpables, si es que se arrepienten. De esa manera, el perdón de Dios (de los poderosos) constituye una forma de sometimiento. Estas son las claves del tema: (a) *Elifaz* acepta el orden social establecido y considera a Job culpable, pero añadiendo que Dios le perdonará si se arrepiente. (b) *Job* responderá que no puede (ni debe) arrepentirse, porque no ha pecado, y por eso apela al Dios más alto de la gratuidad por encima de Elifaz y de su sistema de poder falsamente divino.

Job a (6). Mis hermanos me traicionan como torrente seco

A la acusación de Elifaz, responde Job evocando nuevamente su desdicha. Admite que sus palabras (cap. 3) han sido quizá temerarias, pero añade que un hombre en dolor tiene derecho a quejarse y buscar la solidaridad de sus amigos. Eso significa que el conflicto de fondo no se da entre Dios y Job, sino entre Job y sus amigos, que son representantes del poder establecido, que se oponen a Job, y le exigen la confesión de los pecados, con enmienda y sumisión, para mantenerse así ellos por encima. Desde ese fondo se entienden los dos capítulos siguientes: (a) Job 6 destaca el engaño del Dios del poder y de los poderosos que quieren representarlo. (b) Job 7 insiste en la fragilidad y desdicha de Job.

Job conoce bien el sistema de opresión del Dios-Poder, pues ha formado parte de su organización, aunque afirmará que él ha sido dentro de ella honesto, ocupándose de huérfanos y viudas (aunque lo haya hecho siempre desde arriba). Pero ahora que está abajo siente y mira las cosas de un modo distinto. No se trata de que los «grandes» perdonen a los «pequeños» (para seguir ellos arriba), sino de que los pobres y expulsados como Job asuman su camino en libertad y puedan cambiar a los de arriba (descubriendo al Dios distinto, de los caminos adversos):

6 ¹Respondió entonces Job y dijo:

²«¡Ojalá pudieran pesarse mi queja y dolor

y se pusieran a la vez en la balanza!

³Pesarían más que la arena del mar.

Por eso mis palabras han sido temerarias.

⁴Contra mí combaten las flechas de Shadai y los terrores de Eloah,

y mi espíritu ha tenido que beber su veneno.

⁵¿Acaso gime el onagro ante la hierba,

y muge el buey con buen alimento?

⁶¿Acaso se come sin sal lo desabrido o tiene sabor la clara del huevo?

⁷Las cosas que yo no quería tocar son ahora mi alimento repugnante.

⁸¡Ojalá se cumpliese lo que pido,

que Eloah me otorgara lo que anhelo:

⁹que él quisiera y me aplastara: que soltara su mano y me acabara!

¹⁰Ello sería para mí un consuelo y yo podría exultar en el tormento

pues no habría rechazado las palabras del Santo.

¹¹Pero ¿qué fuerza tendré para esperar?

¿Qué esperanza para ser paciente?

¹²¿Acaso tengo resistencia de roca?

¿Es dura mi carne como el bronce?

¹³¿Podré mantenerme sin ayuda,

si me han hecho incapaz de continuar?

¹⁴Quien sufre necesita consuelo de amigos, aunque no tema a Shadai.

¹⁵Pero mis hermanos me traicionan como río seco,

aguas que desaparecen.

¹⁶Los torrentes bajaban caudalosos por deshielo,

llevaban nieve derretida,

¹⁷pero llega el calor y se secan,

y al calentarse desaparecen de sus cauces.

¹⁸De esa forma abandonan su curso,

vagan por el desierto y se pierden.

¹⁹Las caravanas de Temán buscan el agua,
las de Sabá se afanan por ella;
²⁰pero se frustra su esperanza,
al llegar a su lugar y verse defraudados.
²¹Así vosotros os habéis vuelto nada,
habéis visto mi terror y tenéis miedo.
²²¿Acaso os he dicho traedme algo,
y pagad por mí de vuestra hacienda,
²³o libradme de la mano opresora,
y redimidme del poder de los violentos?
²⁴Solo os pido que me instruyáis y callaré;
hacedme entender mi error.
²⁵¡Hondas son las palabras rectas!
Pero ¿qué me reprocháis al reprocharme?
²⁶¿Queréis censurar mis palabras de desesperado
que son como el viento?
²⁷Os aprovecháis del huérfano y traficáis contra vuestro amigo.
²⁸Pero miradme amablemente y no os engañaré ante vuestros rostros.
²⁹Pensadlo de nuevo, y no seáis injustos;
volved a tener en cuenta mi rectitud.
³⁰¿Es que hay engaño en mi lengua,
o no puede mi paladar discernir lo malo?

1. *Job necesita consuelo, y por eso empieza quejándose y pidiendo a sus amigos que le entiendan* (6,1-13), pues su relación con Dios resulta inseparable de la relación que ellos mantienen entre sí. Pero, en vez de ayudarle, sus amigos le critican y rechazan, porque no acepta el poder que ellos pretenden tener. Ciertamente, quiere un consuelo personal; pero más que consuelo busca entendimiento, que sus amigos caminen con él y le acompañen en esa nueva situación, porque es como onagro sin hierba, como buey sin alimento (6,5).

En esa situación, ante el vacío del pasado, y la falta de futuro, no tiene más remedio que quejarse, retomando las protestas del cap. 3: «¡Ojalá se cumpliese lo que pido, que Eloah me otorgara lo que pido..., que suelte su mano y acabe conmigo!» (cf 6,8-13). De esa forma expone su situación de desesperado que parece querer suicidarse, por violencia social, porque su vida ha perdido el sentido. Parece cerca del suicidio, y, sin embargo, quiere vivir, pues necesita conocer a Dios y a sus amigos.

2. *6,14-30. Os habéis convertido en nada.* La guerra contra Dios (y el riesgo del suicidio) se expresa para Job como guerra contra sus amigos. Él pide su ayuda, pero le han dejado solo, más aún, le han engañado: «El que sufre necesita consuelo de amigos... Pero ellos, mis hermanos, me traicionan como ríos que desaparecen» (6,13-17).

Este pasaje desarrolla la imagen de los *wadis/torrentes* que se precipitan caudalosos en días de deshielo o tormenta, pero que, al llegar al llano, se pierden o evaporan en la arena, engañando y dejando sin agua a los que pasan. Este motivo aparece en Jer 15,17-18 que compara a esos torrentes con el mismo Dios que engaña a su profeta. Así mira (así interpreta) Job a sus amigos: parecían estar pero no estaban (Job 6,21), o, mejor dicho, están para torturarlo (someterlo), siendo así *nada* (Job 6,21), no una nada general, como la de M. Heidegger en *Ser y tiempo*, o la de J. P. Sartre en *El ser y la nada*, sino la nada de la amistad rota, la falta de fidelidad humana, el vacío de un sistema que utiliza a los hombres cuando los necesita, pero luego los expulsa y abandona.

Antes, cuando era «piadoso» y rico (gran jeque, en la ciudad y el campo) creía ayudar y ayudaba a huérfanos y viudas, pero lo hacía desde arriba, al servicio del sistema y de sí mismo. Pero ahora que ha sido derribado y ya no es nadie (nada) eleva su voz y protesta, sin someterse ante los poderosos, sin confesarse pecador, descubriendo que ellos (el sistema entero) lo ignoran y rechazan como inútil. Sus amigos dejan de serlo, y él descubre así la mentira (nada) que eran.

Ciertamente, ellos podrían «protegerlo» si se arrepintiera y sometiera (¡para gloria del sistema!), pero no pueden aceptarlo como libre, como alguien que protesta y se eleva ante Dios con autonomía, sin dejarse dominar por ellos. Es verdad que esos «amigos» pueden ayudarle en sentido material (como él hacía a los pobres, huérfanos y viudas), pero no para bien de los pobres, sino para el del sistema de los ricos que se aprovechan de los pobres (y encima se hacen llamar sus bienhechores: cf Mc 10,42-45). Job antes ignoraba esta maldad, pero ahora la conoce y la combate, desde el basurero, mientras aquellos mismos que lo expulsan dicen que quieren ayudarle, pero no por su bien, sino por el de ellos.

Job b (7). ¿Qué es el hombre para que te ocupes de él?

Job 6 destacaba el enfrentamiento de Job con sus amigos. Job 7 retoma ese motivo desde Dios (en la línea del capítulo 3), preguntándole el porqué de su existencia, la forma y manera de su vida, pasando así de un plano social a uno más existencial y teológico. Pero el Dios de este capítulo no es el Absoluto del pensamiento griego, poder sin sentimiento, destino impersonal, ocupado de sí mismo y no del hombre; ni es tampoco el vacío del budismo, más allá de los deseos, que no sufre, ni ama, ni puede acompañar a los que sufren. Este Dios es el Viviente que puede y quiere ocuparse de los hombres, aquel ante quien Job intenta reflexionar, quejarse y buscar, iniciando un soliloquio que se vuelve teo-loquio:

7 ¹¿No es milicia la vida del hombre en la tierra,
y sus días como días del jornalero?
²Como siervo que desea sombra o jornalero que espera
el salario de su trabajo,
³así he tenido meses de desengaño
y me han venido noches de sufrimiento.
⁴Estando acostado, digo ¿cuándo me levantaré y romperá la aurora?
Y me canso de cambiar de postura, de un sitio a otro,
hasta que llegue el alba.
⁵Mi carne está llena de gusanos y costras de tierra;
mi piel hendida y abierta, supura.

⁶Mis días corren más que lanzadera de tejedor,
y sin esperanza pasan.
⁷Recuerda que mi vida es un soplo
y que mis ojos no volverán a ver prosperidad.
⁸No me verán más los ojos que me ven; me mirarán, pero ya no seré.
⁹Las nubes se disipan y pasan;
así quien desciende al *Sheol* no subirá de allí.
¹⁰El que muere no retornará a su casa,
ni su lugar volverá a reconocerlo.
¹¹Por eso, no refrenaré mi boca,
sino que hablaré en la angustia de mi espíritu
y me quejaré en la amargura de mi alma.

¹²¿Soy acaso el mar o soy Tanín
para que me pongas vigilancia en torno?
¹³Cuando digo me consolará mi lecho,
superaré los dolores en mi cama,

[14]me atemorizas con sueños, me despiertas con visiones de terrores.
[15]Por eso quise terminar mi vida,
más que a mis huesos me aferré a la muerte.
[16]¡Todo lo aborrezco, no he de vivir para siempre.
Déjame, son vanidad mis días!

[17]¿Qué es el hombre para que tanto te interese,
para que pongas en él tu corazón,
[18]para que todas las mañanas lo visites y a cada momento lo pruebes?
[19]¿Cuándo apartarás de mí tus ojos,
me dejarás en paz, mientras trago saliva?
[20]Aunque pecara ¿qué podría hacerte,
a ti que observas a los hombres?
¿Por qué me pones por blanco,
de forma que soy una carga para mí mismo?
[21]¿Y por qué no borras mi rebelión y perdonas mi iniquidad,
pues pronto seré polvo, y aunque me busques temprano, no estaré?».

Este capítulo consta de dos *soli-loquios* o conversaciones consigo mismo y de dos *teo-loquios* o conversaciones con Dios. Job puede hablar consigo mismo porque habla, al mismo tiempo, con su Dios, de forma que su vida es una conversación en tres niveles: con sus amigos, consigo mismo y con Dios.

1. *Primer soliloquio: ¿No es acaso milicia la vida del hombre?* (7,1-5). He traducido *saba'* (7,1: צָבָא) como lucha militar, aunque esa palabra puede tener otros matices, vinculados con diversos tipos de esfuerzo o tarea. El Dios de la Biblia se define como *sebaot*, Señor de batallas, de los ejércitos del cielo (ángeles, astros) o también de la tierra (de los que combaten las guerras de Yahvé). En esa línea, el hombre es

luchador de la tierra, duro trabajador, siervo sufrido, bajo un Señor que le domina desde arriba, en una guerra sin fin, como enfermo que espera la noche para reparar el cansancio del día, y nuevamente el día para alejar los terrores de la noche, sin descansar ni en un momento ni en el otro. La vida es según eso enfermedad consciente (culpable) de sí misma (Buda).

2. *Segundo soliloquio: Se deslizan mis días más que lanzadera...* (7,6-11). Como ha destacado el capítulo anterior, Job hubiera preferido no nacer o fallecer de inmediato. Y, sin embargo, paradójicamente, se aferra a la vida, que avanza inexorable, como vara de telar que viene y va, con gran velocidad, hasta completar la trama de la vida. Así decía el rey Ezequías, liberado por Dios de la muerte: «Como tejedor devanaba yo mi vida y me cortan la trama» (cf Is 38,12). La vida del hombre es así una experiencia radical de fragilidad, *aliento/ruah* que se desvanece.

Ciertamente, en un sentido, el hombre es *ruah* fuerte, espíritu de Dios (cf Gén 2,7); pero, al mismo tiempo, es un soplo que se apaga y desciende al *Sheol,* lugar/estado de muerte, en el que todo cesa, de forma que el hombre se hunde en una especie de oquedad y sombra, oscuridad de muerte. Entre el espíritu de Dios que es vida y la oscuridad del *Sheol* que es muerte habita el ser humano: por una parte, quiere morir y descansar; por otra, tiene miedo de acabar por siempre. En esa línea, el hombre no es alma inmortal (como en un tipo de filosofía), sino aliento de Dios en la frontera entre la vida y la muerte. Por un lado, morir es un descanso, como el nirvana del budismo; por otro, es la mayor dureza de la vida, y por eso Job protesta en contra de ella. Esta es su paradoja: por un lado, desea la muerte; por otro lado, grita contra ella.

3. *Teoloquio 1. Dolor de la conciencia, protesta contra Dios* (7,12-16). Esta sección retoma la paradoja anterior del hombre, que por una parte acepta su destino y por otra protesta contra Sebaot (Dios de los ejércitos), que no lucha contra monstruos primordiales, malignos, como en los mitos de Oriente (Marduk contra Tiamat, Baal contra Môt), sino contra el pobre Job, blanco de su ira: «¿Acaso soy el mar o soy Tanín para ponerme vigilancia? Cuando digo: Mi lecho me consolará... me despiertas con visiones de terror...» (cf 7,12-16).

Elifaz tenía sueños positivos (cf 4,16-17), vinculados con su seguridad en el sistema. Job, en cambio, un expulsado, víctima muriente en el estercolero, tiene visiones de terror, como si fuera un monstruo perverso (Tanín), al que Dios vigila y persigue en su angustia. De esa forma se siente y sufre como succionado por la muerte, protestando contra Dios y deseando morir aunque sin matarse, porque, al decir a Dios que acabe de matarle le está pidiendo una vida diferente.

4. *Teoloquio 2. ¿Qué es el hombre para que así te importe?* (7,17-21). Esta es la queja más honda de Job: que Dios le deje, que se olvide, para que él pueda descansar en paz consigo mismo, como Buda, que se olvidó de los dioses para librarse por sí mismo. Pero, en otro sentido, Job no quiere liberarse ni de Dios ni de sí mismo, a pesar de sus protestas y preguntas. Así dice: «¿Qué es el hombre para que así te importe...? ¿Por qué me has hecho blanco de tus flechas? ¿Por qué no borras mi rebelión y me perdonas? Pues pronto seré polvo, y aunque me busques temprano, no estaré» (cf 7,17-21).

Esta es la paradoja. Por un lado, Job pide a Dios que le olvide, que le deje en paz, como si no existiera. Pero, al mismo tiempo, le pregunta por qué se ocupa de él, por qué le da tanta importancia. En esa línea, sus preguntas pueden compararse a las del Sal 8, como si fueran una parodia de ellas: «Señor, Dios nuestro... Cuando contemplo el cielo, obra de tus dedos, la luna y las estrellas que has creado: qué es el hombre para que te acuerdes de él...».

En otro sentido, las preguntas de Job pueden compararse mejor con Sal 144, donde el orante pide al fin la ayuda al Dios de la guerra: «Señor ¿qué es el hombre para que te fijes en él?... Señor, inclina tu cielo y desciende; toca los montes, y echarán humo; fulmina el rayo y dispérsalos; dispara tus saetas y desbarátalos» (cf Sal 144,3-8). Pero hay una diferencia. *Este salmo es el canto de un guerrero en batalla contra los enemigos de Dios,* a quien pide que venga, que descienda, que luche con (por) él, que le libre de los enemigos para vivir así en paz. *Job, en cambio, pide a Dios que no le ataque, que no lo tome como un enemigo,* que deje de ocuparse de él y de torturarlo, para así poder un día declararle su verdad y tenerlo como amigo.

2ª ronda: Bildad y Job (8-10)

Bildad (8). El camino de los que olvidan a Dios

Bildad, segundo amigo, sigue en la línea de Elifaz, aunque insistiendo en tres razones: (a) *Dios es talión* y así responde con castigo a los «pecados» de los hombres. (b) *El hombre debe someterse a Dios,* cuya autoridad se expresa en los poderosos, dentro del sistema. (c) *La desgracia y el sufrimiento de los hombres nace del pecado,* de manera que Job ha debido pecar mucho, pues mucho está siendo castigado. En esa línea, los pobres (por serlo) son ya pecadores, y no tienen más remedio (ni más salvación) que aceptar el castigo y convertirse, pues solo de esa forma podrán ser rehabilitados.

8 [1]Respondió Bildad, el suhita, y dijo:
[2]«¿Hasta cuándo hablarás así
y serán como viento exaltado tus palabras?
[3]¿Rechazará Dios el juicio, pervertirá Shadai la justicia?
[4]Cuando tus hijos pecaron contra él,
él les entregó en manos de su maldad.

[5]Si hubieras buscado a Dios y suplicado a Shadai,
[6]si fueras puro y recto, él velaría por ti
y restauraría tu morada de justicia,
[7]y aunque tu principio fuera pequeño, tu fin sería engrandecido.

[8]Pregunta pues a las generaciones pasadas
y disponte a interrogar a sus padres,
[9]pues somos de ayer, sin experiencia,
y son una sombra nuestros días en la tierra:
[10]¿Ellos no te enseñarán, no te hablarán
y sacarán palabras de su corazón?
[11]¿Crece el papiro fuera del pantano, y el junco si no hay agua?
[12]En su verdor, sin haber sido cortado
se seca antes que toda otra hierba.

[13]Ese es el camino de los que olvidan a Dios;
así perecerá la esperanza del impío,
[14]porque su seguridad se corta y su confianza es como tela de araña.
[15]Si confía en su casa, no permanecerá; si se agarra a ella, no resistirá.
[16]Piensa en el árbol verde plantado al sol;
sus renuevos rebosan sobre el huerto;
[17]se entrelazan sus raíces sobre piedras,
se juntan hasta en lugar pedregoso,
[18]pero si se trasplantan de lugar, la nueva tierra les negará:
"No os he visto".

[19]Así termina su rápida carrera y otras plantas nacerán de la tierra.
[20]Pero Dios no rechaza al justo, ni sostiene la mano del malvado.
[21]Volverá a llenar tu boca de risas, y tus labios de gritos de alegría.
[22]Tus enemigos quedarán avergonzados
y la tienda del malvado desaparecerá».

En el capítulo anterior (7), Job parecía echar la culpa a Dios y le acusaba de injusticia y falta de compasión por los hombres, a quienes castigaba sin causa. Pues bien, en contra de eso, apelando a la tradición antigua, Bildad insiste en la justicia de Dios entendida en forma de talión, pues el sufrimiento es consecuencia del pecado, añadiendo que Dios puede tener misericordia del arrepentido pero solo en el caso de que se someta al orden del sistema, que es signo de Dios. Según *Bildad,* el sufrimiento es castigo, dentro un sistema social dominado por un karma cósmico y humano, donde los pobres sufren por ser (haber sido) pecadores. *Job,* en cambio, no puede confesarse pecador, ni arrepentirse por ser pobre, porque su pobreza y su enfermedad provienen de Dios y de aquellos que lo están oprimiendo en el mundo, no de sus pecados.

1. *Cuando tus hijos pecaron contra él* (8,2-4). Según Bildad, si un hombre sufre y muere antes de tiempo es que ha pecado, siendo castigado, no solo él, sino su familia, la casa entera, con siervos y criados. Según eso, Job no es solo culpable de sí, sino de la desgracia y muerte de su casa (cf Job 1-2), pues, conforme a la visión tradicional, siervos y familiares no tenían personalidad individual, sino que formaban parte de la «persona» colectiva del patriarca. En esa línea, el conjunto del libro acusa a Job de la muerte de sus hijos.

Pero, de un modo muy significativo, este pasaje (8,4) no

dice que los hijos hayan muerto por el pecado de Job, sino por sus pecados propios, como había destacado ya la nueva teología de Ezequiel, conforme a la cual cada uno recibe el castigo o premio de sus faltas (Ez 18,20). Por eso (a diferencia de Job 1-2), este pasaje supone que los hijos de Job no han muerto por el pecado de su padre, sino por los suyos, igual que los agricultores, pastores y camelleros.

Estas palabras («cuando tus hijos pecaron contra él...») nos sitúan ante la nueva teología de la responsabilidad, por la que cada uno muere (sufre) por sus pecados. Pero el tema no ha sido aquí resuelto de una vez por todas, de forma que la teología del libro de Job sigue en conjunto dominada por una visión de «responsabilidad corporativa», por la que hijos y trabajadores de la casa de Job reciben el castigo que merece su «patriarca». Hoy (año 2020) insistimos más en la culpa individual, pero no podemos olvidar el tema de la responsabilidad comunitaria, según la cual los miembros de un «grupo» (incluso toda la humanidad) sufren por el «pecado» de algunos individuos o colectivos (en un plano económico, político y ecológico).

2. *Si hubieras buscado a Dios, si fueras puro y recto, él velaría por ti* (8,5-7). Bildad se sitúa en la línea de la teología de Satán (cf caps. 1-2), pues, según él, la relación del hombre con Dios es comercio, es talión, un negocio regulado como intercambio de intereses: a Dios le interesa que los hombres se sometan a su voluntad, para reinar así sobre ellos. Por su parte, a los hombres les interesa orar a Dios y someterse a él para recibir sus bienes, de forma que la religión se hace comercio de «mercancías» sociales y religiosas.

Dentro de esa lógica, Bildad interpreta el castigo (=desgracia y sufrimiento) de Job y su casa (de sus trabajadores y familia) como expresión de pecado. Este es el único dogma de fondo de Bildad y sus amigos: cada uno es (tiene, goza y sufre) lo que merece, dentro de un orden en el que nada se crea ni destruye, sino que todo se transmuta conforme a una ley fija de acción y reacción, en la que Dios es agente superior y garantía de la eficacia de todas las transacciones religiosas, pero en un contexto de poder que se impone sobre todo y sobre todos, de tal forma que los poderosos tienen siempre razón, son signo de Dios.

No hay, por tanto, amor gratuito, desinteresado, como decía Satán a Dios (Job 1–2), sino una férrea cadena de transacciones religiosas, presididas por un Dios interpretado como poder supremo. Pero esa cadena puede modularse (manteniéndose firme) allí donde los hombres se «arrepienten» y se someten a Dios, que les perdona para mostrar así su poder más alto. Según eso, mientras viva, Job puede cambiar y arrepentirse, para ser restaurado por Dios (dentro de la misma ley del talión), de manera que su final podría ser incluso mejor que su principio... Pero ¿qué pasara con sus hijos y sus siervos muertos? ¿Cómo podrá recuperarlos?

3. *Una ley de larga tradición: ¡Pregunta a las gentes antiguas!* (8,8-12). Esta es, según Bildad, la certeza que viene de los antepasados (LXX: *genos paterôn),* de la generación originaria (texto hebreo: *dor rishôn).* Cambian muchas opiniones, pero queda la verdad de los antepasados venerables, transmisores sabios, que han fijado la existencia de un poder religioso y social, económico y patriarcal, al servicio de (=fundado en) Dios, que es el poder que gobierna impertérrito todo lo que existe.

También Job había compartido en otro tiempo esa certeza de los sabios-ricos-patriarcas, conforme a la religión

(=tradición de poder) que sacraliza el orden sagrado de los poderosos, de manera que los ricos-santos antiguos como él solo han podido caer si es que se han vuelto pecadores. Lógicamente, la prosperidad de algunos impíos no es más que una excepción momentánea (aparente), pues serán pronto extirpados (morirán), como el loto o junco fuera de las aguas.

4. *Este es el camino de los que olvidan a Dios* (8,13-22), es decir, de los que rompen la tradición de un imperio sacral, representado por los amigos de Job, garantes del sistema de poder del que Job formaba antes parte. Aunque puedan triunfar en un momento, los malvados serán destruidos, como tela de araña o casa sin cimientos. Aunque crezcan un tiempo, en lugar pedregoso, se secarán pronto, no lograrán resistir. Así argumenta Bildad, en nombre de una estructura de fondo sagrado, que ha logrado mantenerse por siglos pero que, de pronto, ante un caso adverso (discordante) como el de Job pierde su apoyo y sentido.

Pero Bildad no acepta el «caso Job», insiste en defender los caminos poderosos del Dios de los ricos, triunfadores del sistema, que puede «perdonar» a los pecadores, pero solo a condición de que confiesen su pecado y se sometan, para mayor gloria de Dios y su sistema: «Dios no rechaza al justo, ni sostiene la mano del malvado. (Si te arrepientes) volverá a llenar tu boca de risa...» (8,20-22). Ese Dios de Bildad puede mostrarse «magnánimo» con Job, ofreciéndole perdón y prosperidad si se arrepiente, no para su propio bien, sino para el del mismo sistema, que así puede mostrarse magnánimo. En esa línea, muchos poderes «jerárquicos» han estado dispuestos a ofrecer amnistías a un tipo de «arrepentidos», para mostrar de esta manera su «misericordia» calculada, al servicio de sí mismos.

Job a (9). Al inocente y al malvado él los destruye

Retomando el argumento de Bildad (y el anterior de Elifaz), Job afirma que ningún hombre puede «justificarse» ante Dios, ni los llamados justos, ni aquellos a quienes se llama pecadores. Elifaz y Bildad se habían declarado justos ante Dios, apelando a su riqueza y su poder social, en la línea del talión político-sagrado. Pues bien, al decir que nadie ni nada puede «justificarse» ante Dios, Job derriba ese argumento, afirmando que Dios no ratifica la razón político-social de los triunfadores, pues el éxito o poder no es garantía de bendición divina.

Los adversarios de Job se suponen justos, porque Dios les avala, haciendo que triunfen, conforme a la visión de una justicia antigua. No tienen que plantearse más problemas, pues su victoria social y personal demuestra que son justos y que pueden imponer (representar) el orden de Dios sobre la tierra. Job pensaba en otro tiempo como ellos, suponiendo que Dios garantizaba su razón. Pero después ha fracasado, lo ha perdido todo; yace enfermo en el estercolero, y así empieza a plantear preguntas nuevas: ¿Cómo puede justificarse *(mah yisdak)* el hombre ante Dios? (9,2). ¿Cómo garantiza Dios su justicia si no es por los triunfadores? F. Nietzsche (1844-1900) planteó este tema de forma despiadada y M. Weber (1864-1922) lo situó en la base y autojustificación del capitalismo.

9 [1]Respondió Job y dijo:

[2]«Sé bien que esto es así:

¿Cómo se justificará el hombre ante Dios?

[3]Si quisiera discutir con él,

no podría rebatirle ni una cosa entre mil.

⁴Dios, sabio de corazón, poderoso en fuerza.

¿Quién le reta y queda sano?

⁵Remueve montes sin que sepan que él los ha derruido con su ira.

⁶Hace temblar la tierra en sus cimientos y sus pilares se tambalean.

⁷Manda al sol, y el sol no sale, y pone sello a las estrellas.

⁸Solo él despliega los cielos, y camina sobre las alturas del mar.

⁹Él hizo la Osa y Orión, las Pléyades y las cámaras del sur.

¹⁰Hace cosas grandes e incomprensibles, maravillosas y sin número.

¹¹Él pasa ante mí, y no lo veo; cruza rozándome y no lo percibo.

¹²Si arrebata algo ¿Quién se lo tomará?

¿Quién le dirá: Qué haces tú?

¹³Eloah, no revocará su ira, y ante él se postran
los ayudadores de Rahab.

¹⁴¡Cómo podré replicarle y escoger palabras justas frente a él!

¹⁵Aunque fuera justo, no podría responderle;
es mi juez, debo elevarle mi súplica.

¹⁶Ni aunque lo invocara y me respondiera,
yo podría decir que me ha escuchado,

¹⁷pues me aplastaría en la tempestad,
y multiplicaría sin causa mis heridas,

¹⁸y no me daría tiempo para retomar mi aliento,
sino que me llenaría de amargura.

¹⁹Si hablamos de Fuerza él dirá: "¡Aquí estoy!".

Si de Derecho, ¿quién le retará?

²⁰Aunque yo tuviera razón, él me reprobaría;
si fuera inocente, me condenaría.

²¹Ciertamente, soy inocente, pero no reconozco;
mi vida es ofensiva para mí.

²²Todo da lo mismo, y así digo:
Al inocente y al malvado él los destruye.

²³Si un azote mata de repente, él se ríe del sufrimiento del inocente.

²⁴Si la tierra cae en manos de impíos, él cubre el rostro de sus jueces.
¿Quién si no puede hacerlo?

²⁵Mis días han sido más ligeros que un correo;
huyeron sin haber visto el bien.

²⁶Pasaron cual naves veloces, como águila que cae sobre su presa.

²⁷Si digo olvidaré mi queja, cambiaré mi tristeza,
miraré con rostro amable,

²⁸me estremezco de dolor, pues sé que no me has declarado inocente.

²⁹Y si soy culpable ¿por qué me esfuerzo en vano?

³⁰Aunque me lave con agua de nieve y limpie mis manos con lejía,

³¹aun así me hundirás en la fosa, y hasta mis vestidos me aborrecerán,

³²pues él no es un hombre como yo, para replicarle: vamos a juicio.

³³No hay entre nosotros árbitro que ponga su mano sobre ambos.

³⁴Que él aparte de mí su vara, y que su terror no me espante,

³⁵y hablaré sin miedo, pues (ahora) me siento inseguro.

1. *Dios, presencia cósmica* (9,1-10). Job no puede invertir sin más el argumento de Bildad, y decir que los perdedores son, como tales, justos (cf 9,3-9). La solución no es dar la vuelta a los factores, manteniendo el mismo esquema de poder, sino buscar un nuevo fundamento, por encima de las leyes de este mundo: «Remueve montes sin que sepan que él los ha derruido con su ira *(beapho)*... Manda al sol, y el sol no sale. Pone sello (cuando quiere) a las estrellas... Extiende los cielos, y camina sobre las alturas del mar; hizo la Osa y Orión...» (9,5-9).

Dios aparece así como vida por encima de todo talión intra-cósmico. Por eso, los hombres no pueden empezar preguntando quién tiene razón, sino dejándose admirar por lo divino, sobre unas normas supuestas de justicia cósmica y moral. Este pasaje nos sitúa ante una experiencia estética de Dios, en línea de belleza, no de utilidad, sobre todas las pretensiones políticas, morales (moralistas) de algunos, pues el mundo es gozo activo de Dios, y Dios es trascendencia del mundo, incluso para Job, que yace vencido y excluido en el estercolero. Bildad y sus amigos eran partidarios de una «religión» de dominio racional y social, de interés y poder. Job, en cambio, empieza insistiendo en la admiración ante los astros.

2. *Una teología estética* (9,11-21). En esa línea evoca Job la constelación de las *Pléyades, Kymah* o montón de estrellas, que muchos comparaban en Oriente con un ramo de luces guiadas por Osa y Orión, abriendo un camino de cielo. Es como si nos pusiera, con más de veinte siglos de adelanto, en el lugar donde I. Kant quiso ponernos, al final de la *Crítica de la Razón práctica* (1788), diciendo que más allá de todas las razones queda el cielo estrellado arriba y la conciencia moral dentro del alma. En esa línea, sobre la razón de los poderosos del sistema (que expulsan-someten a las víctimas) Job apela a los astros en la noche y, de un modo velado, a su propia conciencia, para anunciar el día de la nueva realidad, como Abraham que veía en las estrellas al Dios de las promesas (Gén 15,5).

Los amigos de Job contaban también las estrellas, pero lo hacían para decir que el hombre debe humillarse como víctima, confesando sus pecados, bajo el argumento de los triunfadores. Job, en cambio, lo hace para evocar el misterio más alto en la noche, sobre las razones de Bildad, que habla de Dios como de aquel que se impone sobre las víctimas. Este es el Dios a quien nadie puede domar (domesticar), ni siquiera los «amigos/auxiliadores de Rahab» (9,13).

Esta referencia al gran monstruo y sus auxiliadores resulta enigmática pero muy significativa. Rahab es signo del poder maligno, el monstruo acuático de Egipto del que fueron liberados los hebreos (cf Sal 87,4; Is 20,7), el dragón celeste que ha querido dominar sobre astros y constelaciones (cf Ap 12), como muestra un mito extendido desde la India hasta Israel y Grecia. En ese trasfondo, Job dice a sus críticos que no son amigos de Dios, sino de Rahab, pues a Dios nadie puede utilizarlo y manejarlo (cf 9,16-20), como ellos quieren.

3. *Destruye al inocente y al malvado* (9,22-24). No es que Job tenga razón y los otros no, sino que nadie como tal la tiene, pues Dios no es razón, sino misterio, y en esa línea se puede empezar diciendo: «Al inocente y al malvado él los destruye. Si un azote mata de repente, él se ríe del sufrimiento del inocente. Si la tierra es entregada en manos de impíos, él cubre el rostro de sus jueces. Y si no es así ¿qué otro puede hacerlo?» (cf 9,22-24). Solo si se sabe y dice esto se puede buscar un nuevo comienzo.

Esas reflexiones ofrecen un buen punto de partida, pues nos sitúan ante un Dios distinto, más allá de una moral legalista del talión, para avanzar por los caminos «adversos» de Dios, que podrán ser de salvación. Lógicamente, esas palabras («al inocente y al malvado él los destruye») no son una declaración moral abstracta, sino un rechazo de los argumentos anteriores de Elifaz y de Bildad, según los cuales Dios salva a los inocentes (ellos) y castiga culpables (los demás).

En ese contexto, en contra de aquellos que se creen capaces de distinguir entre bien y mal, Job responde: «Destruye por igual al justo y al culpable». No es que invierta el lugar de las personas, como podría decir Lc 1,46-55 (derriba a los poderosos, eleva a los oprimidos), sino que rompe (supera) la lógica de la inversión, pues él (Dios) no es balanza que pesa y separa, sino aquel en quien vivimos, nos movemos y somos (cf He 17,28). En esa línea hay que decir que Dios «destruye» (=supera) por igual al justo y al malvado, de forma que, en sí mismos, todos perecen (mueren), en un plano de salud (la peste mata a buenos y malos), de política social (cuando unos ejércitos toman la ciudad mueren justos e inocentes)...

Pero, dicho eso, desde el Dios que está sobre el talión (sobre lo sabido e ignorado), Job avanza anunciando otro tipo de justicia, contra los «amigos», que le han criticado diciendo que él es culpable por ser pobre y estar enfermo, mientras que ellos se llaman amigos de Dios porque son ricos y sanos. En un sentido, Job empieza diciendo que sufren lo mismo justos y culpables, pues la suerte de los hombres es *'ahat*, única y la misma, como Dios es *'ehad, uno y el mismo*, de manera que, en un plano, la peste cae sin distinción sobre todos. Pero luego, en un plano más alto, el libro de Job terminará mostrando que las víctimas son inocentes y los prepotentes culpables, situándonos así ante el Dios de la gracia.

4. *Una es la suerte de los hombres* (9,25-35). Antes, Job no lo sabía; ahora, en cambio, lo sabe, cuando mira hacia atrás y descubre el galopar de la muerte: «Mis días han sido más ligeros que un correo; huyeron sin haber visto el bien...» (9,25). Como rápido mensajero, con noticias de reyes, que corre y desaparece en la distancia, como nave ligera o águila veloz sobre la presa... así pasan los días de Job (9,26-28), como decía A. Camus (1913-1960) en *Calígula:* «Los hombres mueren y no son felices».

Eso significa que el intento de aquellos que quieren justificarse diciendo a Job que lave su mancha con jabón de penitencia (para quedar así sometido a ellos), resulta inútil, pues él sigue diciendo a Dios: «Aunque me lave con agua de nieve y limpie mis manos con lejía me hundirás en la fosa» (9,30-31), añadiendo que no existe nadie que pueda unir nuestras manos (la de Dios y la de Job), como árbitro (מוֹכִיחַ) entre ellos (9,33). En contra de los amigos de Job, en un primer momento, el hombre no tiene derecho ante Dios, de forma que en ese plano es inútil llamarlo. Pero después, de un modo paradójico, desde su intenso desamparo, Job quiere y puede apelar, siempre que Dios le deje por un tiempo en paz: «Que aparte de mí su vara, y que su terror no me espante, y hablaré sin miedo...» (9,34-35).

Job b (10). Como leche cuajada, como león furioso

Job ha discutido en el capítulo anterior con sus amigos; en este se dirige directamente a Dios, a quien hace responsable de su drama. En un sentido, no es piadoso, ni paciente. Pero en otro su paciencia es grande, pues se atreve a discutir con Dios, y a preguntarle «por qué», aunque deba esperar mil años para recibir una respuesta. Por eso, sabiendo que su muerte cercana abre un tiempo indefinido para todos, menos para Dios, alza su queja, exponiendo su amargura ante Dios, como hará Jesús: «Por qué me has abandonado» (Mc 15,34; cf Sal 22,2).

Sus amigos podrían incluso mentir (sin tener conciencia de ello), porque parten del supuesto de que tienen razón. Job, en cambio, no quiere ni puede mentirle a Dios, porque él es su única verdad, y todo lo que sufre es una búsqueda de Dios. De esa forma eleva su sabio y amargo discurso, pidiéndole que no lo condene sin más, que le permita conocer la razón de su desgracia (10,2):

10 ¹¡Mi alma está hastiada de la vida! Daré libre curso a mi queja,
desahogando la amargura de mi alma.
²Diré a Dios: No me condenes,
deja que conozca por qué disputas conmigo.
³¿Te parece bien oprimirme, desechar la obra de tus manos
y favorecer los designios de los impíos?
⁴¿Acaso son de carne tus ojos?
¿O ves tú las cosas como las ve el hombre?
⁵¿Son tus días días del hombre, o tus años años de varón,
⁶para que estés al acecho de mi iniquidad
y andes indagando mi pecado,
⁷aun sabiendo que no soy culpable
y que nada podría librarme de tu mano?

⁸Tus manos me formaron y perfeccionaron.
¿Y ahora quieres deshacerme?
⁹Recuerda: Como a barro me formaste
¿y en polvo has de volverme?
¹⁰¿Acaso no me has cuajado como leche,
y como queso me has coagulado?
¹¹Con piel y carne me has vestido
y me has tejido con huesos y nervios,
¹²vida y misericordia me has mostrado,
y tu cuidado ha mantenido mi aliento.
¹³Pero ocultabas esto en tu corazón, y que esto tenías en tu mente:
¹⁴Si hubiera pecado me vigilarías, y no disculparías mis faltas.
¹⁵Si fuera malo ¡ay de mí!,
pero si fuera justo tampoco levantaría la cabeza,
hastiado de mi deshonra y consciente de mi aflicción.
¹⁶Si alzara la cabeza, me darías caza como a león,
y desplegarías contra mí tu poder maravilloso (destructor),
¹⁷renovando siempre tus testimonios contra mí,

¹⁸¿por qué me hiciste salir de la matriz?
Habría expirado y nadie me vería.
¹⁹Sería como si nunca hubiera existido,
pasando del vientre a la tumba.
²⁰¿No son pocos mis días?
¡Déjame, apártate , que pueda consolarme un poco
²¹antes que vaya para no volver, a la tierra de tinieblas
y sombra de muerte,
²²a la tierra de oscuridad, como a media noche,
de sombra, muerte y confusión,
donde la luz es como tiniebla en oscura noche!».

1. *Mi alma está hastiada de vivir* (10,1-7). Job viene de luchar y al final se siente derrotado, con un gran cansancio, por todo lo que ha sido y ha sufrido. Su alma *(nephesh)*, es decir, su identidad (persona, sub-stancia, individualidad) es un cansancio suplicante. No es un hombre poderoso como antes, ni un juez que puede dictar su ley «divina» sobre otros, sino solo una protesta dolorida.

Desde ese fondo habla, dialogando con el Dios de quien depende su vida, con aquel a quien llama, siendo, al mismo tiempo, su «Yo» más hondo, su verdad originaria. De esa forma, su propio soli-loquio se vuelve teo-loquio, conversación con aquel a quien dice: «¿Te parece bien oprimirme, desechar la obra de tus manos...? ¿Son tus días como los días del hombre para que estés al acecho de mi iniquidad...?» (cf 10,3-7).

¿Te parece bien, *hatov leka,* הֲטוֹב לְךָ? El Dios de Gén 1 iba viendo, iba diciendo, *que las cosas eran buenas (tov),* especialmente el hombre. Pero Job le contesta: «¿Te parece bien?». Ciertamente, en un plano, es verdad: Dios hizo todo bueno. Pero, queriendo ser sincero, le responde: «Eso que dices (todo

87

es bueno) no es verdad» (cf J. A. T. Robinson, *Honest to God*, SCM Press, Londres 1963, *Sincero con Dios*).

2. El tema es la «honestidad de Dios» más que la del hombre (10,8-17). Tanto como la justicia de los hombres, a Job le interesa la de Dios: ¿No será egoísta, buscando su provecho (¡su egoísmo divino!) a costa del dolor de los hombres? ¿Tendrá Dios que mentir porque su vida es breve como la del hombre? ¿No tiene toda la eternidad, para mirar con calma, sin sospechar de nadie? Dios ha creado al hombre con muchísimo cuidado: «Tus manos me modelaron y perfeccionaron..., como a barro me diste forma... ¿No me has cuajado como leche y me has coagulado como queso? Con piel y carne me has vestido y me has tejido con huesos y nervios» (cf 10,8-12). Lógicamente, Dios que así le ha hecho tendrá que responderle.

Este relato retoma el de Gén 2, donde Adán, el ser humano, fue formado de barro de tierra y de aliento divino. Pero, al mismo tiempo, formula el motivo de la creación del mismo en el útero de la madre, lugar en el que Dios «recibe» la leche del semen paterno y lo funde, modela y reviste de carne, de huesos de vida..., con la vida de su mismo aliento. Este es uno de los textos fundamentales del judaísmo tardío sobre la «gestación» y nacimiento del hombre (cf Ecl 11,5; Sal 139,13-16), que, en un sentido, brota del semen-leche del varón en el útero materno, pero en otro más hondo proviene de la acción-vida de Dios en la mujer, que así aparece como lugar privilegiado de la creación divina, como pondrá de relieve la madre de los macabeos (2Mac 7,21ss; cf X. Pikaza, *Mujeres de la Biblia Judía*, Clie, Viladecavalls 2013).

El semen masculino es como el barro (arcilla) que Dios debe modelar. El útero materno es el crisol, sagrario donde

Dios va gestando a cada ser humano (la biología antigua no conocía la existencia del óvulo femenino). Hasta aquí todo es bello y verdadero, de forma que el texto puede acabar diciendo: «vida y misericordia (חַיִּים וְחֶסֶד) me has mostrado». El hombre es vida *(hayyim)*, presencia de Dios que se despliega en el vientre de la madre. El hombre es además *misericordia (hesed,*חֶסֶד, pacto) de Dios a través de la mujer. Esta es la más honda antropología de Israel, y así la formula Job. Pero de pronto mira con «sospecha» y se atreve a decirle a Dios que quizá le ha formado con una intención oculta: para hacerle sufrir y destruirle (cf 10,13-17).

3. *Contra el posible sadismo de Dios* (10,18-22). En esa última línea, Dios no habría creado a los hombres (¡tan maravillosamente!) para gozar con ellos y hacerles felices, en vida y piedad, sino para perseguirlos y cazarlos (como a leones), para vencerles y torturarlos como a enemigos. Este sería el Dios que «vigila» a los hombres, a los que tiene encerrados en la cárcel, o en un parque (como a los leones), para dejarlos salir alguna vez y luchar luego contra ellos, haciéndoles sufrir.

Esta visión del «Dios sádico» está en el fondo de ciertas experiencias sociales (e incluso religiosas) de pueblos a veces muy civilizados (como pudieron ser los romanos y los aztecas), que criaban (engordaban) a ciertos hombres, para sacrificarlos después o para hacer que se mataran unos a otros en el circo. En esa línea vuelve Job a lamentar el día de su nacimiento: «¿Y por qué me hiciste salir de la matriz?... ¡Déjame, pues! Apártate, que pueda consolarme un poco antes de que vaya para no retornar más a la tierra...» (cf 10,18-22). Así lo ve y lo dice Job, hablando en nombre de millones de hombres, mujeres y niños, que parece que han sido creados (educados, mantenidos vivos) para servir de placer y ganancia para otros.

3ª ronda: Sofar y Job (11–14)

Sofar, tercero de los amigos, quizá el más pretencioso, dice que el hombre en sí no es amigo de Dios, ni capaz de dialogar con él en pacto de misericordia y libertad, como Job ha insinuado en el capítulo anterior (10,9-12), sino un animal salvaje, sin conocimiento, un asno no domado. De esa forma ha retomado las palabras finales de Job que acusaba a Dios de vigilarlo y de querer cazarlo, como a león furioso.

El discurso de Sofar (11) no es largo pero Job le responde de manera extensa, a lo largo de tres capítulos (12–13), que no son solo una respuesta a su discurso, sino también una respuesta a los discursos de los otros dos amigos, ofreciendo así un primer compendio de su pensamiento, elevado ante Dios y ante los tres amigos. Ciertamente, esta no es todavía la palabra final de Job (ni del libro) sobre el drama antropológico y teológico, personal y social de fondo, pero es muy importante.

Tengamos en cuenta desde aquí que el libro de Job no es drama de una voz, sino de varias que se van escuchando y respondiendo. Por eso, aunque su acción externa sea simple, su movimiento interior, desde Dios (e incluso desde Satán, que sigue al fondo de un modo velado), y ante los tres amigos (que son representantes del poder humano), resulta muy intenso. En esa línea, para entender el libro y empezar a resolver su tema, debemos escuchar todas las voces, como en una armonía hecha de contrapuntos, recorriendo con Job los caminos adversos de Dios.

Sofar (11). Onagro es el hombre, necesita ser domado

Quizá no puede compararse al león que debe ser cazado con astucia, para tenerle sometido, pero sí con un onagro, un asno salvaje de gran fuerza y poca inteligencia. Sofar parece portavoz de un Dios domador, que ha de tener a raya a los rebeldes como Job, que necesitan ser «domados», para aprender sabiduría y someterse a la Ley suprema:

11 ^{1}Respondió Sofar, el naamatita, y dijo:

^{2}«¿No habrá que acallar la palabrería?

¿Será justificado el que habla mucho?

^{3}¿Silenciarás con tus arengas a otros?

¿Te burlarás, sin que nadie te ridiculice?

^{4}¿Y dirás: Mi doctrina es recta, soy inocente ante tus ojos (de Dios)?

^{5}¡Quién hiciera que hablara Eloah,

que abriera sus labios para responderte

^{6}y te hiciera conocer sus secretos de Sabiduría,

superior a todo conocimiento,

para que supieras que Eloah ha perdonado gran parte de tu culpa!

^{7}¿Sondearás los secretos de Eloah?

¿Llegarás a los fundamentos de Shadai?

^{8}Están sobre el cielo ¿qué harás?,

más hondos que el *Sheol* ¿cómo llegarás?

^{9}Su medida es más larga que la tierra, y más ancha que el mar.

^{10}Si él pasa y aprisiona, y llama a juicio ¿quién podrá oponerse?

^{11}Porque él conoce a los hombres vanos,

ve la iniquidad sin andarla observando.

^{12}Antes que un hombre vano se haga inteligente,

un onagro se hará hombre.

[13]Pero si dispones tu corazón,

y tiendes las manos hacia él (=Dios);

[14]si apartas la iniquidad de tus manos,

e impides en tu casa la injusticia,

[15]entonces levantarás tu rostro sin mancha,

serás fuerte y no temerás;

[16]olvidarás tu miseria, o la recordarás como aguas que pasaron.

[17]Y será tu camino más claro que el día;

y la noche será como mañana.

[18]Y confiarás porque hay esperanza; mirarás y te acostarás seguro.

[19]Dormirás y no habrá quien te espante;

y muchos suplicarán tu favor.

[20]Pero los ojos de los malvados se consumirán; no hallarán refugio,

ni tendrán más esperanza que el último suspiro».

1. *Acallar a Job, el charlatán* (11,1-9). Sofar interviene con aire triunfador, sintiéndose capaz de proclamar la verdad, acusando a Job de palabrería, de labios vacíos que solo quieren impresionar a los demás con argumentos de engaño, que son burla, palabras sin conocimiento, preguntas que no merecen respuesta, pues el mucho hablar no sirve para probar nada (11,2).

De esa forma quiere acallar al charlatán, domar al insensato, deseando que Dios mismo le responda... «Tú has dicho: Mi doctrina es recta, y soy inocente... Mas ¡ah, quién hiciera que hablara Eloah, para que abriera sus labios para responderte y hacerte conocer los secretos de la Sabiduría!» (11,4-6). Él se presenta como portavoz de un «círculo de sabios de Dios», para enseñar secretos de Sabiduría. En otro tiempo se pudo pensar que Job era uno de esos sabios, pero al final se ha descubierto que su conocimiento era un engaño, pues Dios le ha dejado caer, para que purgue su pecado.

A pesar de ello, quiere mostrarse magnánimo, diciéndole a Job: «Eloah ha perdonado en gran parte tu pecado» (11,6). Dios no ha querido cegarle del todo, aunque lo había merecido, sino alumbrarle con su luz, para que, sometiéndose a ella, deje de ser «asno salvaje» se vuelva sabio, para penetrar en los misterios de Eloah, más altos que los cielos, más profundos que el *Sheol* (cf 11,7-9). Esta es la tarea (el desafío) que Sofar propone a Job, para ofrecerle así su más alta doctrina: que aprenda y se arrepienta.

2. *Más fácil es que un onagro se haga hombre que un necio se vuelva inteligente* (11,10-12). Ciertamente, la propuesta de Sofar resulta atractiva, en la línea de aquellos que pretenden conocer los secretos de Dios, de forma que todos se inclinen, para así aprender. Él viene así, como sabio de la corte divina, amonestando a Job, para que abandone su palabrería y se someta a Dios, volviéndose inteligente, por difícil que sea (más que hacer hombre a un onagro).

Este es un pasaje paradójico. Por un lado, Sofar dice a Job que debe «convertirse», aceptando la sabiduría superior que él le propone. Por otro le advierte que Dios no escucha ni dialoga con los hombres, sino que quiere cazarlos, domarlos por la fuerza (como a onagros que han de ser domesticados). Este Dios de Sofar es domador, pero sin los signos de veneración con los que Job le presentaba (cf 9,2-10). Su religión es según eso imposición: los hombres no son amigos de Dios, sino animales que han de ser domados, como onagros.

3. *Solo hay una solución: someterse a Dios* (11,13-20). Al compararlo con un asno salvaje, difícil de domar, Sofar conmina a Job para que se someta y cambie por la fuerza, inclinándose bajo la autoridad de Dios y su sistema de poder,

dejando su vida de salvaje, la que le ha llevado a la destrucción: «Pero si dispones tu corazón, y tiendes tus manos hacia él (=Dios)... levantarás tu rostro limpio de mancha, serás fuerte y no temerás... Mirarás y te acostarás seguro y no habrá quien te espante; y muchos suplicarán tu favor...» (cf 11,13-19).

Este discurso no es una simple lección de «auto-ayuda» teológica, de cambio interior, sino que exige un gran sometimiento de parte del hombre. Sofar pide así a Job que se convierta, bajo el poder de Dios que se revela y obra por los verdaderos sabios, como él y sus amigos, representantes del sistema. En contra de ellos, Job se ha convertido en un hombre peligroso pues ha rechazado el orden de Dios, tomando caminos adversos, y por eso los amigos le corrigen y proponen que se ponga de nuevo bajo la autoridad de Dios y de la sociedad establecida.

Según eso, Job había sido afortunado y rico porque se mantenía en el interior de los poderes del sistema, pero después se pervirtió, viniendo a presentarse como un insumiso engañador, de forma que tuvo que ser justamente castigado por la justicia distributiva del talión de Dios, así que solo podrá ser «rehabilitado» si se humilla, se arrepiente y obedece. Según eso, Job y otros como él siguen *la vía antigua de los hombres per-versos*, que abandonaron el orden de Dios, utilizando su poder y religión para servicio propio, en el camino de muerte, como lo violadores de Gén 6,1-6 (cf Job 22,15).

Los lectores del libro saben que todo lo que le sucede a Job es una prueba de Dios (de Satán, cf Job 1-2). Pero Sofar y sus amigos no lo saben y piensan que Job se ha rebelado contra Dios y su dominio sobre el mundo. Tampoco Job lo sabe, ignora que Dios ha hecho una apuesta con Satán, y que a causa de ella tiene que sufrir. Esta es la trama de fondo del libro, el drama de Dios, que no está en saber si Job puede servir a Dios, sino en saber si Dios puede confiar en Job (en los hombres), sin imponerse a la fuerza, como piensa Sofar.

El tema no es saber si hay Dios (algo que Job ni plantea), sino conocer su forma de actuar. Sofar toma a Dios como un domador, que ha de mantener a los hombres sometidos. Job, en cambio, quiere explorar los caminos «adversos» de Dios, más allá del puro poder, para descubrir su justicia más alta. De eso tratará su respuesta (12–14) y las rondas siguientes de la disputa (15–27).

Job a (12). Dios sobre toda la ley: Si él derriba nadie edifica

Sofar acaba de decirle a Job que se someta a Dios, es decir, a su sistema socio-religioso. Pues bien, Job empieza respondiéndole, con un toque de ironía, que ellos (Sofar y sus amigos) son sin duda, encarnación de *Hokma,* la sabiduría superior de Dios que «morirá» cuando ellos mueran, pues nadie podrá sustituirlos (12,2); y después le dice que también él (Job) tiene corazón *(lebab),* esto es, conocimiento fuerte, y desde ese fondo le contesta:

12 ¹Respondió entonces Job diciendo:

²«Ciertamente vosotros sois el pueblo,

y con vosotros morirá la sabiduría.

³Pero en mí hay corazón, como en vosotros;

¡no soy menos que vosotros!

¿Y a quién no han de ser conocidas esas cosas?

⁴Soy burla para mis amigos, yo que invocaba a Eloah

y él me respondía; estoy escarnecido, siendo justo e íntegro.

[5]Así desprecian a los oprimidos,
conforme a la visión de los prósperos
que vigilan a los hombres de pies resbaladizos.
[6]Tienen paz las tiendas de los impíos,
prosperidad los que desafían a Dios,
aquellos que identifican a Eloah con su mano.

[7]Pregunta ahora a las bestias y te dirán;
a las aves del cielo y te lo mostrarán;
[8]o mira a la tierra y te enseñará;
a los peces del mar y lo declararán también.
[9]¿Cuál entre todos no reconocerá
que la mano de Yahvé hizo todo esto?
[10]En su mano está el respiro de todo ser viviente
y el aliento de los hombres.
[11]¿No distinguirá el oído las palabras y el paladar las comidas?
[12]En los ancianos está la ciencia
y una larga vida es escuela de inteligencia.

[13]Con él están la sabiduría y el poder:
suyo es el consejo y la inteligencia.
[14]Mirad, si él derriba, nadie edifica, si él cierra nadie podrá abrirlo.
[15]Mirad, él detiene las aguas, ellas se secan;
si las deja ir, ellas arrasan la tierra.
[16]Con él están el poder y la fuerza;
suyos son el que yerra y el que engaña.

[17]Lleva desnudos a los consejeros y enloquece a los jueces.
[18]Destruye la autoridad de los reyes y ata sus lomos con sogas.
[19]Lleva sin vestimenta a los sacerdotes y derriba a los más firmes.
[20]Quita la palabra a los seguros de sí,
priva de discernimiento a los ancianos.

²¹Derrama desprecio sobre los príncipes
y afloja el cinturón de los poderosos.
²²Descubre la profundidad de las tinieblas y saca a luz las sombras.
²³Da prosperidad y destruye a las naciones; las eleva y las derriba.
²⁴Ciega a los jefes del pueblo,
los hace vagar por un desierto sin caminos;
²⁵van a tientas, en tinieblas, sin luz;
y los hace vacilar como a un borracho.

1. *Contra aquellos que identifican a Dios con su mano* (12,1-6). Job no ofrece una razón separada de su vida, sino que expone su experiencia. En esa línea, en contra de aquello que han querido exigirle sus «amigos» (que se confiese pecador y pida perdón), él mantiene lo que ha dicho, apelando a su contacto especial con Dios (Eloah) que lo escucha y le responde desde sus caminos más altos. Job se presenta así como justo y perfecto (12,4, *tsadiq, tammim:* צַדִּיק תָּמִים; cf 1,1), de forma que no tiene que confesar su pecado, ni pedir perdón a nadie, a pesar de (o por) que carece de poder externo:

- ˜ *Sus enemigos afirman que Dios está con ellos, porque tienen el poder* e identifican a Dios con su propia mano *(yadô:* יָדוֹ*)*, es decir, con lo que hacen (=pueden hacer) en un plano social, militar o religioso (en esa línea, Hab 1,11-16 decía que los imperios como Nínive divinizaban sus armas, como aquellos que las siguen todavía bendiciendo).
- ˜ *Job, en cambio, piensa que esa divinización es una idolatría,* no solo en un plano militar, como el de Lamec (Gén 4,23-25) y Nimrod (Gén 10,9), sino en todos los planos. En su etapa anterior, Job identificaba también a Dios (lo divino) con el reino de los reyes y el dinero

de los ricos. Pues bien, en contra de eso, él ha descubierto ahora que Dios se vincula con los expulsados del sistema político-social, es decir, con las víctimas.

Este ha sido un descubrimiento central de la historia religiosa (y social) de la humanidad, y así lo han formulado también de maneras distintas pero convergentes Isaías II (Siervo de Yahvé), Sab 1-2 (Justo Sufriente) y varios salmos, insistiendo en la presencia de Dios con los perdedores, no por ser moralmente mejores, sino por su condición de víctimas.

2. *El Dios de los perdedores* (12,7-12). Los israelitas anteriores al exilio habían igualado a Dios con el poder de su sistema político-social; pero el Dios-Poder de Nínive y Babel los había derrotado, de forma que ahora yacían como Job en el polvo y la ceniza de sus ruinas. Eso les ha hecho cambiar de teología. Ciertamente, siguen viendo a Dios en la naturaleza: «Pregunta a las bestias y te enseñarán; a las aves del cielo, y te lo mostrarán... ¿Cuál de todos no reconocerá que la mano de Yahvé hizo esto? En su mano está el alma *(nephesh)* de todo ser viviente y el hálito *(ruah)* de todo el género humano» (cf 12,7-10).

De todas formas, esa revelación cósmica es solo el principio, de forma que después de afirmarla hay que preguntar: ¿Cómo está Dios con los derrotados? Siglos más tarde, ratificando esa experiencia de Job, Pablo afirmará que Dios está en Jesús derrotado (2Cor 5,19-20), añadiendo según He 17,31, que él «dirige» (=juzga) a todos en el crucificado, conforme a lo que él llama la «sabiduría de la Cruz» (cf 1Cor 1,18-25). Esto es algo que las mismas creaturas que parecen carentes de razón (bestias del campo) saben en el fondo, y así «obedecen» al mandato y misterio de la vida, como ratifica Dios en los caps. 38–42.

3. *Ante el Dios adverso: él destruye la autoridad de los reyes* (12,13-25). En sentido estricto, los poderosos no conocen el mundo, sino que lo utilizan. Por el contrario, situado en su atalaya de víctima, Job descubre un tipo de sabiduría superior de Dios que le permite conocer la realidad del mundo, no desde la prepotencia de aquellos que lo utilizan para su provecho, sino desde la comunión de vida de aquellos que dialogan en amor sobre la tierra, sin dominio de unos sobre otros.

Ciertamente, Dios trasciende todo poder y entendimiento: «Si él derriba, nadie edifica; lo que él cierra no puede ser abierto. Detiene las aguas y se secan; si las suelta, ellas arrasan la tierra. Con él están el poder y la existencia; suyos son el que yerra y el que engaña» (cf 12,14-18). Por eso, el conocimiento de Dios no es talión de ley (una ley contra otra), pero, en contra de eso, los sabios que dominan sobre las naciones (los tres amigos de Job), quieren poner diques a Dios, encerrándolo en sus normas, ignorando que Dios no tiene diques, ni puertas que lo cierren, ni poderes que lo paren.

Por eso, no pueden apoderarse de él los poderosos, reyes, jueces o sacerdotes (que dicen vestir vestiduras de Dios...): «Pues él (Dios) lleva desnudos a los consejeros, enloquece a los jueces, quita la autoridad a los reyes, su vestimenta a los sacerdotes» (cf 12,17-19). El mismo Dios del poder cósmico supremo viene a revelarse en un «orden social invertido», a partir de los últimos del mundo. Antes Job no lo sabía, pues formaba parte de los poderosos. Solo ahora, desde el estercolero, ha podido descubrir en su verdad las cosas «inversas» de Dios y de los hombres.

El Dios del cosmos no actúa ni se revela por los poderosos, sino a través de los carentes de poder. No se trata de que
Dios conceda y quite todo (cf 2,21), como si fuera igual ser
pobre o rico, sino de descubrir que al verdadero Dios solo
podemos conocerlo desde la pobreza y el sufrimiento, invirtiendo de esa forma el orden antiguo de los vencedores, que
identificaban a Dios con «su mano», es decir, con su poder
político-social. Por encima de todos los poderes del mundo
está el camino de la mano de Dios, que Job está empezando
a recorrer, aunque con dificultades.

Job b (13). Aunque me mate, seguiré esperándolo

Está al borde del abismo, sabe que va a morir, pero necesita
conocer por qué, y por eso llama a Dios, y así le emplaza:
«¡Puedes matarme, y yo lo acepto; pero no puedo soportar
que estés callado y no me des razones!». Morir pertenece al
destino de la vida, y así lo acepta Job; pero quiere saber por
qué debe morir de esa manera, víctima de los poderosos, que
le abruman con mentiras. Por eso apela al Dios más alto,
para razonar con él, y si no puede hacerlo en esta vida, espera
hacerlo tras la muerte, pues no es necesario vivir, pero sí saber
por qué se vive, en la línea de un adagio latino de *Plutarco*
(navigare necesse est, vivere non: navegar es necesario, vivir no).

13 [1]Todas estas cosas han visto mis ojos,

y han oído y entendido mis oídos.

[2]Como vosotros lo sabéis, lo sé yo: no soy menos que vosotros,

[3]y así querría hablar con el Todopoderoso,

y desearía razonar con Dios.

[4]Pero vosotros sois autores de mentira; todos, médicos inútiles.

⁵¡Ojalá os callarais por completo, pues así demostraríais sabiduría!
⁶Escuchad pues mis razones;
oíd con atención el argumento de mis labios.
⁷¿Diréis iniquidades por defender a Dios?
¿Hablaréis a su favor con engaño?
⁸¿Seréis parciales por él, como abogados falsos, para defenderlo?
⁹¿Qué pasará si os examina? ¿Os burlaréis de él como de un hombre?
¹⁰Él os reprochará sin duda, si actuáis secretamente, con parcialidad.
¹¹¿No os sobrecoge su Majestad, no os aplasta su pavor?
¹²¡Vuestras palabras son ceniza y vuestras defensas son de lodo!
¹³Dejadme en paz, y hablaré,
no me amenacéis con lo que puede pasarme.
¹⁴¿Pensáis que debo arrancar mi carne con mis dientes o mis manos?

¹⁵Aunque me mate, seguiré esperándolo,
con tal de defenderme ante él.
¹⁶Eso me bastaría, porque el impío no podrá entrar en su presencia.
¹⁷Escuchad bien mi razonamiento,
que mi declaración llegue a vuestros oídos.
¹⁸Atended ahora: He preparado la causa, y sé que seré justificado.
¹⁹¿Quién litigará conmigo? Porque si él venciera yo callaría y moriría.

²⁰Solo dos cosas has de hacer, oh Dios, conmigo, y no me esconderé:
²¹Aparta de mí tu mano, y que no me espante tu terror.
²²Llámame luego y yo responderé; o yo hablaré y tú me responderás.
²³¿Qué iniquidades y pecados tengo?
Muéstrame mi culpa y mi pecado.
²⁴¿Por qué escondes tu rostro y me tomas como a un enemigo?
²⁵¿Romperás una hoja que lleva el viento, perseguirás una paja seca?
²⁶¿Por qué me amargas y me cargas con pecados de mi juventud?
²⁷Pones además mis pies en el cepo, vigilas todos mis caminos
y trazas un círculo en torno a las plantas de mis pies.

[28]Y mi cuerpo se gasta como carcoma,
como vestido que roe la polilla.

1. *Quiero hablar con el Todopoderoso* (13,1-14). Job acusa a
sus amigos de falsedad y mentira, pues no se atreven a discutir con Dios cara a cara, como él hace ahora, cuando ya no
tiene nada que perder (que defender), sentado en las cenizas,
reflexionando sobre todo lo que pasa. Desde ese fondo inicia
su discurso, con un deseo fuerte de verdad, contra la mentira oficial de sus tres amigos-adversarios: «Pero yo querría
hablar con el Todopoderoso, razonar con Dios. Pero vosotros
sois autores de mentira... médicos inútiles» (cf 13,4-5).

Job emplaza a sus amigos, diciéndoles que callen y lo
escuchen, que no apelen a Dios, que no mientan para aprovecharse de él, y así les pregunta: «¿Diréis iniquidades para
defender a Dios? ¿Hablaréis a su favor con engaño? ¿Seréis
parciales por él, como abogados falsos para defenderlo?»
(13,7-8). Este es el pecado: defender a Dios con engaño,
a expensas de los hombres; utilizar a Dios para justificar el
propio poder y dominio sobre los demás.

Antes no lo había podido pensar, cuando estaba seguro de
que la «verdad de Dios» justifica el poder de reyes, sacerdotes
y jueces. Pero ahora que se encuentra al otro lado, entre los
derrotados, él descubre el derecho y la verdad de los perdedores, enfermos, hambrientos, condenados. La suprema
perversión consiste en dominar y esclavizar a los hombres *ad
maiorem Dei gloriam,* para mayor gloria de un Dios falseado,
al servicio de los triunfadores. El problema de fondo es,
según eso, *cui prodest: ¿*a quién sirve o aprovecha esta religión?

Job combate de esa forma su batalla contra aquellos
que se aprovechan de Dios al servicio de reyes, sacerdotes
y jueces, que «administran» su falsa verdad, y al mismo

tiempo mienten para defensa propia y dominio sobre otros. Esa religión no es *ordinatio veritatis* (ordenamiento de la verdad), sino *proton pseudos* (primer engaño), como dice Jn 8,44 cuando define al Diablo como mentiroso, padre de la mentira. Job 1-2 presentaba a Satán (Diablo) como antagonista de Dios. Aquí ya no hace falta un Diablo separado, pues el Dios de sus amigos es ya Diablo.

2. *Apuesta de Job. Aunque me mate seguiré esperándolo* (13,15-19). La misma religión se ha vuelto según eso falsedad, al servicio del poder, como Job ha descubierto en su dolor, sufriendo además la denuncia de aquellos que lo llaman culpable precisamente por hallarse derrotado. Desde ese fondo dice Job su palabra más sufriente, quizá más esperanzada: «Aunque me mate, yo lo esperaré (aguardaré), con tal de defenderme ante su rostro. Con eso me daría por salvado, porque el impío no podrá entrar en su presencia» (cf 13,12-16).

Job ha descubierto que la acusación de sus amigos es falsa, carece de vida, pues ellos apelan a un Dios-monstruo que tiene poder para matar, pero no para responder a sus razones. Ciertamente, él sabe que Dios puede matarlo, pero sigue llamándolo (aguardando), pues necesita (y sabe) que él puede responderle, aunque sea tras la muerte. Por eso *dice: Yo lo esperaré...*

Esas palabras resultan difíciles de entender, con posibles variantes en el mismo texto, de manera que podrían traducirse *yo lo esperaré* pero también *no lo esperaré*. Entre las versiones antiguas, se encuentra la Vulgata que dice: *etiam si occiderit me, in ipso sperabo* (aunque me mate, esperaré en él). Muchos protestantes, y también católicos, han interpretado desde ese punto de vista el texto hebreo originario, de manera casi masoquista, como si Job amara al (esperara en el)

Dios que lo mata, como si Dios quisiera a los hombres para sacrificarles, como si ellos no tuvieran más paz ni más gloria que ofrecerse en sus manos a modo de hostia de reparación. Muchos creyentes han cantado emocionados, con música de H. S. Bach, esta canción *(Jesus meine Zuversicht, Jesus Christ my sure defense, Jesús mi confianza)*, invocando y venerando al Dios de esa traducción de Job, a quien amamos aunque nos mate, desde la perspectiva del sacrificio, con la muerte como signo y momento del amor más alto, del don definitivo de la vida. Conforme a esa lectura del texto, deberíamos amar al Dios que nos «mata», ofreciéndonos a él en oblación total, para mostrarle así nuestro amor.

Algunos han podido evocar quizá el «amor loco» de Dios a través de estas palabras. Pero, tomadas en sí mismas, esas traducciones van en contra del espíritu de Job y la letra de este texto, porque el verbo «esperaré» (hebreo *'ayahel,* אֲיַחֵל) no significa esperar con amor (confiar en), sino aguardar. El texto no dice «seguiré esperando (=confiando) en él», sino aguardándolo, aunque me mate, pues él me debe (y yo necesito) una respuesta. Este es por tanto un pasaje de desafío, no de esperanza amorosa: Dios puede matarme, y lo hará sin duda, pero yo mantengo mi palabra, y le aguardaré, aunque sea tras la muerte, porque me debe una respuesta.

Desde su más duro dolor, como víctima del sistema de poder, Job apela, no porque Dios le ame (en la línea del Shema: Dt 6,4-6), sino porque él está obligado, por justicia, a darle una respuesta. Job no responde según eso como víctima que acepta el sacrificio, amando al que lo mata, sino con un gesto de más alta resistencia, exigiéndole una respuesta, para ratificar su inocencia, en contra de la mentira de sus amigos, que le exigen que se humille y ame (bese) la mano de aquel que lo mata.

3. *Apostar por Dios, riesgo supremo* (13,20-28). Job eleva así su desafío en contra del «dios» de sus amigos, invocando al Dios más alto, sobre el poder (talión) del mundo. De esa forma apela, más allá del terror y la venganza, pidiéndole solo que le deje tranquilo un momento, para que así pueda seguir manteniendo su reto: «Aparta de mí tu mano, y que no me espante tu terror. Llámame luego y yo responderé; o yo hablaré y tú responderás» (13,21-22)

Job no se humilla besando la mano del Dios-verdugo, sino que se eleva, retando al Dios más alto, a fin de que se muestre, aunque sea tras la muerte. El Dios-verdugo puede matarlo, pero no acallará su protesta, como ha razonado I. Kant, al afirmar en forma filosófica *(Crítica de la Razón Práctica*, 1788) que la justicia debe triunfar sobre la muerte.

Job sabe que no es más que un «pobre hombre», un condenado, a quien acusan sus amigos, en nombre del Dios del sistema... Pues bien, a pesar de eso, él alza su palabra y se eleva «emplazando a Dios» sobre la muerte, porque la vida del hombre pasa, pero debe permanecer la justicia (el reconocimiento de las víctimas) sobre toda religión, sobre todo culto social y toda política. Con ese convencimiento se atreve a protestar contra Dios (¿por qué escondes tu rostro y me tratas como enemigo? ¿Por qué pones mis pies en un cepo?: cf 13,24. 27), sabiendo que la justicia ha de cumplirse; Dios podrá ser violento, pero no injusto. La muerte pasa, la justicia queda.

Job c (14). Nacido de mujer, corto de días, largo de dolores

Con este capítulo termina la primera ronda de discursos de Job con sus amigos (4–14), sobre la suerte del hombre,

entendido como *Adán* (אָדָם), nacido de mujer *(Isha,* אִשָּׁה). Job
no presenta aquí al hombre como poderoso, aliento de Dios
(Gén 2,7), elevado ante él, como en 10,8-13 (cf Sal 119,73ss
o 2Mac 7), sino como viviente impuro, nacido de mujer,
efímera flor, corto de días, largo de infortunios... Desde ese
fondo formula la pregunta clave 14,4: ¿podrá un ser puro,
provenir de lo impuro?

14 ¹El hombre, nacido de mujer, corto de días y largo de dolores,
²como flor brota y es cortado, como sombra huye y no permanece.
³¿Y contra uno así abres tus ojos y lo arrastras ante tu tribunal?
⁴¿Podrá un hombre puro provenir de lo impuro? ¡Ni uno podrá!
⁵Si tienes sus días contados, si conoces el número de sus meses
y has dispuesto para él unos límites, que no traspasará,
⁶no te fijes en él, deja que descanse y disfrute su paga como jornalero.

⁷Porque hay esperanza para el árbol, pues, aunque lo corten,
aún tiene posibilidad de retoñar si no le faltan renuevos.
⁸Aunque su raíz envejezca en la tierra y muera su tronco en el polvo,
⁹al percibir el agua reverdecerá y echará ramas como planta nueva.
¹⁰Pero el hombre muere y desaparece.
Entrega su aliento ¿dónde está?
¹¹Como el agua del mar se evapora, y el río se agota y se seca,
¹²así yacen los hombres y no vuelven ya a levantarse.

¹³¡Ojalá me escondieras en el *Sheol,*
me ocultaras hasta que cese tu ira!
¡Ojalá me pusieras un plazo para acordarte luego de mí!
¹⁴Si el hombre muere ¿volverá a vivir?
Todos los días de mi vida esperaría, hasta que llegara mi cambio.
¹⁵Tú llamarías y yo respondería;
tendrías amor hacia la obra de tus manos.

¹⁶Pero ahora estás contando mis pasos
y no das tregua sobre mis pecados,
¹⁷has sellado mi transgresión en un saco,
y has aumentado mi iniquidad.

¹⁸Una montaña se inclina y derrumba,
y una roca se mueve de lugar
¹⁹y el agua agujerea las piedras
y su corriente arrastra el barro de la tierra,
pero la esperanza del hombre eres tú quien la destruye.
²⁰Te apoderas de él para siempre, y se va;
desfiguras su rostro y lo expulsas.
²¹Si sus hijos reciben honores, no lo sabe;
si son humillados, no se enterará.
²²Solo por (sobre) su carne sufre pena,
y por su propia alma se aflige».

El mismo nacimiento del hombre (Adán, ser humano, en forma de varón) es fragilidad e impureza, pues nace de mujer, concebida como impura. Ciertamente, según Job, el hombre no viene a la vida en pecado, como dirá cierta tradición, pero nace con un tipo de impureza.

1. *Nacido de mujer, tierra impura* (14,1-6). En contra del Cantar de los cantares, la mujer en Job parece impura en línea corporal. Por eso, cuando se dice que el hombre es *hijo de mujer* tiende a insistirse en su fragilidad: «Brota como flor y es cortado, huye como sombra y no queda» (cf 14,1-3). Job no alude así al primer Adán, creado por Dios como se narra en Gén 2, sino *al hombre posterior*, nacido de mujer, interpretada como frágil tierra impura, vinculada a la serpiente portadora de sabiduría antidivina, de forma que quien nace

de ella (de la sangre menstrual y puerperal) está condenado a ser impuro: ¿Podrá lo puro *(tahôr,* טָהוֹר) provenir de lo impuro? ¡Ni uno podrá! (cf 14,4).

De la impureza del cuerpo de mujer y de sus funciones engendradoras trata extensamente la legislación judía (cf Lev 11). Esa impureza no es pecado sexual en sentido espiritualista, ni tampoco moral, pero puede y debe ser limpiada, a través de ritos de separación y lavado (ablución) que permiten que ella (la mujer), a pesar de su condición distinta pueda habitar con los varones. De todas formas, esa distinción entre impureza ritual y pecado no ha quedado siempre bien marcada, de manera que el orante de Sal 51,7 *(Miserere)* confiesa: «En pecados *(hete',* חֵטְא) me concibió mi madre» *(in peccatis concepit me mater mea),* y muchos han entendido esos «pecados de mujer» en un contexto de *fragilidad, de riesgo y de muerte.*

2. *Hay esperanza para el árbol, pero el hombre muere y desaparece* (14,7-12), como un árbol que brota de la tierra y después se seca, pero hay una diferencia: algunos árboles, como las palmeras, parecen morir (secarse) y después reviven cuando sus raíces reciben humedad y echan retoños. Por eso, «hay esperanza para el árbol, pues, aunque lo corten, vuelve a retoñar. Al percibir el agua reverdece y echa ramas como una planta nueva» (cf 14,7-9).

En un sentido, esos árboles pueden llamarse inmortales, como la vida que, en sentido extenso no nace ni muere, sino que se transforma, pues no tiene verdadera individualidad. Pero en cuanto individuo, el hombre (entendido como varón, *geber,* גֶּבֶר, poderoso), muere y acaba para siempre. En ese contexto se podría decir que la mujer carece en sí de valor individual, de forma que solo es *gebira* (importante) como madre de hombres importantes (cf *«Gebira»*, *Gran Diccionario de la Biblia*, Verbo Divino, Estella 2017, 500-502). El hombre, en cambio, es *geber*, individuo fuerte, por sí mismo... y sin embargo muere. Esta es su paradoja: «Como las aguas del mar se evaporan, y el río se agota y se seca, los hombres yacen y no vuelven a alzarse. Mientras duren los cielos no despertarán, ni se levantarán de su sueño» (cf 14,10-12).

Estas palabras expresan la *grandeza* del hombre, vinculada a su *individualidad*, ante sí mismo y ante Dios. Su *pequeñez* consiste precisamente en morir sin saber por qué. Antes, cuando era importante y poderoso, Job no pensaba en ello. Ahora, sin embargo, piensa y pregunta sobre el basurero donde ha sido arrojado, queriendo que Dios le responda.

3. *Nacer de impureza, acabar en una tumba* (14,13-17). Ciertamente, estos argumentos de Job parecen hoy superados, lo mismo que su visión de la mujer. Pero él plantea una pregunta que sigue siendo acuciante: quiere saber por qué lo han condenado (cf 13,16), no por amor, sino por justicia, aunque en el fondo de ella puede haber un principio de amor: «¡Ojalá me pusieras un plazo para acordarte luego de mí! Todos los días de mi servicio (milicia: *sebati*, como en 7,1) esperaría, hasta que llegara mi relevo (liberación). Entonces tú llamarías y yo te respondería; tendrías afecto por la obra de tus manos. Pero ahora estás contando mis pasos y no das tregua sobre mis pecados» (cf 14,13-16).

Job espera una «revelación-respuesta de Dios» en este mundo; pero su deseo sigue abierto tras la muerte, como si quisiera taladrar la oscuridad, descubriendo tras ella una luz. No cree en la inmortalidad del alma, como los platónicos griegos, ni en la resurrección de los (algunos) muertos como Dan 12,1-3. Tampoco espera un reino como el de Jesús, abierto a los creyentes. Pero está empezando a creer en algo previo, en un Dios con poder sobre la muerte, de forma que pueda responderle tras ella, si él lo llama. Sabe bien que, en un sentido, no hay para (por) el hombre nada tras la muerte, pero sigue habiendo Dios y por eso, él, Job, lo llama.

4. *El monte se derrumba* (14,18-22). Este Job no llama y espera en Dios como un hombre poderoso, sino al contrario, desde su situación de víctima que muere. No espera porque sea fuerte, sino porque es muy débil. En esa línea, su mismo sufrimiento es principio de un tipo de esperanza distinta, no como exigencia por aquello que tiene, sino como protesta, desde aquello que no tiene.

Esta es una esperanza paradójica sin fundamento en la realidad exterior: «Un monte se derrumba; el agua agujerea las piedras y sus inundaciones arrastran el barro de la tierra... pero la esperanza del hombre eres tú quien la destruye» (cf 14,18-19). Las cosas que parecen más fuertes (montes, rocas...) acaban destruyéndose, por su misma constitución material; el hombre, en cambio, muere porque Dios lo destruye, de forma que su muerte es una experiencia teológica o sagrada, pero en sentido negativo: «Tú te apoderas de él (del hombre) para siempre, de forma que se va; desfiguras su rostro y lo expulsas fuera...» (cf 14,20-22).

El hombre que muere queda así fuera de Dios, sin poder de vida, mientras su cuerpo se destruye. No tiene recuerdo o desvelo por sus hijos, y así queda como pura «nada», sin que pueda hablarse de pervivencia en los descendientes (Abraham), en el pueblo (Israel) o en la humanidad (estirpe de Adán). Para el que muere no existe consuelo, sino solo soledad...

Segundo acto (15–21).
Tierra, no cubras mi sangre

Terminaba en Job 14 la primera ronda de debates con un largo discurso en el que Job reconocía la victoria de la muerte, apelando, sin embargo (o por eso) al Dios de la justicia y respondiendo a la acusación de sus amigos, aunque fuera por encima (más allá) de la muerte. Este segundo acto sigue el esquema del anterior, con tres respuestas/preguntas de los amigos de Job (Elifaz, Bildad y Sofar) y tres respuestas de Job, que se defiende, acusando a sus amigos, y pidiendo una respuesta de Dios.

Los argumentos de fondo son los anteriores, aunque puede notarse un avance, tanto por parte de los amigos (que acusan a Job con más fuerza), como por parte de Job que apela a Dios, también con más fuerza, como muestra el título que he puesto a esta ronda: «¡Tierra, no cubras mi sangre!». Job se ve ya muerto, con su sangre derramada, como Caín sobre la tierra (Gén 4), pidiendo a Dios venganza. La sangre enterrada (cubierta), como un cadáver en el sepulcro, puede ya descansar en paz. Pues bien, ahora, en contra de lo que decía en la respuesta «piadosa» de 1,21 (desnudo salí del vientre de mi madre, desnudo volveré a él, es decir, al vientre de la tierra), Job quiere que su sangre quede insepulta (no cubierta), elevando así su protesta ante Dios (contra Dios).

Este segundo acto del gran drama de 4–27 quiere seguir siendo un acto de protesta. Pero, en el fondo de ella, surge y se despliega una llamada de esperanza: con su mismo cuerpo insepulto, Job sigue llamando a Dios, esperando que él venga como *goel* (vengador de sangre, redentor) para responderle.

1ª ronda. Elifaz y Job (15–17)

Retoma e inicia la ronda Elifaz (cap. 15), como en el caso anterior. Pero su discurso es más duro. Él ahora acusa a Job con más fuerza, fundando el argumento no solo en su grito del cap. 3, sino en todos sus discursos anteriores. Dios ha castigado a Job no solo por sus pecados de otro tiempo, sino que seguirá castigándole por el pecado actual de sus discursos, a no ser que se arrepienta. La respuesta de Job ha sido recogida en dos discursos (16–17). El primero se centra en la llamada a la tierra, que he destacado ya, pidiéndole que no cubra su sangre, y el segundo se dirige más directamente a Dios (o a su *goel*, redentor), diciéndole que salga fiador por él ante el gran juicio que le espera.

Elifaz (15). ¿Acaso naciste antes que Adán?

Sigue el tema de los discursos anteriores de los amigos, pero algo ha cambiado, como muestran las palabras de este segundo discurso de Elifaz, el más respetuoso de los adversarios, que empieza diciendo que las mismas palabras de Job lo condenan, pidiéndole que se convierta. Elifaz empieza condenando a Job por su soberbia (se cree más que Adán, una especie de «dios»), para recordarle que no es un viviente divino, puro y limpio, sino un hombre impuro, nacido de mujer impura, condenado al tormento y la derrota, a no ser que se arrepienta.

15 ¹Respondió Elifaz, el temanita, y dijo:
²«¿Hablará el sabio con vana sabiduría,
llenará su pecho con viento del este?
³¿Disputará con palabras que no valen,
con razones que no sirven para nada?
⁴Tú destruyes el temor de Dios,
y menoscabas la devoción ante él.
⁵Tu boca muestra tus malas obras,
has escogido hablar con astucia;
⁶tu misma boca te condenará, no yo;
tus labios son un testimonio contra ti.
⁷¿Acaso naciste antes de Adán?
¿Fuiste formado antes que los collados?
⁸¿Acaso has formado parte del consejo de Eloah?
¿O solo tú tienes sabiduría?
⁹¿Qué sabes que no sepamos?
¿Entiendes algo que nosotros no entendamos?
¹⁰Cabezas canas y ancianos hay entre nosotros,
más llenos de días que tu padre.
¹¹¿Son tan pocos los consuelos de Dios
y las palabras amables que te dirigimos?
¹²¿Por qué te arrebata tu corazón y se te saltan los ojos,
¹³y tu espíritu se eleva contra Dios,
y arrojas tales palabras por tu boca?

¹⁴¿Cómo puede el hombre ser puro,
el nacido de mujer justificarse?

[15]Dios en sus santos no confía,
y ni aun los cielos son puros ante sus ojos;
[16]¡cuánto menos este abominable y vil hombre,
que bebe iniquidad como agua!
[17]Yo te lo voy a decir, escúchame
y te declararé lo que yo mismo he visto,
[18]las cosas que los sabios exponen,
sin ocultar lo recibido de sus padres,
[19]a quienes fue dada directamente la tierra,
y ningún extraño pasó por ella.

[20]Todos sus días, el impío es atormentado;
el violento ignora sus años.
[21]Voces de espanto escuchan sus oídos,
y a su tiempo vendrá sobre él el Destructor.
[22]No hay retorno para él desde las tinieblas,
y está destinado a la espada.
[23]Vaga errante diciendo: ¿Dónde está?
El día de la tiniebla está preparado, cerca.
[24]Tribulación y angustia le turban,
y se lanzan contra él como un rey a la batalla,
[25]porque extendió su mano contra Dios
y fue insolente contra Shadai;
[26]corrió contra él con cuello erguido,
tras las gruesas cabeceras de sus escudos,
[27]cubrió con grasa su rostro
y se untó con manteca los costados (como soldado),
[28]y habitó en ciudades asoladas,
casas para no ser habitadas,
pues estaban destinadas a ser ruinas...
[29]Pero no será rico, ni durarán sus riquezas,
ni permanecerán sus rebaños;

³⁰no escapará de las tinieblas, la llama secará sus ramas
y con el aliento de su boca (de Dios) perecerá.

³¹Que no confíe en el mal, será engañado,
porque el mal será su posesión.
³²No ha llegado aún su día, y estará cumplido,
y su renuevo no florecerá.
³³Como la vid, perderá sus uvas sin madurar,
y será derribado, como flor del olivo.
³⁴Porque la asamblea de impíos perecerá
y el fuego quemará las casas inicuas.
³⁵Concibieron dolor, formaron iniquidad
y en sus entrañas traman engaño».

1. *¿Acaso naciste antes que Adán?* (15,1-13). Elifaz insiste en el temor de Dios, a quien concibe como «poder sagrado», de forma que ante él deben inclinarse todos, con humildad y reverencia. En esa línea él se presenta como un hombre religioso, sometido al Dios/Poder, en contra de Job a quien acusa de falta de sabiduría y de soberbia, rechazando el temor de Dios (=queriendo igualarse a él): «Tú destruyes el temor de Dios, y niegas la devoción que se le debe... Tu propia boca te condenará, no yo...» (cf 15,4-6).

Elifaz interpreta el temor de Dios *(yir'ah el,* יִרְאָה אֵל) como sometimiento, como el siervo que se inclina ante el señor, como el pobre ante el rico, el débil ante el poderoso. A su juicio, al protestar contra Dios, al exigirle una respuesta (aunque sea tras la muerte), Job va en contra de la esencia de la religión, que es el sometimiento, actuando así como un «Satán» que quiere ser igual a Dios (o estar por encima de él). En esa línea, le acusa Elifaz de hacerse Dios y elevarse sobre los vivientes de tierra y cielo.

- *Por un lado, le acusa de creerse más antiguo (superior) que Adán*, como si fuera el primer hombre (el Adam-Kadmon de la cábala posterior), no un simple mortal, sometido a Dios, sino el Ánthropos, Hombre primigenio, emanación originaria de la divinidad, antes que fuera creada la tierra con su Adán terreno (un tema que puede estar al fondo de 1Cor 15).

- *Por otro, le pregunta si ha sido engendrado «antes que los collados», como la Sabiduría* (cf Prov 8,24-29). En lenguaje helenista se podría decir que Job es un (el) Demiurgo, capaz de introducirse en los misterios más hondos de Dios, y aplicarle aquello que el libro de los Proverbios dice de la Sabiduría, surgida de Dios antes del tiempo (antes que las colinas), como emanación divina.

Desde ese fondo le critica Elifaz, diciéndole que deje esos caminos, que no busque sendas tortuosas, imaginarias y adversas, que no se enfrente con Dios (15,11-13), sino que acoja los consuelos efectivos de la religión, sometiéndose a su autoridad suprema, pues él no fue creado antes que los collados, ni ha pertenecido al consejo de Dios (cf 15,7-10).

2. *¿Qué es el hombre, nacido de mujer...?* (15,14-19). Retomando un argumento formulado ya por Job (14,1-10), Elifaz responde y le dice que no puede justificarse ante Dios: «¿Qué es el hombre para ser puro, el nacido de mujer para que se justifique?...» (cf 15,14-18). Job había planteado esa pregunta (¿qué es el hombre...?) como víctima en trance de muerte, elevando ante Dios su protesta, pidiéndole su ayuda. Pues bien, Elifaz le recuerda que él (Job) solo es un simple «nacido de mujer», indigno de justificarse ante Dios, que no

es puro, pues no lo son ni los ángeles y menos «un hombre que bebe iniquidad como el agua».

De un modo consecuente, en nombre de los tres amigos, Elifaz se atreve a condenar a Job, diciendo que Dios le ha castigado con justicia, y que ellos (sus amigos) también lo condenan por hacerse superior a los ángeles y por despreciarles a ellos, al rechazar su autoridad y magisterio. Ciertamente, Elifaz no niega la corrupción del hombre (nacido de mujer), pero añade que la verdadera religión (orden justo de la sociedad) sirve para superarla. Por eso se atreve a enseñarle: «Yo te informaré, escucha y te diré lo que he visto, las cosas que los sabios declaran, sin ocultar lo que han recibido de sus padres» (15,17-18).

3. *Todos los días de su vida ha de sufrir el hombre* (15,20-30). Elifaz había evocado ya una revelación de Dios (4,12-21). Ahora retoma ese argumento, repitiendo lo antes dicho en sintonía con la enseñanza de unos sabios antiguos, maestros de Sabiduría, a quienes el mismo Dios había dado el encargo de organizar (=pacificar) la vida de los hombres. Desde ese fondo se atreve a decirle a Job lo que le espera, si no se arrepiente: «Todos sus días, el impío es atormentado... Voces de espanto retumban en su oído, y está llegando sobre él el Destructor... Está destinado a la espada... Tribulación y angustia le turban, y se lanzan contra él como un rey a la batalla» (cf 15,20-24).

Más que en la enfermedad externa de Job (una lepra que destruye su carne en el estercolero), Elifaz insiste en su batalla interna, presentándolo como alguien que está consumido de terror, lleno de locura, con fiebre en aumento, en combate sin posible victoria. No quiere consolarle, sino insistir con más intensidad en su dolencia, pensando que solo con más

117

miedo logrará que se arrepienta. Por eso lo combate con su terapia de castigo y miedo: «Porque extendió su mano contra Dios... no escapará de las tinieblas, el fuego secará sus ramas y el aliento de su boca (de Dios) lo matará» (cf 15,25-30). Elifaz presenta a Job como un rebelde militar contrario a Dios, mientras él se presenta como defensor de Dios.

4. *La asamblea de los impíos perecerá* (15,31-35). En un sentido, Elifaz y sus amigos temen a Job, porque su protesta y su visión de Dios van en contra de sus intereses humanos, como representantes de Dios sobre la tierra. Por eso le acusan y lo condenan: «Que no confíe en el mal, será engañado y el mal será su posesión. No ha llegado aún su día, y estará cumplido, y su renuevo no florecerá...» (cf 15,31-34).

Elifaz y sus amigos no interpretan a Job como un simple individuo del que se puede prescindir, sino al contrario, como representante de una asamblea de impíos *('adat hanef,* עֲדַת חָנֵף), de un reino organizado de maldad, contra el que deben luchar los servidores de Dios. De esa forma rechazan el mensaje y proyecto de Job, a quien miran con miedo, como un condenado peligroso.

Job a (16). Dios me entrega a merced de los impíos

A fin de mantenerse a sí mismos como representantes de Dios (y de su poder en el mundo) Elifaz y sus amigos tienen que condenar a Job como víctima culpable, conspirador peligroso, merecedor de castigo. En contra de eso, Job vuelve a defenderse exponiendo su dolor y apelando a Dios. No puede hacerlo con grandes discursos, sino presentándose a sí mismo, elevando su vida (esto es, su dolor) ante Dios y ante los hombres «impíos», es decir, aquellos que se imponen sobre otros y encima justifican lo que hacen como acción agradable a Dios.

Según eso, los impíos quieren aplacar a Dios con sangre (destrucción, opresión) de sus enemigos, actuando así como Caín, que mató a su hermano Abel, cuya sangre se eleva de la tierra al cielo pidiendo a Dios venganza (Gén 4,10-11). Pues bien, en esa línea, como nuevo Abel, Job *pedirá que la tierra no cubra su sangre* (cf 16,18), a fin de que ella siga clamando venganza y esperando la llegada del *goel,* vengador de sangre. Esa es la palabra central de este capítulo y del libro de Job, cuando parece que el movimiento del drama se va haciendo más lento.

Muchos narradores actuales quieren que las escenas de sus libros se sucedan con toda rapidez. En contra de eso, el libro de Job nos pone ante una fascinante retórica de repeticiones, con palabras que se cruzan y vuelven a cruzarse. Ciertamente, a veces parece que el argumento se estanca. Pero, bien leído, el argumento avanza, como en este capítulo muestra el símbolo central de la sangre que pide venganza:

16 ¹Entonces comenzó Job y dijo:

²«Palabras como esas he oído en abundancia.

¡Consoladores molestos!

³¿Tendrán ya fin las palabras vacías?

¿Qué te (os) anima a responder?

⁴También yo podría hablar como vosotros,

si estuviera en vuestro lugar.

Podría hilvanar contra vosotros mis discursos,

y mover la cabeza.

⁵Os alentaría con mi boca,

para calmar vuestro dolor con mis labios.

[6]Pero aunque hable, mi dolor no cesa.
Y si callo ¿qué alivio puedo tener?
[7]Y ahora Dios me ha dejado exhausto;
ha asolado todo lo que tengo.
[8]Me ha llenado de arrugas;
se ha elevado contra mí, me acusa a la cara;
[9]su furor me ha destrozado, ha luchado contra mí;
sus dientes me amenazan:
Como enemigo ha afilado sus ojos contra mí.

[10]Abren contra mí sus bocas,
afrentan mis mejillas: contra mí conspiran todos.
[11]Dios me entrega a merced de los impíos,
me arroja en manos de malvados.
[12]Era próspero, y me hizo pedazos;
apretó mi cuello y me despedazó,
y me hizo blanco de sus ataques.
[13]Me rodearon sus arqueros,
y él partió mis riñones sin compasión
y derramó mi hiel por tierra.
[14]Me destruyó, de quebranto en quebranto;
me persiguió como guerrero.
[15]Entonces me vestí de saco
y cubrí de penitencia con polvo mi cabeza.
[16]Mi rostro está hinchado por el llanto
y mis párpados llenos de sombras
[17]aunque no haya iniquidad en mis manos y mi oración sea pura.

[18]¡Tierra, no cubras mi sangre, que no encuentre descanso mi grito!
[19]Pues está ya en los cielos mi Testigo y en la altura mi Defensor,
[20]el que explica mis pensamientos ante Dios,
a él alzo mis ojos llorosos.

²¹¡Él defenderá al hombre ante Eloah,
como un hombre defiende a otro!
²²Pues me esperan ya pocos años,
y me iré por un camino sin regreso.

1. *Crujen sus dientes contra mí* (16,1-9). Estos versos retoman el motivo de otras introducciones de los discursos de
Job, de manera que él casi se excusa, por tener que decir las
mismas cosas. A pesar de ello se atreve y vuelve a insistir en
su dolor, retomando las razones anteriores. No argumenta
sobre temas externos, pues está en juego su vida y muerte, y
así expresa su dolor: «Me amenaza con sus dientes: Como
enemigo ha afilado sus ojos contra mí» (cf 16,7-9). Job habla
así como sufriente al que Dios ha reducido a la impotencia,
al que todos desprecian y expulsan, de forma que ha quedado
devastado, en puro dolor, bajo la ira, mientras sus amigos se
vengan de él y lo torturan con razones, de forma que con
ellos se extiende y triunfa la opresión de los resentidos.

2. *Abren contra mí sus bocas...* (16,10-17). Esta imagen, que
aparece también en Sal 22,13, expresa la venganza de aquellos que se alegran de la humillación de los vencidos. Ciertamente, puede haber víctimas mentirosas que utilizan su
falso dolor para acusar y humillar a los contrarios. Pero Job
no finge, sufre de verdad la opresión de aquellos que le han
derribado de su altura, y que encima se burlan y le humillan.
Este es un gesto que se produce con frecuencia: los que
triunfan (y el coro de sus aduladores) no solo derriban a los
oponentes sino que les humillan en nombre de Dios, acusándoles de ser causantes de sus propios males y de representar
un peligro para el orden social. Job se queja de ello: «Dios
me entrega a merced de los impíos, y me arroja en manos de

malhechores... Me rodearon sus arqueros, y él atravesó sin compasión mis riñones... De quebranto en quebranto me destruyó; me persiguió como guerrero» (cf 16,11-14). Job había dicho (7,1) que la vida en el mundo era milicia, batalla de Dios contra los hombres, y ahora se mira a sí mismo como ciudad sitiada por Dios, que abre brechas en sus muros y lo mata, derramando su sangre.

3. *Tierra, no cubras mi sangre* (16,18-22). Dios le ha herido, y él se ve a sí mismo como muerto, sangre que muchos (Dios mismo) querrían cubrir para que nadie lo recuerde, ni lo vengue. En ese momento, él pide ayuda a la tierra, la invoca como aliada y le ruega: ¡Tierra, no cubras mi sangre!

Job se encuentra así dividido entre el «dios» del sistema, que lo mata (¡derrama su sangre!), y el Dios más alto a quien apela, pidiendo a la tierra que le ayude, que mantenga viva la voz de su sangre, de forma que no pueda consumarse el sacrificio de su vida, para gloria del sistema de violencia. En ese contexto, en el fondo de esa llamada de la sangre (que aparece, aunque de un modo inverso en Sófocles, *Antígona)* resuenan motivos que hemos ido señalando en pasajes anteriores, como cuando Job decía «aunque me mate, seguiré aguardándolo» (13,15), «ojalá me guardaras en el *Sheol* hasta que pase tu cólera» (cf 14,13). Pero solo ahora escuchamos la palabra decisiva: «¡Tierra, no cubras mi sangre, que no encuentre descanso mi grito!» (16,18).

Sabemos por Gén 4,10-11, que la sangre sin vengar clama venganza ante Dios (cf también Ez 24,7 y 26,21). En ese contexto, como si su sangre hubiera sido ya derramada, Job apela al Dios más alto, Testigo y Defensor de su justicia. (a) *Por un lado, sabe que el «dios» del sistema social derrama (derramará) su sangre,* en la línea de fondo del deseo de sus tres amigos, defensores del sistema legal establecido. (b) *Por otro lado, quiere que el Dios más alto sea testigo y defensor de su justicia.* Por eso pide a la tierra que no cubra su sangre, de forma que ella siga clamando ante el trono del Dios verdadero, exigiendo algún tipo de venganza (cf Ap 6,9-10; 20,4).

Job descubre y marca de esa forma una línea de transformación en el interior divino, pasando de la ley impuesta de los vencedores, que le castigan y lo condenan a morir, al Dios más alto, testigo y defensor de su inocencia, por encima de la muerte. De esa forma, pasando por encima de aquel que lo combate, Job apela al Dios más hondo de los cielos, oponiéndose a la violencia de aquellos que lo han expulsado y condenado en el estercolero, pidiendo ayuda de su *goel,* vengador de sangre: «Pues está en los cielos *(beshamayim)* mi Testigo *('edi)* y en las alturas mi Defensor, aquel que me defenderá ¡defenderá al hombre, *Geber,* ante Eloah, al Hijo de hombre, *Ben-Adam,* ante su adversario!» (cf 16,19-21).

Mientras siga en tierra la sangre sin vengar del expulsado (del hombre-víctima que es Job), ha de elevarse en el cielo (en la altura) el *defensor,* como protesta contra aquellos prepotentes que defienden su sistema de opresión. Job es así un hombre fuerte *(geber),* pero no en sí mismo, sino porque en el cielo está su Defensor, como garante de justicia y liberación.

Job b (17). Me has hecho proverbio para los pueblos

Job acaba de afirmar que su testigo está en el cielo, pero él sigue en tierra. Ciertamente, apela al Dios de los caminos adversos (sobre este sistema de muerte), pero continúa sufriendo en un mundo de una soledad poblada de terrores, sin más esperanza que la muerte *(Sheol)*. En este capítulo parece que la acción se ha detenido, mientras se repiten los dolores, razones y contra-razones, en medio de una lucha en la que, humanamente, no existe más salida que la muerte *(sheol)*, mientras sigue pendiente, en un plano más alto, la esperanza de Dios, que ha hecho a Job un *mashal*, es decir, un proverbio para los pueblos:

17 ¹Me falta el aliento, se extinguen mis días,
las tumbas se abren ya ante mí.
²Ellos me rodean con burlas;
y mis ojos han de resistir sus provocaciones.
³Actúa ya, sé tú mi fiador pues ¿qué otro podrá darme la mano?
⁴Has cerrado su corazón, ellos no entienden;
por eso no vencerán.
⁵Desfallecerán los hijos de aquellos
que han despojado a sus amigos...

⁶Me has hecho proverbio para los pueblos,
alguien a cuyo rostro escupen.
⁷Mis ojos se volvieron negros de dolor,
todos mis miembros como sombra.
⁸Los rectos se asombrarán de ello
y el inocente se alzará contra el impío.
⁹Se mantendrá el justo en su camino
y el puro de manos se alzará más fuerte.
¹⁰¡Volved todos vosotros!
¡Venid ya, no hallaré entre vosotros un solo sabio!

¹¹Perecen mis días, han arrancado mis pensamientos,
riqueza de mi corazón.

¹²Consideran que la noche es día, que está cerca la luz,
pero hay solo tinieblas...
¹³Solo espero que el Sheol sea mi casa,
que en la tiniebla ponga yo mi cama.
¹⁴A la corrupción le grito: "Eres mi padre";
y al gusano: "Eres mi madre y hermana".
¹⁵¿Dónde, pues, estará ya mi esperanza?
Y mi esperanza ¿quién la verá?
¹⁶A la puerta del *Sheol* descenderá,
cuando nos hundamos juntos en el polvo».

1. *¿Qué otro podrá darme la mano?* (17,1-5). La situación de Job es de cansancio, al borde de la tumba abierta, mientras resuenan a su lado las burlas y provocaciones de aquellos que cantan su fracaso, echándole encima la culpa (17,1-2). Mientras él agoniza, ellos pueden alegrarse, pues la muerte de un justo como Job es motivo de gozo para sus adversarios.

Por un lado, se encuentra absolutamente solo, sin nadie a su lado (pues sus amigos lo culpan y se alegran en el fondo de su ruina). Su pobreza le ha vuelto solitario. Antes era rey de gran reino, patriarca de un inmenso *patriarcado,* no tenía que buscar razones, las tenía de antemano. Ahora le han dejado todos, no puede ya apoyarse en nada, ni en nadie, solo en Dios: «Actúa ya, sé tú mi fiador pues ¿qué otro me dará la mano?» (cf 17,3).

Job retoma así el «argumento» de los esclavos hebreos de Egipto (cf Éx 2,23-25), elevando la voz al Dios que puede darle su «mano» (en contra de los prepotentes, cuya mano es opresora, cf Job 12,6). Suplicando de esa forma, Job eleva su voz en nombre de todas las víctimas que piden a Dios una «mano de ayuda» (cf E. Lévinas, *Totalidad e Infinito,* Sígueme, Salamanca 1977). Sobre todos los otros poderes del mundo emerge así la «autoridad del grito», la oración suplicante del que llama a Dios, porque no tiene ningún otro de quien fiarse. Todo lo que sigue es consecuencia de este grito.

2. *Me has hecho proverbio (mashal), señal para los pueblos* (17,6-10). *Mashal* significa signo, comparación, ejemplo... Por una parte puede ser signo de *burla* (hazmerreir) de todos; por otra puede ser una señal de *discernimiento,* como una bandera discutida (en griego *sêmeion)* ante la que deben decidirse unos y otros (cf Lc 2,34). Job aparece en esa línea internamente disociado: por un lado, está seguro de su *inocencia* y por eso sigue apelando al Dios más alto, como fiador, dándole la mano en su quebrantamiento; por otro, yace hundido ante aquellos que le acusan y ante el mismo Dios del sistema, condenado sin honra, por malvado.

De esa forma, Job, el solitario del estercolero viene a convertirse en *mashal* o signo de burla para unos, de desprecio para otros, de interrogación abierta para los terceros. Ahora que no es «nadie», puro sufrimiento, emerge ante todos como argumento discutido de enfrentamiento, desprecio y asombro (17,8). Antes parecía que lo condenaban otros. Aquí se podría decir que algunos se ponen de su parte, dispuestos a apoyarlo o defenderlo, aunque el texto no resulte claro. Sea como fuere, Job mantiene su protesta, y sigue retando a unos y otros, acusándoles de falsos: «¡Volved todos vosotros! ¡Venid ya, que no hallaré entre vosotros un solo sabio!...» (cf 17,10).

3. *Solo espero que el Sheol sea mi casa* (17,11-16). Ha podido parecer que tiene a su lado a algunos justos. Pero poco después da la impresión de que se encuentra a solas ante Dios,

su *goel*, porque en este mundo no encuentra más apoyo ni salida que la muerte: «Si algo espero, es que el *Sheol* sea mi casa, que en la *tiniebla* ponga yo mi cama. A la *corrupción* le grito: "Eres mi padre"; y al *gusano:* "Eres mi madre y hermana". ¿Dónde, pues, estará ya mi esperanza?» (cf 17,13-16).

Esta es su verdad, no tiene otra, en una línea que podría compararse con un tipo de budismo que afloraba por entonces en la India, con el descubrimiento radical de la fragilidad humana, vinculada al dolor que nace del deseo de la vida. Por otra línea, en un contexto más israelita, esta experiencia de Job, a quien vemos especialmente castigado por Dios, puede compararse a la del Siervo de Yahvé. Sea como fuere, él es *mashal* o signo de todos los que sufren, sin diferencia de pobres y ricos, triunfadores y perdedores, todos al fin condenados a la enfermedad, vejez y muerte, como decía el budismo, pero con una diferencia:

- *Job* no trata solo del sufrimiento de cada uno aisladamente, sino también del que nace de la lucha social, la opresión de los pobres, la violencia de los prepotentes, apelando a Dios en contra de ello. Por eso, puede vincular su destino al de todos los oprimidos del mundo, como hará Mt 23,33 cuando vea en la sangre de Jesús la sangre de todas las víctimas (cf Ap 6,9-11).
- *Buda* insiste, en cambio, en el destino individual de cada ser humano, sin más remedio que el recto conocimiento y acción de cada uno, con independencia de los demás y de que exista o no exista un Dios personal en sí mismo. En contra de eso, Job ha situado el sufrimiento a la luz de la presencia o ausencia de Dios (y de los demás seres humanos), como suponía su oración ante el *goel:* «¡Tierra no cubras mi sangre!».

2ª ronda. Bildad y Job (18–19)

Esta ronda es más corta, solo tiene dos capítulos, uno de Bildad y otro de Job. Pero es muy significativa, pues se centra en la «descendencia», es decir, en la posteridad de Job. Bildad le acusa y lo condena diciendo que morirá y quedará sin descendencia, como luz que se apaga para siempre, en contra de la esperanza mayor de los patriarcas orientales y bíblicos (como Abraham) que identificaban la bendición de Dios con la descendencia. Job le responde diciendo que su *goel* o redentor está vivo, apelando así a un tipo de posteridad más alta, en una línea que la Biblia estaba explorando y proclamando en aquel tiempo (siglo V–IV a.C.).

Bildad (18). Sin descendencia, ante el rey de los terrores

Bildad ofrece un discurso general sobre la suerte de los impíos *(reshaim),* aplicándoselo a Job, que viene a presentarse así como prototipo de los enemigos de Dios a quienes presenta como solitarios, perseguidos por la fatalidad, amenazados por el hambre, acosados por su destino, sin familia. En esa línea lo presenta como un cazador de incautos, que se destruye a sí mismo queriendo destruir a otros, ofreciendo así una especie de genealogía de la muerte ajena y propia:

18 ¹Entonces comenzó Bildad, el suhita, y dijo:
²«¿Hasta cuándo pondréis trampas, no palabras?
Pensad y luego hablemos.
³¿Por qué nos tomáis como bestias,
estrechos de mente o idiotas?

⁴Tú, que te destruyes en tu furor:
¿Podrás desolar la tierra, o remover de su lugar una roca?
⁵Ciertamente la luz del impío se apaga
y no brillará la llama de su fuego.
⁶La luz se volverá oscura en su tienda
y la lámpara superior se extinguirá.
⁷Sus pasos vigorosos se acortan
y sus propios planes hacen que tropiece.
⁸Sus propios pies le llevan a la red
y así camina sobre una trampa;
⁹un cepo atrapa su talón y un lazo lo sujeta.
¹⁰Su trampa está escondida en la tierra
y una red lo aguarda en la senda.
¹¹De todas partes le asaltan temores y a cada paso le asustan.

¹²Su vigor se está disminuyendo,
y la desgracia se pega a su costado.
¹³La enfermedad roe su piel
y el primogénito de la muerte devora sus miembros.
¹⁴Es arrancado de la paz de su tienda
y conducido al Rey de los Terrores.
¹⁵En su hogar moran extraños;
piedra de azufre se esparce sobre su morada.

¹⁶Por abajo se secan sus raíces
y por arriba son cortadas sus ramas.
¹⁷Su recuerdo se borra de la tierra, no deja nombre,
ni cerca ni lejos, en el llano.
¹⁸Lo lanzan de la luz a las tinieblas
y lo arrojan fuera del mundo.
¹⁹No tiene hijo ni descendiente en el pueblo,
nadie que quede en sus moradas.

[20]Los de occidente se espantan aquel día,
los de oriente están llenos de pavor.
[21]Tales son las moradas del impío,
y ese el lugar del que no conoce a Dios».

1. *La luz del impío se apaga* (18,1-11). Este capítulo empieza con una introducción retórica, parecida a la de su discurso anterior (8,2-3), y en esa línea él se dirige a Job en plural, llamándole «vosotros», como representante de aquellos que se elevan contra el poder sagrado, aquellos a quienes Dios condena a perecer y consumirse, apagada su luz, con el vigor mermado, sin descendientes que mantengan su camino, en un momento en que la verdadera súper-vivencia de un hombre eran los hijos, como en el caso de Abraham y su descendencia. «La luz del impío quedará apagada y la llama de su fuego no brillará. La luz se volverá oscura en su tienda y la lámpara superior se apagará» (cf 18,5-7).

Desde ese fondo pasa Bildad de la casa/tienda (familia) de Job a su vida individual, sin consuelo alguno, sin relación con su descendencia. Para aquel que muere no existe ya familia, pues «sus hijos se enriquecen o se arruinan sin que él lo sepa». Cada muerto queda así encerrado en sí mismo, con él empieza la vida, con él termina y al apagarse su luz termina todo, tras una vida de terror y riesgo: «Porque es llevado a la red por sus mismos pies y camina sobre una trampa; un cepo atrapa su talón y un lazo le sujeta... Por todas partes le asaltan temores y le asustan a cada paso» (cf 18,8-11).

Esta es la vida de un hombre como Job, expulsado de la comunidad de poderosos, que se resguardan entre sí y se sostienen combatiendo y destruyendo a los contrarios, como Bildad y sus amigos, estirpe de cazadores de hombres que viven de acosar a otros, de ponerles redes y trampas, como a los pájaros del aire o a los venados de la estepa. Ciertamente, en un sentido, Bildad afirma que el mismo Job ha caído en la trampa de su maldad, al buscar caminos propios, separados de la «buena» sociedad de los prepotentes. Pero, en otro, han sido él y sus amigos los que lo han echado en la trampa.

2. *Lo arrancan de su tienda y lo conducen al rey de los terrores* (18,12-15). De la imagen anterior de caza pasamos aquí a la enfermedad. El hombre sano (justo) vive (se sostiene) según Bildad por su justicia, dominando sobre débiles, pobres y postrados, sin pensar en la enfermedad. Job, en cambio, es solo un enfermo, recordatorio incesante de la muerte: «La enfermedad roe su piel y el primogénito de la muerte devora sus miembros. Lo arrancan de la paz de su tienda y lo conducen al rey de los terrores» (18,12-14).

Un hombre como Job no muere tras haber vivido, sino después de haber ido muriendo, consumido bajo el peso de la enfermedad que devora sus miembros y consume su existencia. No es «primogénito de Dios», como buen israelita (hijo mayor y heredero del poder divino), sino *beqor mawet*, בְּכוֹר מָוֶת, *primogénito de la muerte*, engendrado para ella, no para la vida.

Las lenguas semitas (árabe, arameo) ven *la* enfermedad como *primogénita de la muerte*. Aquí, en cambio, el primogénito es Job, como enfermedad personificada, un tipo de peste que debe aislarse, encerrada en el estercolero (lugar donde se pudren las basuras), para recordar a los sanos como Bildad que ellos son fuertes, primogénitos y representantes de Dios sobre la tierra. La vida muriente de Job avanza de esa forma como procesión fúnebre, hasta el Rey de los Terrores, la muerte sin salida. Así lo sacan de la «tienda» de paz en que vivía, del hogar o templo en que habitaba, como sabe y dice en otro contexto un salmo: «Este es el destino de los hombres satisfechos... Son un rebaño para el abismo *(sheol),* la muerte *(mawet)* los pastorea, y bajan derechos a la tumba; se desvanece su figura, y el abismo es su casa...» (Sal 49,15).

Bildad aplica esta visión a Job, y en ella, en lugar de Dios como pastor y guía (principio y fin del hombre), emerge la Muerte, «rey de los terrores», tirano que «doma, domina y destruye» a los hombres, como sabe Ap 9,11 cuando presenta al «dios del abismo», a quien ha recordado E. Sábato en *Abaddón, el Exterminador* (1974). Bildad no pone a Job ante el Dios de la vida (cf Gén 1), sino ante el ángel de la muerte (cf Heb 2,14), Satán, rey de los terrores, Terror en estado puro. Él y sus amigos han creado así, para su provecho, un Dios-Poder que les sostiene en su engaño, creando, al mismo tiempo, para sus contrarios (derrotados y vencidos), un Dios-Terror, infierno de todos los miedos en el que va muriendo Job, expulsado, derrotado por la enfermedad, *primogénita de la muerte,* hasta hundirse en ella.

3. *Sin hijos ni descendientes en el pueblo* (18,16-21). Bildad no dice a Job expresamente: «¡Eres culpable, cautivo de la muerte, destinado al *Sheol* o cárcel de terrores!». Pero esa imagen se halla en el fondo de su discurso, como muestran muchos relatos bien conocidos de Mesopotamia (cf G. Minois, *Historia de los infiernos,* Paidós, Barcelona 1994). Esos terrores son ante todo de tipo psicológico, una proyección imaginativa de los miedos y angustias del hombre ante los poderes del mal que le amenazan, ante la condena total, en noche oscura y angustia interior, como lo ha descrito Teresa de Jesús en el *Libro de la vida,* en el capítulo 32.

Este abismo de terror de Job tiene también un elemento de tipo social y psicológico (personal), que no se identifica simplemente con *los otros* (como suponía en un sentido J. P. Sartre, *A puerta cerrada*, 1944), sino especialmente con aquellos que, para elevarse a sí mismos, condenan a los demás (perdedores, víctimas) mandándolos no solo al infierno de la pobreza y expulsión, sino al de la angustia interior, la culpabilidad y la neurosis: «Lo lanzan de la luz a las tinieblas y lo arrojan fuera del mundo. No tiene hijo ni descendiente en su pueblo, ni uno que haya quedado en sus moradas» (cf 18,16-19).

Bildad quiere castigar así a Job, condenándolo no solo a la pobreza y marginación, en soledad enferma, sino también al infierno interior de su culpabilidad; no solo a la muerte física, sino a la más intensa del fracaso personal, de la soledad (sin familia ni descendencia), en angustia absoluta, árbol sin ramas ni raíces, hogar sin luz ni lugar en el mundo y en la historia.

Job (19). Mi Redentor vive y me levantará del polvo

Esta respuesta constituye el centro teológico y dramático del libro. Bildad acaba de mandar a Job al infierno (cf 18) sin remedio ni salida, y él responde apelando a su *goel*. Ciertamente, Job reconoce su situación desesperada, pero confía en el Dios más alto, por encima de aquel que lo sepulta en el infierno, pidiendo del modo más solemne que su protesta y defensa se escriba en una roca, como recuerdo perpetuo, pues el Dios verdadero vive y vendrá al final, para elevarlo del polvo de la tierra (tema esbozado en 13,15; 14,13 y 16,18):

19 [1]Respondió entonces Job y dijo:
[2]«¿Hasta cuándo me angustiaréis
y trituraréis con vuestras palabras?
[3]Hasta diez veces me insultáis,
sin avergonzaros me habéis injuriado.
[4]Aunque hubiera errado de hecho, sobre mí recaería mi error.
[5]Si realmente os jactáis y pensáis probar vuestro reproche contra mí,
[6]sabed que Dios me ha derribado, y me ha atrapado en su red.
[7]Grito ¡violencia! pero no me oye, doy voces,
pero no me hace justicia.
[8]Ha cercado mi camino y no puedo pasar;
ha tendido tinieblas a mi paso.
[9]Me ha despojado de mi honor
y ha quitado la corona de mi frente.
[10]Por doquier me arruina y muero;
ha talado mi esperanza como un árbol.
[11]Enciende contra mí su furor y me tiene por uno de sus enemigos.

[12]A una vienen sus ejércitos, me atacan,
acampando contra mi tienda.
[13]Aleja de mí a mis hermanos,
aparta como extraños a mis conocidos.
[14]Mis parientes me fallan; y mis allegados me abandonan.
[15]Me ignoran los servidores y criadas; soy un forastero para ellos.
[16]Llamo a mi siervo y no responde,
y con mi boca debo suplicarle.
[17]Mi aliento ofende a mi mujer,
y mi hedor a los hijos de mi vientre.
[18]Me desprecian incluso los muchachos,
y al levantarme me insultan.
[19]Me odian mis íntimos;
y aquellos a los que yo amaba se vuelven contra mí.

²⁰Mis huesos se pegan a mi piel;
solo me queda la piel de mis dientes.

²¹Piedad de mí, piedad, vosotros, mis amigos,
me hiere la mano de Eloah.
²²¿Por qué me perseguís como Dios, y ni de mi carne os saciáis?
²³¡Oh si mis palabras se escribieran, si fueran recordadas en un libro,
²⁴grabadas con cincel de hierro y plomo en roca para siempre!

²⁵Pero yo sé que mi Redentor vive,
y que al fin me levantaré del polvo,
²⁶y después que mi piel caiga a pedazos,
sin carne he de ver a Eloah,
²⁷a quien contemplaré para mi bien,
y mis ojos lo verán, no los de otro.
El corazón se me deshace en el pecho.
²⁸Y si decís: ¿cómo le perseguiremos,
hallando de qué acusarle?
²⁹temed a la espada, porque la espada castiga los delitos.
y sabréis que hay un juez que juzga».

1. *Grito «violencia» y no me escuchan...* (19,1-11). Para justificarse, los amigos han echado la culpa a Job, como si hubiera sido el causante de sus males, y así dicen que Dios lo persigue (no ellos). Desde ese fondo se entiende el grito de protesta de Job contra Dios al responder a sus amigos, su disputa con un Dios que, por un lado, le trata como su enemigo, mientras que por otro es el único que puede sostenerle y liberarlo incluso de la muerte. Esta es la gran paradoja del libro de Job, que, por un lado acusa a Dios de todos sus males, mientras que, por otro, lo llama, porque solo él puede sanarlo de sus males.

Conforme a la visión de Job, enraizada en la tradición religiosa de Israel y del Oriente en donde Dios es quien hace todo, tiene que ser Dios el causante de sus males. Ciertamente, en un sentido, Dios es trascendente, y no podemos verlo ni tocarlo; pero, en otro sentido, Dios es todo lo que pasa, tanto en la fortuna como el infortunio. Por eso, la disputa que Job mantiene contra sus amigos/adversarios es en realidad una disputa contra Dios, como aparecía ya en Job 3, una protesta existencial, pre-racional, antes de todas las pruebas.

El lector atento sabe ya que las cosas resultan más complejas, pues entre Dios y Job se ha interpuesto Satán (1-2), aunque ese Satán pudiera parecer un rasgo propio del mismo Dios. Nosotros, actualmente (siglo XXI), en general, no tenemos necesidad de apelar a Satán, ni siquiera a Dios, de un modo inmediato, pues entre nosotros y Dios hemos situado la «objetividad» del mundo, con su autonomía, en un plano físico, biológico y psíquico, de tal forma que en ese nivel todo sucede «como si Dios no existiera».

Pero esa separación entre Dios y el mundo, que en un plano resuelve muchos temas, que para Job eran urgentes (de tal forma que él podía y debía acusar directamente a Dios de sus males), en otro plano los complica o nos obliga a plantearlos de otra forma, pues, si Dios no quiere ni realiza de un modo inmediato todo lo que pasa en la vida de los hombres, es él quien lo «permite» o fundamenta, pues ha creado este mundo con tormentas, esta vida con enfermedades, esta humanidad con sus conflictos.

En esa línea, pasando por alto las así llamadas «causas segundas», Job se enfrenta con Dios y le acusa de todo lo que pasa: «Grito ¡violencia! pero no me escucha... Ha cercado mi camino y no puedo pasar... Por todas partes me arruina, y yo perezco; y ha talado mi esperanza como un árbol... y me ha convertido en uno de sus enemigos» (cf 19,7-11).

Conforme a esta visión de Job, sea de un modo inmediato o por medio de «causas segundas» (violencia cósmica, salud precaria, conflicto social...), Dios no ha creado al hombre para amarle o para que le ame (cf Dt 6,4-6), sino para luchar contra él y perseguirlo, de forma que la primera palabra es *hamás* (חָמָס, ¡socorro, violencia! me persiguen). En el principio no está la admiración (¡qué bello, qué admirable es todo lo que existe!), sino el miedo (¡me persiguen!). Ciertamente, como he dicho y seguiré diciendo, para Job será esencial la verdad y belleza del mundo (lugar de manifestación positiva de Dios); pero, al mismo tiempo, en su raíz, ese tema se encuentra esencialmente vinculado al miedo individual, al conflicto interhumano.

2. *Guerra de Dios, en lucha contra Job* (19,12-20). Antes de su «caída», Job podía pensar que este mundo era lugar de presencia y acción buena de Dios. Pero después, al sentirse rechazado, sin bienes, ni familia, ni salud, en el estercolero, él ha llegado a pensar que Dios le ha creado para oprimirlo, para hacerle sufrir, en el infierno de su enfermedad, acusado y condenado por sus antiguos compañeros. De esa forma se debate bajo la violencia total: «A una vienen sus ejércitos, me atacan, acampan contra mi tienda. Aleja de mí a mis hermanos y conocidos... Mis parientes me fallan; mis conocidos me abandonan» (cf 19,12-14).

Job se descubre así como «víctima» completa, en guerra universal de Dios como chivo expiatorio contra el que todos descargan su violencia. No es lucha de todos contra una ciudad (cf Esquilo, *Los siete contra Tebas*), sino *de todos contra Job*, a quien conciben como chivo expiatorio de sus males, plaza enemiga, contra la que luchan las huestes de Dios y sus ejércitos.

Este Job no es un hombre cualquiera, sino el «hombre originario», Adán, humanidad adversa, contra la que luchan los «buenos jueces», aquellos que antes lo habían elevado y defendido. Había sido muy valioso, el hombre ejemplar, «rey» de todos. Pero se ha (=le han) pervertido, Dios lo ha derribado de su altura, y se han alzado contra él sus servidores, compañeros y amigos, y así yace a solas en el estercolero, como cadáver muriente, huesos y piel..., dientes sin encías, puro dolor que protesta.

3. *Que mis palabras se graben con hierro y cincel en la roca* (19,21-24). Desde esta situación, como perseguido universal, Job apela. En sentido humano no puede vencer, y por eso llama a sus antiguos compañeros: «¡Piedad de mí, piedad de mí, vosotros, pues la mano de Eloah me ha tocado!» (cf 19,21). Esta es la palabra clave: Apiadaos de mí, apiadaos... (חָנֻּנִי, *hannuni*, de *hen*, compasión; cf LXX: *eleêsate*, como *kyrie eleison* de la misa romana).

Sabe que en este momento (en este mundo) no puede triunfar, ni lograr que lo absuelvan, pero apela al futuro (a eso que hoy pudiéramos llamar el juicio de la historia), para que los hombres que vendrán lo absuelvan, para que el mismo Dios (su *goel*, protector) pueda darle la razón, cuando pasen los siglos: «¡Oh si mis palabras se escribieran, si fueran recordadas en un libro, grabadas con cincel de hierro y plomo en roca para siempre!» (19,13-25).

Job ha pedido compasión a sus amigos, pero ellos no responden y por eso, al sentirse abandonado, alza su voz y pide (¿a quiénes?) que escriban sus palabras de defensa, su deseo (como documento, *libro de reclamo*) en una (la) roca *(batsûr)*.

Este libro, *sefer,* del juicio de Dios no ha de escribirse en la piel de un animal (o en un papiro que se pudre), sino en la roca que dura por siglos, grabando las letras con cincel de hierro y derramando en ellas el plomo fundido, como en las inscripciones de roca de los Zagros (Irán).

Los hombres mueren y los libros pueden destruirse con rapidez. Por eso, Job quiere (quisiera) que su texto de protesta y esperanza pueda ser leído a lo largo de generaciones por todos los que hacen camino al pasar ante esa roca donde ha de inscribirse su alegato. Job quiere elevar allí, ante Dios y ante los hombres, su protesta y esperanza, desafiando así el paso de los siglos.

Se decía en otro lugar de la Biblia que los mandamientos de la ley habían sido escritos en tablas de piedra (Éx 21–24; 31–35), como testimonio de la alianza de Dios con su pueblo. Los faraones escribieron sus victorias en grandes monumentos (pirámides, templos), los persas grabaron edictos en las rocas... En esa línea quiere escribir Job su protesta, ante Dios y ante los hombres.

4. *Pero sé que mi Redentor vive* (19,25-29). Ese escrito de Job sobre la roca será su Biblia, *sefer* de recuerdo, un libro eterno *(eis ton aiôna,* LXX), hasta que venga el *goel* y testifique a su favor: «Yo sé que mi Redentor vive, y que al fin me levantaré del polvo, y después que mi piel caiga en pedazos (sin tener ya ni carne) he de ver a Eloah, a quien contemplaré para mi bien, y mis ojos lo verán, no los de otro» (cf 19,25-27).

Este es el testimonio supremo de la fe de Job, que sabe *('ani yada'ti)* y dice: «Mi redentor/*goel* (אֵל), vengador de sangre, está vivo», es el viviente, sobre todos los dioses o poderes, y debe responder a mi llamada (cf 16,18: ¡tierra no cubras mi sangre! cf Núm 35,12). Este redentor es el Dios de la venganza interpretada como justicia más alta, el que rescata y defiende el honor de Job, que al final *('aharôn,* אַחֲרוֹן) se levantará del polvo (muerte, tumba, Sheol), de forma que allí donde los hombres lo condenan vendrá a manifestarse el *Dios Goel,* declarando su inocencia, levantándolo del polvo.

Estrictamente hablando, este pasaje no habla de resurrección (en sentido posterior, judío o cristiano), ni de inmortalidad o vida eterna tras la muerte, sino de cumplimiento de la justicia de Dios, con la redención (rehabilitación) de Job, contra aquellos que lo condenaron. Job puede morir y morirá, pero su «*Goel»* (Dios verdadero) se levantará para dictar justicia a su favor. Morirá, pero morirá «esperando» (cf 13,15): «Yo lo contemplaré y mis ojos lo verán, no los de otro...» (cf 19,26-27).

El texto dice «lo contemplaré *mibesari* (מִבְּשָׂרִי)», expresión que se puede traducir de dos maneras: (a) *Libre de (=sin) mi carne,* tras haber muerto; lo veré como un «espíritu», de un modo incorpóreo. (b) *Desde (=con) mi carne,* recuperada, en algún tipo de resurrección. Es probable que el autor no haya querido precisar más esa cuestión, aunque el sentido de fondo es claro: de un modo o de otro (con un tipo de carne o sin ella), Job será justificado, recuperando su auténtica inocencia.

El final del libro (Job 42,7-17) entenderá esa respuesta de Dios en forma de «curación corporal», aunque podemos suponer que ese no ha sido el sentido original de este pasaje (Job 19,25-27), que de algún modo supone que Job ha de morir. Sea como fuere, dejamos ese tema abierto, pues al libro no le importa la forma de «resurrección o rehabilitación», sino la «justificación final» de Job.

La Vulgata, que ha marcado por siglos la liturgia y teología de la Iglesia latina, dice: «*scio enim quod redemptor meus vivit et in novissimo die de terra surrecturus sum*» (sé que mi redentor vive y que en el último día resucitaré de la tierra). Esa lectura es buena y puede recoger el sentido del texto, pero es interpretación, más que traducción estricta. El texto original deja el sentido abierto: ofrece un camino de esperanza para Job (y las víctimas como él), pero sin precisar la forma de su cumplimiento. Insiste en la justicia de Dios, que se revelará al final como *goel*, pero no dice la forma en que lo hará.

En aquel tiempo (V-IV a.C.) la conciencia del conjunto de Israel no había precisado el sentido de la redención y reconciliación mesiánica de las víctimas, y así puede haber lectores que la entiendan en forma de transformación corporal, con algún tipo de cambio que el texto no ha fijado, y otros como «experiencia espiritual». Son posibles varias interpretaciones, pero el libro no ha querido precisarlas, pues el final de 42,7-17 tiene también un sentido abierto.

3ª ronda. Sofar y Job (20–21)

Job acaba de proclamar su inocencia, afirmando que el Dios verdadero, su *goel* o defensor (redentor) está vivo y que vendrá en su día y lo alzará del polvo *(Sheol)*, donde le han echado sus amigos/enemigos, para rehabilitarlo. Este discurso ha debido sonar como provocación en el estercolero donde se celebra el juicio, y Sofar, el último de los acusadores, no puede soportarlo y contraataca, iniciando así una breve pero durísima ronda de acusaciones y condenas.

Esta ronda consta solo de dos discursos. El primero es de Sofar, que proclama en toda regla un ataque en contra de

Job, a quien sitúa directamente ante la muerte, acusándole de impiedad ante Dios y de injusticia ante los hombres, a quienes ha robado y «devorado»; eso significa que morirá de un modo infame, tras haber pasado un infierno en la tierra. La respuesta de Job es también dura, diciéndole a Sofar que miente, pues muchos impíos viven y mueren en el mundo sin sufrir castigo alguno por parte de Dios.

Sofar (20). Evitará el hierro, le atravesará la flecha de bronce

En un primer momento, parece que Sofar condena directamente a Job, no le dice «eres culpable», pero le acusa de haber sido rico y de haber oprimido a los pobres, anunciándole los más duros castigos: «aunque su ambición suba al cielo y su cabeza llegue a las nubes perecerá como estiércol». Así presenta a Job como una basura humana, de forma que tendrá que sufrir él y sufrirá su descendencia, teniendo que «pagar» por los males que él ha causado. Aunque lograra escapar del hierro de la espada morirá atravesado por flechas de bronce.

20 [1]Respondió Sofar, el naamatita, y dijo:
[2]«Mis pensamientos me impulsan,
debo responder a mi inquietud.
[3]He tenido que soportar la corrección,
y mi espíritu me exige una respuesta.
[4]¿No sabes tú que desde siempre,
desde que hay hombre en el mundo,
[5]el tiempo del malvado es breve
y el gozo del impío dura solo un momento?

⁶Aunque su ambición suba hasta el cielo
y su cabeza llegue a las nubes,
⁷perecerá como su estiércol;
y los que lo vieron dirán: ¿Dónde está?
⁸Como sueño volará y no será hallado;
se disipará como visión nocturna.
⁹El ojo que lo veía no lo verá más, ni conocerá ya su lugar.
¹⁰Sus hijos deberán aplacar a los pobres
y sus manos devolverán lo que él robó.
¹¹Sus huesos, llenos aún de juventud, yacerán con él en el polvo.
¹²Aunque tuviera un gusto dulce en su boca,
y lo ocultara debajo de su lengua,
¹³aunque lo saboreaba cuidadosamente, sin dejarlo,
y lo retuviera y paladeara,
¹⁴su comida se corromperá en sus entrañas
y será allí veneno de áspides.

¹⁵Devoró riquezas, pero ahora las vomitará;
Dios las sacará de su vientre.
¹⁶Veneno de áspides chupará;
lo matará la mordedura de la víbora.
¹⁷No se deleitará más en arroyos, ni en ríos
y torrentes de miel y leche.
¹⁸Perderá las ganancias que ganó;
no gozará las riquezas conseguidas.
¹⁹Porque oprimió y negó a los pobres,
si levanta una casa no la terminará;
²⁰no supo calmar su codicia, no conservará lo codiciado.

²¹Nada dejó sin devorar, y por eso no durará su bienestar.
²²En su abundancia padecerá estrechez;
le asaltarán manos necesitadas.

²³Y cuando quiera llenar su vientre,
Dios enviará sobre él su ira
como lluvia que empapa sus carnes.
²⁴Huirá de las armas de hierro
pero lo matará la flecha de bronce,
²⁵lo traspasará y atravesará su cuerpo;
la punta de hierro saldrá por su hiel.
¡Sobre él vendrán terrores de muerte!
²⁶Lo cubrirán grandes tinieblas;
un fuego no atizado lo consumirá
y devorará lo que quede en su morada.
²⁷Los cielos descubrirán su iniquidad,
y la tierra se levantará contra él.
²⁸Los renuevos de su casa se desvanecerán,
esparcidos el día de su furor.
²⁹Esta es la suerte de Elohim para el impío,
la herencia de Dios para él».

1. *El tiempo del malvado es breve* (20,1-14). La acusación empieza de forma general con una serie de sentencias sobre la suerte de los «impíos», conforme a la «moral» más conocida y repetida de Israel y de los pueblos del entorno, que apelan al «talión» divino, como un karma por el cual todo pecado ha de ser castigado, todo delito reparado. La religión queda regida, según eso, por un tipo de acción y reacción regulada por Dios de una forma que puede resultar difícil de precisar, pues somos ignorantes, pero que se impone de manera inexorable.

Desde ese fondo, acusa Sofar a Job: «¿Conoces aquello que es de siempre, desde que Adán, el ser humano, fue colocado en la tierra?» (cf 20,4). Job quería medir el tiempo y sentido de la dicha de los malvados *(resha'im,* רְשָׁעִים). Sofar responde diciendo que es breve y pasajero: «Aunque su ambición haya subido hasta el cielo y su cabeza haya tocado las nubes, perecerá y se acabará muy pronto» (cf 20,6-7) y aquellos que han visto al malvado no lo verán ya más.

Esta es la tesis central del discurso, en la línea de Gén 2-3: «Si coméis del árbol del bien-mal pereceréis por ello», una tesis se ha de cumplir según Sofar en Job, que morirá a destiempo, de manera que sus hijos deberán pagar las deudas que ha dejado sin saldar: «Deberán aplacar a los pobres y sus manos devolverán lo que él robó» (20,10).

Estas palabras no se pueden aplicar de un modo estricto al caso de Job, pues según 1-2 sus hijos han muerto, de manera que ellos no podrán restituir ni reparar lo «robado». Pero su sentencia de fondo es verdadera: los hijos sufrirán por el pecado de sus padres. Este motivo había sido discutido y en algún sentido superado por Jer 31,29; Ez 18,2, cuando rechazaban de alguna forma la «retribución» del pecado de los padres en los hijos (los padres comieron agraces, los hijos sufren la dentera). A pesar de ello, el pecado de los antepasados recae en sus descendientes (como hoy, siglo XXI sabemos en clave ecológica).

2. *Porque oprimió y abandonó a los desamparados* (20,15-20). El pecado principal es la injusticia, como Sofar dice, Job: «Oprimió y abandonó a los desamparados... No supo calmar su codicia, no conservará nada de lo codiciado» (cf 20,19-20).

Devoró «riquezas» (20,15, חַיִל, *hail)*, esto es, aquellas cosas que ofrecen seguridad monetaria y dominio militar, como indica el hecho de que los ricos de Israel fueran *gibor hail*, hombres de riqueza suficiente para costearse un «armamento» militar, caballeros (hidalgos, hijosdalgo), con salud y fortuna (tierra, siervos y criados) para ir a la guerra. En esa línea, este pasaje acusa a Job de opresor, un tirano que devora la riqueza de los pobres, tomando para sí una tierra que «mana leche y miel», siendo de todos.

Este motivo se conoce en otros pueblos, incluso en Roma (cf Virgilio, *Égloga* IV. 30; Horacio, *Epod.* XVI. 47), pero tiene una importancia especial en Israel, como elemento clave de su identidad social y religiosa (cf Éx 3,8; Núm 14,8; Dt 26,8-9; 31,20). La tierra es el primero de los regalos de Dios para todas las familias, a fin de que puedan gozarla y compartirla. Pero algunos, los más ricos, se han apoderado de ella, como pusieron de relieve los profetas (Amós, Oseas, Miqueas e Isaías).

Desde ese fondo acusa Sofar a Job, gran rico de Oriente, diciendo que «oprimió y explotó/abandonó a los pobres» *(dalim,* דַּלִּים; 20,19). No le acusa de idolatría estricta, construir o adorar ídolos de dioses, sino de abandonar a los pobres (con el verbo *'azab,* עָזַב, de Sal 22,2, cf Mc 15,24; Mt 27,45), pero Job le responderá diciendo que ha sido el Dios de Sofar y sus amigos el que le ha abandonado.

3. *Nada dejó sin devorar, por eso será castigado* (20,21-29). Job dirá en su apología (caps. 29–31) que la acusación de Sofar es falsa (aunque debemos recordar que él era rico en un mundo de pobres, y, aunque les ayudó, no se hizo pobre como ellos, como Jesús de Nazaret). Pero, según Sofar, él sufre y muere por este pecado: «Nada dejó sin devorar, y por eso no durará su bienestar... y cuando quiera llenar su vientre (Dios) enviará sobre él su ira y lloverá sobre su carne... ¡Sobre él vendrán terrores de muerte!» (cf 20,21-25). Por más que quiera y logre escapar de las armas de hierro morirá atravesado por el bronce.

Sofar condena a Job por aprovecharse de los pobres, poniendo así en riesgo el orden sagrado del pueblo. Por eso ha de cumplirse en él, en su juicio y muerte la más alta justicia de Dios, de la que ellos (Sofar y sus amigos) quieren ser garantes. Job acaba de apelar a Dios, diciendo que su *Goel* o defensor *está vivo (go'ali hai,* 19,25), como Yahvé, el viviente *(hai,* חַי*)*. Pero Sofar sigue rechazándolo sin piedad, porque a su juicio ha sido injusto con los pobres: «Una tiniebla total está reservada para sus tesoros; un fuego no atizado los consumirá, y devorará lo que quede en su morada» (cf 20,26-29). ¿Quién tiene razón? Este es el centro de la trama.

Job (21). La muerte es igual para todos

Sofar lo ha condenado por injusto y Job responderá más tarde (cap. 29) defendiendo con detalle su justicia; pero antes ha querido centrarse aquí (cap. 21) en algo previo, esto es, en el juicio de Dios, diciendo que, al menos en un plano, la muerte es igual para todos, de forma que no puede hablarse de un castigo particular y distinto para los impíos. Eso significa que no puede hablarse en este mundo de una justicia estricta (en sentido antiguo), pues muchos malvados viven sin castigo y muchos justos sufren un gran padecimiento. Esa tesis ha sido discutida entre los lectores y transmisores del texto de Job, de manera que podemos ver en él añadidos e interpolaciones posteriores.

21 ¹Entonces respondió Job y dijo:
²«Oíd bien mi palabra, dadme siquiera este consuelo.
³Toleradme, y hablaré; y después que hable os podréis burlar.
⁴¿Me quejo yo de alguno o me impaciento sin tener razones?

⁵Volveos a mí y espantaos y tapaos la boca con la mano.
⁶Incluso yo, si pienso en ello me horrorizo
y el temblor estremece mi cuerpo.
⁷¿Por qué viven los impíos y llegan a viejos,
y aun aumentan sus riquezas?
⁸Su posteridad crece a su vista y tienen delante a su prole.
⁹Sus casas tienen paz, sin temor,
ningún azote de Eloah les sobreviene.
¹⁰Sus toros engendran y no fallan;
sus vacas paren, no se malogren sus crías.
¹¹Sus niños corren en torno, como una manada,
y sus hijos andan saltando.

¹²Elevan su voz con tambor y cítara, se regocijan al son de la flauta.
¹³Gozan sus días en prosperidad
y descienden pronto (sin sufrir) al *Sheol*,
¹⁴a pesar de que dicen a Dios:
"Apártate, no queremos conocer tus caminos.
¹⁵¿Quién es Shadai para que le sirvamos?
¿De qué sirve que lo invoquemos?".
¹⁶*(Pero no son prósperas sus casas.*
¡Lejos de mí el consejo de los malvados!).
¹⁷¡Qué raramente se apaga la luz de los impíos
y les sobreviene una calamidad,
de forma que (Dios) les ponga trampas en su ira!
¹⁸*(Que sean como paja ante el viento,*
como tamo que arrebata el torbellino.
¹⁹*¡Dios guarde para sus hijos su iniquidad!*
¡Que les dé su merecido y aprendan!
²⁰*Que sus ojos vean quebranto y beban la ira de Shadai,*
²¹*pues ¿qué le importa al impío su casa cuando muera,*
cumplidos ya sus años?).

[22]¿Habrá quien enseñe sabiduría a Dios,
siendo él quien juzga los cielos?
[23]Uno muere en la plenitud de su vigor,
estando aún alegre y en paz;
[24]con sus flancos rollizos, y sus huesos llenos de tuétano.
[25]Otro, en cambio, muere con ánimo amargado,
sin haber disfrutado de salud.
[26]Pero ambos por igual yacerán en el polvo,
y los gusanos los cubrirán.
[27]Conozco vuestro pensamiento
y las astucias con las que queréis dominarme.
[28]Yo decía: ¿Dónde está la casa del tirano
y la magnífica tienda de los malvados?
[29]¿No habéis preguntado a los caminantes?
No desconozcáis lo que ellos cuentan.
[30]Dicen que hay malvados preservados de la destrucción,
a salvo de la ira de Dios.
[31]¿Quién denunciará lo que hacen?
¿Quién dará su merecido a los malvados?
[32]¡Y él (el injusto) será llevado al sepulcro,
y sobre su tumba será aún venerado.
[33]Los terrones del valle le serán dulces;
en pos de él desfilan todos los hombres,
y ante él, una muchedumbre incontable.
[34]¡Como queréis consolarme en vano!
Vuestras respuestas son perfidia».

1. *¿Por qué viven los impíos y llegan a mayores?* (21,1-11).
Más que contestar a las acusaciones de Sofar, Job parece
desahogarse, compartiendo su experiencia de dolor con un
posible público de amigos/enemigos que parecen estar escu-
chándolo y a quienes pide atención: «Oíd bien mi palabra y

dadme siquiera este consuelo... Volveos a mí y espantaos y tapaos la boca con la mano...» (cf 21,2-3.5-6). En medio del sufrimiento, Job no busca solo la voz o consuelo de Dios (cf 19,25: ¡yo sé que mi Redentor vive...!), sino también la de los hombres, sus amigos, a quienes pide que lo escuchen, en un largo y fuerte monólogo.

Sofar decía que los impíos reciben pronto (de forma inexorable) su castigo. Job le responde que eso es falso: «La posteridad (de los impíos) crece ante su vista... Sus casas tienen paz, ningún azote de Eloah les sobreviene. Sus toros engendran y no fallan..., sus niños corren en torno, como una manada...» (cf 21,7-11). Este es el escándalo, el primero de sus «enigmas morales», contra el «dogma» del talión divino: Dios no castiga en este mundo a los malos y premia a los buenos, pues con frecuencia quienes mejor viven (más gozan) son los malos. Este «escándalo» ha marcado el pensamiento de occidente hasta I. Kant, *Crítica de la Razón Práctica* (1788).

2. *La fiesta de los malvados* (21,12-21). Ninguna razón teórica, ningún dogma religioso de Israel (del Pentateuco o los profetas) puede elevarse en contra de esta constatación: muchos justos padecen, mientras hay injustos que viven satisfechos, sin fe en Dios ni en su justicia: «Elevan su voz con el tambor y la cítara, se regocijan al son de la flauta. Gozan sus días en prosperidad y en un momento descienden al *Sheol* (sin sufrimiento), aunque digan... ¿quién es Shadai para que le sirvamos? ¿De qué sirve que le invoquemos?» (cf 21,12-16).

Esta es una tesis poderosa y cierta que no ha sido bien aceptada por todos. Muchos hombres «religiosos», como los amigos de Job, siguen diciendo que la religión ofrece prosperidad, no solo en un plano económico, sino también social, no solo en equilibrio interior (como dicen muchos libros de auto-ayuda), sino en bienestar externo. En contra de eso, Job afirma con toda crudeza, que muchos «malvados» son más felices que los justos. Él ha descubierto desde su experiencia como víctima, algo que muchos cristianos empezamos a entender mejor ahora (siglo XXI): la religión no es un medio para prosperar y hacerse rico, sino que ha de entenderse y vivirse desde los pobres y excluidos.

Este descubrimiento, formulado así por Job, resulta chocante y ha dejado huellas en el mismo texto (21,16.18-21), corregido (según parece) por redactores piadosos posteriores que han querido cambiarlo con glosas o matizaciones (así lo indican los pasajes que he puesto en cursiva, entre paréntesis, 21,16.18-21, como añadidos posteriores, tema que ha sido interpretado de formas diversas por los comentaristas, desde Delitzsch y Dhorme, hasta Alonso-Sicre y V. Morla).

En esa línea, Job afirma que el mismo Dios de los impíos promete y ofrece felicidad a sus devotos, que «adoran» el Poder e imponen su falsa «justicia», de forma que podría invertirse la tesis de sus amigos, diciendo que en este mundo son más felices los perversos, que buscan el propio poder, oprimiendo a los demás, mientras que los verdaderos justos (como Job) han de estar dispuestos a padecer la injusticia, convirtiéndose en víctimas de los malvados.

Esa experiencia está en el centro de los «caminos adversos de Dios», pues ¡raramente se apaga la lámpara de los impíos! (21,17). Unas afirmaciones como esas, que parecen las originales del libro, han suscitado correcciones y glosas de copias, como las ya indicadas (21,16.18-21) que nos ayudan a entender las dificultades que ha encontrado el libro, cuya tesis de fondo se ha mantenido firme a pesar de las oposición de algunos que dirían (en la línea de los tres amigos): «Si a Dios le negamos la administración de la justicia en este mundo ¿qué le queda?».

3. *Más allá de una sanción moralista* (21,22-34). ¿Cómo se puede establecer y mantener una religión en la que Dios no castiga en el mundo a los culpables ni premia a los justos? ¿Para qué valen entonces las leyes del Pentateuco y los sacrificios de expiación del templo? ¿Cómo se puede creer en Dios si en el mundo todo acontece como si no él existiera?: «Uno muere en la plenitud de su vigor, estando aún alegre y en paz... Otro, en cambio, muere con ánimo amargado, sin haber disfrutado de salud. Pero ambos por igual yacerán en el polvo, y los gusanos los cubrirán a los dos» (cf 21,23-26). Eso han dicho a Job los caminantes de otras tierras: que hay malvados felices, venerados sobre la tierra, incluso tras la muerte, en el mismo sepulcro (cf 21,29-34).

Ciertamente, Job ha dicho «¡yo sé que mi Redentor vive!» (19,25), pero esa «sabiduría» no se aplica al triunfo externo sobre el mundo, ni puede tomarse como principio de acción en la tierra. Por eso, de un modo significativo, Job no ha querido crear una religión de «jobistas» morales, pues, en contra de lo que pensaba Sofar, la justicia de Dios no se establece en tierra en la línea del talión, pues hay malvados que mueren en paz, como si Dios estuviera con ellos, siendo casi «adorados» en la tumba. En una línea distinta (pero, en otro sentido, convergente), Jesús de Nazaret condenará más tarde la religión de los que construyen tumbas gloriosas para venerar la memoria de los que ellos mismos habían asesinado (cf Mt 23,27-28).

Tercer acto (22–27).
Senda antigua de los hombres perversos

Este es el acto final de la discusión dramática de Job y de sus amigos, quizá el más intenso, y textualmente el más complejo. Algunos comentaristas y traductores han cambiado el orden del texto para dar más claridad a los argumentos, con razones que iré evocando, pero he preferido dejarlo como está y comentar de un modo directo los discursos actuales de los personajes.

La primera dificultad o sorpresa está en el hecho de que aquí ya no intervienen, al menos de un modo directo, los tres amigos (Elifaz, Bildad y Sofar), sino solo Elifaz (11–24) y Bildad (25–27), a quienes Job ha ido respondiendo, antes del interludio de la Sabiduría (28) y de su soliloquio (29–31). Es posible que en otra redacción intervinieran los tres amigos, pero en esta redacción solo actúan Elifaz y Bildad, como si Sofar se retirara del debate, tras su dura intervención final que ya hemos visto (20) con respuesta de Job (20–21). En esa línea se podría añadir que algunos materiales de la tercera intervención de Sofar, con elementos de la respuesta de Job, han sido incluidos en el texto actual de los capítulos 24–27, en el contexto de la discusión entre Bildad y Job, como seguiré indicando.

1ª ronda: Elifaz y Job (22–24)

Incluye la última intervención de Elifaz (22) y la respuesta de Job, contenida en dos capítulos (23–24), que forman un único discurso. El rasgo más significativo del mensaje de Elifaz (22) es la alusión a la «senda antigua de los hombres perversos», que vincula el gesto y pecado de Job con el de los «hijos de Dios», violadores de mujeres (hijas de los hombres), tal como aparece en Gén 6,1-5 y en diversos textos apócrifos (inter-testamentarios: cf 1Henoc y Jubileos), que desarrollan con lujo de detalles el pecado supremo de los ángeles perversos. En esa línea, Elifaz identifica de hecho a Job con Satán.

La respuesta de Job (23–24) pasa de largo ante esa acusación velada de Elifaz, para insistir en su dolor (dolor de Job) ante la ausencia de Dios a quien no encuentra en ningún lugar del mundo (23), para insistir luego en la suerte más adversa y dolorosa de un tipo de hombres «inferiores» que parecen perseguidos por todos (24), que parecen vivir bajo un diluvio permanente de maldad, sin que Dios parezca ocuparse de ellos.

Elifaz (22). ¡Apártate! ¿Qué podrá hacernos Shadai?

El tema de fondo es el de 7,17 *(¿qué es el hombre para te que acuerdes de él?)*, evocado también en la discusión de Job con Sofar (20–21): ¿Qué hace Dios, cómo se ocupa de los hombres? Sofar acusaba a Job de ser injusto, de explotar y oprimir a los pobres. Elifaz retoma y endurece esa acusación, al compararlo con los perversos del diluvio (cf Gén 6-9), como causante de un nuevo cataclismo:

22 ¹Respondió Elifaz de Temán y dijo:

²«¿Será el hombre de provecho para Dios,
aunque lo sea para sí mismo?

³¿Le sirve a Shadai que seas justo y que tu conducta sea recta?

⁴¿Te reprobará porque le temas, irá contigo a juicio por ello?

⁵¿No lo hará más bien por tu maldad,
porque tus culpas son ilimitadas?

⁶Tomabas en prenda a tus hermanos
y quitabas su ropa a los desnudos.

⁷No dabas de beber agua al cansado y negabas el pan al hambriento.

⁸Tú, el hombre fuerte, dueño la tierra,
el distinguido que habitaba en ella...,

⁹a las viudas mandabas vacías y quebrabas el brazo de los huérfanos.

¹⁰Por eso estás rodeado de trampas y te turba un espanto repentino,

¹¹estás en tinieblas y no ves, y te cubre una avalancha de agua.

¹²¿No está Eloah en lo alto?
¡Pues mira en la altura las estrellas, qué elevadas!

¹³Y has dicho: ¿Qué sabe Dios?
¿Podrá él juzgar a través de esta espesa nube?

¹⁴Las nubes lo velan y él (Dios)
no puede ver mientras pasea por el cielo.

¹⁵¿Quieres seguir acaso la senda antigua,
que siguieron los hombres perversos,

¹⁶arrastrados antes de tiempo,
cuyos cimientos se derramaron como un río?

¹⁷Ellos decían a Dios: "¡Apártate de nosotros!
¿Qué podrá hacernos Shadai?".

¹⁸Pero él había colmado sus casas de bienes
y ellos le excluían de sus planes.

¹⁹Los justos al verlo se alegraban, los inocentes se burlaban de ellos.

²⁰Se han acabado sus posesiones, el fuego ha devorado su opulencia.

²¹Hazte ahora amigo de él y tendrás paz; y la prosperidad vendrá a ti.
²²Toma ahora la Ley de su boca y pon sus palabras en tu corazón.
²³Si retornas a Shadai serás reedificado
y alejarás de tu morada la aflicción.
²⁴Y encontrarás oro en el polvo;
y bajo las piedras del arroyo, oro de Ofir.
²⁵¡Shadai será tu oro y tendrás la plata de mayor pureza!
²⁶Entonces te deleitarás en el Omnipotente
y alzarás a Eloah tu rostro.
²⁷Orarás a él y él te oirá; y tú cumplirás tus votos.
²⁸Lo que tú decidas se realizará,
y sobre tus caminos resplandecerá la luz.
²⁹Cuando estén abatidos, dirás: "¡Enalteceos!".
Y Dios salvará a los humildes.
³⁰Él rescatará incluso al culpable;
por la pureza de tus manos serás liberado».

Elifaz, el primero de los acusadores, plantea aquí la pregunta clave sobre las relaciones del hombre con Dios, una temática internamente vinculada con la relación de los hombres entre sí. Desde esta perspectiva se plantea la revelación más honda de la historia Israel, su aportación bíblica suprema:

1. *¿Será el hombre de provecho para Dios? Un tema de justicia* (22,1-11). A diferencia de las religiones del entorno y del mismo budismo (con el que estoy comparando el mensaje de Job), el Dios bíblico es persona, esto es, actúa en todo el universo como principio y meta de amor (cf Éx 3,17; Dt 6,4-6). Pero Elifaz no lo ve y pregunta: «¿Será el hombre *(=geber)* de provecho (útil) a Dios?... ¿Le servirá a Shadai que tú seas justo (תִּצְדָּק, *tizdaq)*, íntegro o recto?» (cf 22,2-3).

De un modo sorprendente, estas preguntas nos retrotraen al principio del libro de Job, allí donde el mismo Dios presumía ante Satán, diciéndole que Job era justo y recto *(tzadik, tam:* cf 1,8). A partir de ese punto ha discurrido la trama del libro. Pues bien, ahora (como si fuera representante de Dios), Elifaz plantea a Job la pregunta central: ¿Crees que tu justicia y rectitud le importan a Dios?

El tema de fondo aparecía de un modo semejante en Buda, cuando investigaba el origen del dolor. Pero Buda prescindía de Dios, lo dejaba en la sombra, para ocuparse de su liberación en el «nirvana». En cambio, Elifaz, lo mismo que Job, viene de un contexto de fuertes contiendas teológicas y sociales, y por eso pregunta no solo por Dios, sino por la justicia de Job, retomando el argumento de Sofar: «Devoró riquezas, explotó y desamparó a los pobres...» (20,13.20-21).

Ciertamente, en un sentido, Job no es de provecho para Dios, pero su relación con los demás es muy importante para él: «¿Te reprobará Dios porque le temas...? ¿No será por tu inmensa maldad y por tus iniquidades infinitas? (Porque) sin razón tomabas prenda de tus hermanos y quitabas sus ropas a los desnudos. No dabas de beber agua al cansado y negaste al hambriento pan» (cf 22,4-10). En esa línea, el hombre es de provecho para Dios, porque a Dios le importa la relación de un hombre con otros (cf X. Pikaza, *Hermanos de Jesús y servidores de los más pequeños. Mt 25,31-46,* Sígueme, Salamanca 1984).

2. *Ruta antigua de los hombres perversos, razones del diluvio* (22,12-20). La relación del hombre con Dios va unida a su relación con otros hombres, como aparece en el símbolo de la perversión de los «hijos de Dios» que violaron al princi-

pio a las mujeres, hijas de los hombres, introduciendo en la tierra la violencia sexual y social. En esa línea pregunta Elifaz a Job: «¿Quieres tú acaso seguir la senda antigua de los hombres perversos, arrastrados prematuramente, cuando el diluvio inundó sus cimientos?» (cf 22,15-17).

Elifaz pone así a Job en el contexto de aquellos perversos antiguos (Gén 6-8), que se alzaron contra Dios y la justicia humana, en especial contra las bellas hijas de los hombres, a las que violaron... Ellos suponían (como Elifaz parece decir de Job) que Dios pasea a su placer sobre las nubes (ocupado de sí mismo), sin fijarse en los pecados de los ricos violadores (cf X. Pikaza, *Antropología bíblica,* Sígueme, Salamanca 2005).

Entre esos violadores de sendas perversas, ha puesto Elifaz a Job, hombre fuerte, distinguido (22,8-9), en un contexto donde se vincula la violencia sexual y social de los gigantes, *giborim,* que entonces surgieron, oprimiendo y destruyendo la vida de la tierra. En esa línea la respuesta de Job (cf 23-24 y 29-31) se puede y debe interpretar de dos formas:

- *Elifaz compara a Job con los perversos del diluvio:* «¿Quieres tú seguir la senda...?» (22,15). Así le acusa de ser (querer ser) prepotente y opresor, violento y violador, promotor de un nuevo diluvio destructor sobre la tierra.

- *Job, en cambio, acusa de ese pecado (la ruta antigua de los hombres perversos) a Elifaz y sus amigos,* diciendo que en realidad son ellos los violentos/violadores, opresores de los pobres y promotores de un juicio perverso en contra de él.

3. *Mensaje penitencial: Arrepiéntete* (22,21-30). Elifaz ha vinculado a Job con los perversos del diluvio, causantes de la gran catástrofe del mundo (cf Gén 6–9), pero no lo ha condenado del todo, pues le pide que se arrepienta y vuelva al Dios verdadero: «Hazte ahora amigo de él y tendrás paz; y la prosperidad vendrá a ti... Si retornas a Shadai serás reedificado y alejarás de tu morada la aflicción» (cf 22,21-25)

Estas palabras forman parte de una liturgia penitencial de conversión por la que Elifaz, sacerdote-sabio, pide a Job (representante de Israel) que se arrepienta, es decir, que habite en/con él en su *shekina* o santuario, que puede ser el templo de Jerusalén o el templo universal del cosmos. Y, si lo hace, sigue el texto, «tendrá la paz» (וֹשָׁלַם) que Dios prometió a los hombres al principio (Gén 1): «Entonces te deleitarás en Shadai (el Omnipotente) y alzarás a Dios (Eloah) tu rostro. Orarás a él y él te escuchará... Y cuando (los hombres) estén abatidos, dirás: ¡Sean enaltecidos! Y Dios salvará al de mirada humilde...» (22,26-30).

Este pasaje forma parte de la experiencia penitencial de los judíos de la restauración, tras el exilio. En un sentido tiene aspectos buenos, pero en otro es profundamente mentiroso, pues acusa a Job de haber pecado, en contra de lo que dirá al final el mismo libro (cf 42,7-17), ofreciendo así una solución que no es de sometimiento y penitencia por el pecado, sino de iluminación de Dios, en gratuidad creadora, por encima del tipo de justicia del talión.

Job (23–24). Disputaría con él, ganaría mi causa

Job responde a la corrección final de Elifaz (22), que le conmina a que confiese su pecado y vuelva al Dios de la Ley y de la Paz. Ciertamente, Elifaz y sus amigos parecen buscar el «bien» de Job, pero le necesitan cautivo, sometido bajo un tipo de ley del talión, bajo un orden religioso controlado por ellos. En la línea de todo lo anterior, Job responde de forma respetuosa, pero firme, rechazando el sometimiento victimista que quieren imponerle, bajo el dictado de la religión sacrificial de sus amigos, que se presentan como justos guardianes de un orden social y religioso, que ellos controlan expulsando y/o sometiendo a las víctimas, al servicio de su sistema, siempre que se arrepientan.

Estos dos capítulos (23-24) forman un único discurso, pues 24,1 no es el encabezamiento de un nuevo discurso (como en 23,1), sino simple continuación de lo anterior. En este contexto resulta fundamental la referencia de Job a los diversos tipos de oprimidos y malvados, entre los que destaca un tipo especial de personas marginadas, sin culpa propia, expulsadas del orden establecido de los poderosos.

23 ¹Respondió Job y dijo:

²«Hoy también me quejo y me rebelo,

porque su mano produce mis gemidos.

³¡Quién me diera saber dónde está, para llegar al lugar donde habita!

⁴Expondría mi causa ante él y llenaría mi boca de argumentos.

⁵Me gustaría conocer sus palabras de respuesta,

y escuchar lo que me diga.

⁶¿Litigaría él conmigo con su gran poder?

Ciertamente, no; él solo me miraría,

⁷pero, siendo justo, yo disputaría con él y podría así ganar mi causa.

⁸Pero si marcho al oriente, no lo encuentro;

si al occidente, no lo descubro.

⁹Si me dirijo al norte, donde muestra su poder, yo no lo veo;

si me vuelvo hacia el sur tampoco lo distingo.

¹⁰Pero él conoce mi camino: si él me probara, yo saldría como el oro.
¹¹Mis pies han seguido sus pisadas;
guardé su camino, sin apartarme de él.
¹²Nunca negué sus mandatos,
más que mi voluntad cumplí sus palabras.
¹³Pero si decide una cosa ¿quién le hará cambiar?
Cumple todo lo que quiere.

¹⁴Él ejecutará mi sentencia,
y muchas cosas semejantes que ha decidido.
¹⁵Por eso, me espanto en su presencia, y me estremezco al pensarlo.
¹⁶Dios ha abatido mi corazón y Shadai me ha puesto en confusión.
¹⁷Ojalá yo hubiera sido aniquilado,
que la oscuridad cubriera mi rostro.

24 ¹¿Por qué Shadai no revela sus plazos y los fieles ignoran sus días?
²(Los malvados) mueven los linderos, roban ganados y los retienen.
³Llevan el asno del huérfano y toman en prenda el buey de la viuda.
⁴Expulsan a los necesitados,
los pobres han de esconderse ante ellos.
⁵Como onagros del desierto salen de faena, madrugan por la presa.
¡Recogen en el desierto el sustento de sus hijos!
⁶Buscan en el campo comida del ganado,
rebuscan la viña de los ricos.
⁷Pasan la noche en desnudez, sin ropa, sin cobertura contra el frío.
⁸Se empapan de lluvia en los montes
y bajo las peñas, faltos de refugio.

⁹Quitan del pecho a los huérfanos,
y llevan destrucción sobre los pobres.
¹⁰Hacen caminar sin ropa al desnudo,
quita la gavilla a los hambrientos.

[11]Entre muros exprimen aceite;
pisan lagares de vino, y mueren de sed.
[12]En la ciudad, los moribundos gimen
y el alma de los oprimidos clama,
pero Eloah no atiende sus peticiones.
[13]Hay otros que se han rebelado contra la luz,
no conocen sus caminos, ni permanecen en sus sendas.
[14]Al amanecer se levanta el asesino,
que mata al indigente y al pobre,
aquel que en la noche actúa como un ladrón.
[15]Y el ojo del adúltero vigila entre dos luces, diciendo
ningún ojo me reconocerá y pone un velo ante su rostro.
[16]A oscuras excavan por las casas;
de día se encierran, no ven la luz.
[17]Les da igual que sea mañana o noche,
conocen los terrores de la noche.

[18]Va ligero sobre las aguas; su herencia es maldita en la tierra;
no volverá más por el camino de las viñas.
[19]Sequía y calor secan las aguas de nieve;
así el *Sheol* a los pecadores.
[20]El vientre le olvida; le comerán los gusanos,
no será más recordado;
perece como árbol truncado el deseo del malvado:
[21]afligió a la estéril, que no había concebido,
y no hizo bien a la viuda,
[22]protegió a los poderosos;
los elevó, aunque no tuvieran esperanza de vivir.
[23](Dios) les concedió un descanso,
pero sus ojos vigilan los caminos.
[24]Fueron ensalzados por un poco,
pero después cesaron, de nuevo abatidos,

destruidos como todos los otros,
cortados como cabezas de espigas.
²⁵Y si no es así ¿quién me desmentirá
diciendo que mis palabras no tienen sentido?».

Este largo discurso (especialmente en el capítulo 24) resulta complejo, de manera que puede interpretarse de diversas formas, y, además, algunos suponen que incluye versículos que están interpolados, o que han sido traspuestos, o que, incluso, en principio, podrían atribuirse parcialmente a los adversarios de Job. Como es normal, algunos lectores o transmisores de los textos los han sentido extraños o se han sentido escandalizados por ellos, hasta llegar a cambiarlos. Yo los tomaré en su forma actual, para comentarlos de un modo que, a mi juicio, responde al conjunto del libro, aunque sin tener la certeza de haberlos entendido de un modo correcto.

1. *Gran deseo: dialogar con Dios* (23,1-12). Desde la perspectiva oficial de la ley del templo, del culto y del sometimiento religioso, Elifaz tiene razón; pero él propone y defiende una paz impuesta que Job no puede aceptar, pues se consigue y mantiene sometiendo a las víctimas, expulsando a los contrarios, manteniendo un orden sagrado por la fuerza. Por eso Job protesta contra el discurso de Elifaz y pregunta por Dios: «¡Quién me diera saber dónde está...! Expondría mi causa ante él y llenaría mi boca de argumentos... y escuchar lo que él me dijera» (cf 23,3-5).

Job no acepta la paz penitencial que Elifaz quiere imponerle, con lenguaje falsamente religioso, mientras él sigue muriendo en el estercolero, como un condenado al que exigen que confiese su pecado. Por otra parte, por más que lo quiera, no logra hallar a Dios, para dialogar con él, pues «si me dirijo al oriente, no lo encuentro; si al occidente, no lo veo...» (23,8).

Desde ese fondo sigue apelando al Dios supremo (¡yo sé que mi redentor vive: 19,23), sobre la imposición de sus amigos/enemigos, de Oriente y Occidente, sobre todo sistema sacral establecido, defendiendo su justicia: «Si me probara, yo saldría como el oro. Mis pies han seguido sus pisadas; guardé su camino, sin apartarme de él...» (cf 23,10-13). Confía en Dios, pero no puede exigirle que venga... Confía en Dios, pero no acepta la culpabilidad que le imputan los más fuertes. Confía en Dios y está seguro de que, *disputando con él, ganaría su causa,* como he destacado en el título, tomado de 23,7.

2. *Ojalá yo hubiera sido aniquilado* (23,13-17). Por eso, aunque confía, tiene miedo de ser rechazado, como dice el último verso anterior: «Si decide una cosa (¿si es *Uno?)* ¿quién le hará cambiar?» (23,13). Se ha pensado que la palabra *ehad,* אֶחָד, que he traducido *una cosa* podría aplicarse a Dios, que es Uno (cf Dt 6,4, *Yahvé 'Ehad,* el Señor es Uno).

No se puede negar esa posibilidad, pero es más probable que este pasaje quiera decir, simplemente que Dios «decide una cosa» y que esta no puede cambiarse por los deseos de los hombres. Por eso, aunque en un sentido confía en que Dios ratificará su inocencia, Job sigue teniendo miedo ante la decisión de Dios, *que es una* y no puede cambiarse. Por eso, hubiera sido mejor no existir: «Me espanto ante él cuando lo pienso, y tiemblo. Dios ha abatido mi corazón y Shadai me ha puesto en confusión. Ojalá yo hubiera sido aniquilado, que la oscuridad cubriera mi rostro» (cf 23,15-17).

Job vuelve así a los temas del cap. 3, cuando decía «maldito el día en que nací». En un sentido, la muerte hubiera sido mejor que estos males. Pero, en otro sentido, su mismo lamento (protesta) es un signo de vida, una forma de confianza, pues los animales no pueden protestar, ni las piedras oponerse a Dios, de forma que, si los hombres lo hacen, están mostrando que «creen» de algún modo en un Dios que se está manifestando de forma sorprendente, como seguirá diciendo todo el cap. 24.

3. *Ricos y pobres marginales, aborígenes excluidos del orden social* (24,1-8). Job empieza diciendo: «¿Por qué Shadai no fija plazos, para que sus fieles puedan percibir (testimoniar) sus intervenciones...?» (cf 24,1). Pero, como él piensa, Dios no lo hace, de manera que pueden triunfar en el mundo los malvados. Sus amigos lo han llamado a él «malvado», a lo que él se sigue oponiendo, pero en vez de responder de un modo directo (como hará en los caps. 29–31), lo hace exponiendo la situación de injusticia de su entorno, que no es culpa suya, sino del orden inicuo del mundo.

En ese contexto empieza distinguiendo dos tipos de personas: (a) Los *malvados ricos,* que son sin más culpables. (b) Los *oprimidos pobres* que habitan en cuevas, sin casa, a la intemperie, como si formaran parte de un grupo inferior de personas sometidas, excluidos, a las que Delitzsch ha tomado en su comentario como aborígenes pobres, tribus marginales, en la línea de todas las que han existido hasta su tiempo (siglo XIX):

~ *Dominadores ricos.* Son los triunfadores del sistema: «mueven los linderos, roban los ganados y los apacientan, llevan el asno de los huérfanos y toman en prenda

el buey de la viuda...» (24,1-2). Estos son los que se
enriquecen «según ley», pero en contra de la justicia
de Dios.

~ *Pobres excluidos (ebionim,* אֶבְיוֹנִים de 24,3). Por comparación con Job 30,18 (cf Job 15,19), pueden ser
aborígenes sometidos a nuevos invasores, como los
israelitas que tomaron la tierra de Canaán y margi-
naron a otros grupos que a su juicio eran «inferiores».
Entre esos aborígenes podrían estar los itureos de las
cuevas, sin tierras ni derechos reconocidos, como tribus
de pordioseros.

Los nuevos conquistadores semitas (arameos, israelitas,
amonitas, moabitas e incluso idumeos de tiempos de Job,
siglos V-IV a.C.) habían tomado las nuevas tierras; pero
a su lado, en los márgenes, pervivían y sufrían grupos de
aborígenes, pobres (empobrecidos, desposeídos), sin tierras
ni derechos, malviviendo de la mendicidad, la rapiña o
de pequeños servicios que ofrecían esporádicamente a los
grupos de asentados ricos.

4. *Ricos injustos y pobres oprimidos de su mismo grupo social*
(24,9-17). Junto a la división anterior, el texto parece evocar
otro tipo de oposición entre ricos opresores y pobres oprimidos que no son ya aborígenes excluidos, en el margen
de la sociedad, sino miembros empobrecidos de la misma
sociedad dominadora. Así podemos hablar (en perspectiva
israelita) de unos grupos que se han hecho poderosos y de
otros que han quedado sometidos. De ellos hablaron los
profetas de los siglos VIII-VII a.C. Job los presenta como
sigue:

- *Los ricos opresores* «quitan del pecho de la madre al huérfano *(yatôm, יָתוֹם)*, y llevan destrucción sobre el pobre *('ani, עָנִי)*. Al desnudo *('arôm, עָרוֹם)* hacen caminar sin ropas y a los hambrientos *(re'bim, רְעֵבִי)* les quitan las gavillas».

- *Los pobres oprimidos* «exprimen aceite dentro de sus muros; pisan lagares de vino, pero mueren de sed (no les dejan ni beber del mosto. En la ciudad gimen los mortales (condenados) y claman los oprimidos, pero Eloah no atiende su oración» (cf 24,11-12).

Parece que estos oprimidos (huérfanos, desnudos, hambrientos...) no provienen de pueblos «extranjeros» (aborígenes no integrados...), sino de los pueblos opresores, pero está claro que se encuentran sometidos, bajo el dominio de los dominadores del sistema socio-religioso defendido por Elifaz y sus amigos, sin que su «dios» los defienda. Desde ese fondo, Job rechaza la conversión simplista que Elifaz le ha pedido (suponiendo que los oprimidos son por principio malos), pues esa visión no responde a la estructura social del conjunto y Dios no responde (no atiende) a la plegaria *(tephila)* de los pobres.

El texto supone, además, que hay injustos propiamente dichos, malvados sin más *(ladrones, asesinos, adúlteros),* que se rebelan no solo contra el Dios del sistema, sino contra toda forma de entender la justicia en el mundo. Estos son básicamente los que roban, matan y adulteran (24,13-15), es decir, los que «pecan» contra los tres mandamientos centrales del decálogo (no matar, no robar, no adulterar: Éx 20,13-15). Son los que rechazan toda luz *('ôr, אוֹר)*, entendida no solo en sentido físico (roban, adulteran, matan en la noche...), sino también en sentido simbólico, como signo y presencia de Dios, conforme a la literatura sapiencial judía, y al evangelio de Juan. En esta línea, Job 24 ha ofrecido una visión relativamente completa de los momentos y matices más importantes del mal contra el que Job quiere oponerse.

5. *Un texto complejo, difícil de precisar* (24,18-25). Hasta aquí parecía relativamente claro: Job no podía aceptar el tipo de conversión que buscaba Elifaz, de forma que no solo mantenía su inocencia, sino que insistía en el pecado más amplio del sistema, poniendo de relieve la opresión de los pobres (de los grupos no integrados o de los oprimidos de la sociedad dominadora) y la maldad de los pecadores estrictamente dichos (ladrones, adúlteros, asesinos...).

A partir de aquí, en 24,18-25, el texto se complica, de manera que se han venido dando desde antiguo diversas interpretaciones, entre las cuales destaca la de aquellos que suponen que todo este pasaje forma parte del próximo discurso de Sofar (25). Aquí no puedo entrar en ese tema y tomo el texto como está, dejando abierta la posibilidad de que esos versos sean glosas añadidas por copistas/redactores, molestos por la tesis básica de Job, según la cual Dios (el Dios del sistema) permite que los impíos acaben su vida en «gloria» (sin sufrimiento ni castigo), mientras los piadosos padecen. Entre esas glosas posteriores y «ortodoxas» destaca este pasaje:

> Sequía y también calor secan las aguas de nieve; así el *sheol* «seca» (hunde en el olvido) a los que han pecado *(hat'au*, חָטָאוּ). El vientre (el seno que ha formado al pecador) le olvida; le comerán los gusanos, no será más recordado. Perece como árbol truncado el deseo del malvado que afligió a la estéril, que no había concebido, y que no hizo bien a la viuda... (cf 24,19-21).

Este es un testimonio clásico (ortodoxo) de retribución en línea de talión: así como desaparece ante el sol y calor el agua (en una zona seca, de desierto), así desaparecen los que pecan, comidos por gusanos, talados como árboles. Ciertamente, el glosista seguirá afirmando que los poderosos han sido a veces ensalzados, pero solo por poco tiempo, pues luego «no son», han sido abatidos, «cortados como espigas» (cf 24,22-24), para terminar diciendo: «Y si no es así ¿quién me desmentirá, diciendo que mis palabras no tienen sentido?» (24,25).

Estos versos (24,18-25) pueden tomarse como introducción al próximo discurso de Bildad (cf L. A. Schökel, *Nueva Biblia Española*, Cristiandad, Madrid 1975, 1350-1351), o incluso suprimirse como glosa contraria al mensaje propio de Job (cf L. A. Schökel en su nueva traducción: *Biblia del Peregrino*, Mensajero, Bilbao 2008). Yo he preferido conservarlos, como expresión de la complejidad del libro, que ha sido interpretado, interpolado y transmitido por la tradición masorética.

2ª ronda: Bildad y Job (25–27)

Estos capítulos, parecen desordenados y confusos, han sido reconstruidos y reinterpretados de formas distintas desde finales del siglo XVIII, sin llegar a un consenso. Aquí no puedo plantear (ni mucho menos resolver) los problemas histórico-filológicos de fondo, y así tomo el texto tal como ha sido recogido por la tradición canónica, atreviéndome con estas advertencias:

- *Las discusiones finales entre Job y sus amigos no han sido definitivamente fijadas por los redactores,* que, posiblemente, no han llegado a un acuerdo, ni en los motivos teológicos ni en el ritmo literario de las discusiones, de manera que han dejado el texto algo desordenado y quizá poco preciso, a fin de que los mismos lectores (u oyentes) lo interpreten, desde su situación y contexto.

~ *Por coherencia con los anteriores (4–21), estos capítulos deberían contener intervenciones de Bildad y Sofar con las respuestas de Job.* Pero el texto actual, tras la intervención de Elifaz y la respuesta de Job (22–24), parece que solo incluye la intervención clara de Bildad (Job 25), con los dos capítulos siguientes que pueden interpretarse de diversas formas.

~ *Los dos capítulos finales (26–27), incluyen sin duda una respuesta de Job,* pero con ella se mezclan y vinculan elementos que vienen de otro autor o autores y que, en principio, podrían atribuirse quizá a Sofar (o al mismo Bildad que hablado ya en el capítulo 25). Ciertamente, es raro que Sofar no intervenga de una forma expresa, pero quizá los redactores del libro no han encontrado un material distinto y propio para atribuírselo.

~ *La controversia de Job con sus amigos, que empezaba en Job 4, termina así en Job 27,* sin un verdadero «final» que la separe del «interludio» sapiencial de las minas (28). Quizá el autor/autores del libro han querido dejar el material así, abierto, a fin de que los mismos lectores interpreten y dividan el texto (25–27), vinculándolo y separándolo de Job 28 (interludio) y de 29–31 (monólogo de Job).

Bildad (25). Dios-Terror. ¿Cómo se justifica el hombre?

Este breve capítulo, puesto en boca de Bildad, segundo amigo de Job, ofrece la propuesta definitiva de un tipo de ortodoxia judía, en consonancia con la doctrina de la Ley (Pentateuco), el mensaje central de los profetas, la Teología del templo y la Literatura sapiencial, desde la perspectiva del sistema sagrado de Jerusalén. Sus palabras condensan los discursos anteriores de los adversarios de Job, en un contexto de sabiduría oficial israelita. Su contenido podía haberlo proclamado el mismo Job (aunque interpretando de un modo distinto el temor de Dios), pero el redactor lo ha puesto en boca de Bildad, que así aparece como portavoz de un tipo de ortodoxia israelita que se eleva de algún modo en contra de la novedad de Job y los «caminos adversos de Dios».

25 ¹Respondió Bildad, el suhita, y dijo:
²«El señorío y el temor están con él,
que hace la paz en sus alturas.
³¿Existe un número para sus ejércitos?
¿Y a quién no sobrepasa su luz?
⁴¿Cómo se justificará el hombre ante Dios?
¿Cómo será puro el nacido de mujer?
⁵Pues ni la luna es resplandeciente
ni las estrellas puras ante sus ojos,
⁶¿cuánto menos el hombre, ese gusano,
el hijo de hombre, una oruga?».

Este capítulo que, como he dicho, podría suscribirlo, de alguna manera, el mismo Job, recoge lugares comunes de la experiencia y teología israelitas, aunque con dos matizaciones: (a) *Bildad no introduce la problemática de las víctimas* que sufren y protestan, con lo que eso implica en la visión fundamental de los profetas y en la tradición del éxodo. (b) *Bildad apela al señorío y temor de Dios,* ofreciendo una respuesta de tipo básicamente impositivo, no de libertad del hombre y de diálogo con Dios desde la perspectiva de las víctimas. Con estas matizaciones, quiero comentarlo con detalle, aunque indicando que, según la estructura de conjunto del libro, no expone su palabra definitiva, sino la de un amigo/enemigo de Job, a quien deberá corregir Dios al final (42,7-17).

25,2a: *El Señorío y el Temor están en él.* La idea de señorío (en hebreo *mashal),* define de manera muy precisa el orden de Dios, su forma de dirigir el mundo y la vida de los hombres, no como dominio impositivo y violento, y mucho menos como venganza, sino como «sabiduría» organizadora, en la línea de Gén 3,16, donde esa palabra evoca la forma en que hombre y mujer comparten su camino, en colaboración, respeto y compañía, no en forma de violencia.

Como he señalado en Job 17,6, esa palabra *(mashal,* מָשָׁל*)* significa *proverbio,* sentencia de sabiduría, poema, conocimiento organizado y bien propuesto (cf libro de los *Meshalim,* Proverbios). El mundo y la historia aparece así como proverbio, poema de Dios, la experiencia más honda de una «recóndita armonía» (cf título del comentario de V. Morla, *Libro de Job. Recóndita armonía,* Verbo Divino, Estella 2017).

En esa línea, *Bildad* le dice a Job veladamente que él debe captar la armonía del mundo, del que forma parte, con su mismo dolor. Pero *Job* protestará contra esa «armonía» o proverbio, diciendo que ella (tal como la interpretan Bildad y sus amigos) no es de buen orden y justicia, sino de opresión dominadora, pues, según ella, la vida de los hombres no es melodía armónica de Dios, sino infierno de injusticia.

Significativamente, al lado de ese *mashal* entendido como armonía impositiva (que Job ha rechazado), destaca Bildad el *temor* de Dios, una experiencia clave de la tradición israelita, que estará en el centro y meta del gran canto a la sabiduría (Job 28), aunque con una diferencia esencial: (a) Bildad habla de *pahad*, פַּחַד, que en sentido estricto significa «terror». (b) Job 28 habla en cambio de *yir'at* (יִרְאָה, 28–29), que no es terror o miedo, sino veneración admirada e incluso gozosa.

Ciertamente, en principio, la palabra *pahad* puede significar «respeto», pero en una línea más próxima al terror impositivo que al amor gozoso, como muestra Gén 31,41, donde Jacob define al Dios de sus padres como *Pahad de Isaac*, Dios de la guerra santa al que todos (israelitas y gentiles) deben someterse. Al utilizar esa palabra, Bildad supone veladamente que Job está en combate contra Dios, a quien quiere vencer y dominar (como Jacob/Israel en la noche del vado de Jaboc, cf Gén 31,42; 32,26-33). De esa forma, en la línea de las intervenciones de sus dos amigos a lo largo el debate (Job 4–27), Bildad presenta a Dios como «armonía de terror», más que como libertad de amor para los hombres.

25,2b: *Él hace (=establece) la paz en las alturas...* Ese Dios del Terror y guerra santa (que reaparece en cierta apocalíptica judía y cristiana) actúa como vencedor celeste (ha impuesto la paz en las alturas). No es armonía de principios «ontológicos» (concordancia de opuestos), como quisieron Nicolás de Cusa (siglo XV) y Hegel (siglo XIX), sino Aquel que impone su victoria con violencia, tras haber sometido a los poderes adversarios, encarnados en monstruos del agua inferior o superior (Tehom y Tiamat, Serpiente satánica...).

Este motivo del Dios guerrero (Sebaot), hacedor de paz en sus alturas *(bimeromau,* בִּמְרוֹמָיו*),* aparecía en la mitología antigua, desde la India a Grecia, pasando por Mesopotamia y Siria/Canaán, de forma que *el Dios-Bueno* (Indra o Marduk, Baal o Zeus) derrota y somete al *Dios-Monstruo* del abismo, imponiendo su paz benefactora (¡violenta!) en todo lo que existe (cf X. Pikaza, *Para comprender hombre y mujer en las religiones,* Verbo Divino, Estella 1996; *El Señor de los Ejércitos,* PPC, Madrid 1997).

En ese contexto, partiendo del Dios vencedor, dentro del sistema cósmico-social, Bildad recuerda a Job que el origen y «razón» de la paz es la victoria impositiva de Dios, advirtiéndole así que él debe aceptarla, pues al rebelarse en contra de ella estaría rebelándose en contra del mismo Dios del cielo. Eso significa que no hay para el hombre otra paz que el sometimiento a los «poderes establecidos» (cf glosa no paulina de Rom 13,1-7), en contra del mensaje de conjunto del libro de Job (cf 42,7-17) y del Evangelio de Jesús, que no es la victoria violenta de Dios y la sumisión del hombre, sino la buena nueva de la libertad y el amor que Dios ha ofrecido a los hombres de un modo gratuito por Cristo en su muerte y resurrección.

Conforme a la palabra de Bildad (25,2b), Dios no ofrece a los hombres el regalo de su armonía gratuita de paz, sino que impone su terror a través de un ejercicio de violencia impositiva judicial (militar). El orden del mundo no se alcanza ni define por pactos, en la línea de la libertad del amor, sino a través de la violencia guerrera del Dios Vencedor (cf G. Aulen, *Christus Victor,* Wipf and Stock, Eugene 2003; original de 1931). Esta es la última palabra de Bildad (y de sus amigos) que exigen a Job sometimiento, no diálogo, en una línea que habría sido más destacada en el Corán.

25,3: *¿Existe un número para sus ejércitos? ¿Y a quién no sobrepasa su luz?* En este contexto, las estrellas se conciben como ejército dispuesto a la batalla, multitud innumerable de «hijos de la luz» (poderes astrales sagrados...), dispuestos en batalla contra los hijos de las tinieblas, como han destacado los esenios de Qumrán (cf *Manual de la Comunidad* y *Milhama,* Libro de la Guerra). Según eso, el orden del mundo es un orden marcial y proviene de una victoria militar de Dios, a la que Job debe someterse.

En un sentido, Job podría aceptar esta visión del Dios Sebaot (de los ejércitos, guerrero), pero no concibe su victoria como expresión de terror, *pahad.* Conforme a esta experiencia del Dios guerrero de *Bildad,* Job se hallaría situado entre los enemigos, como adversario de Dios al que se debe someter con reverencia y miedo, aceptando su derrota como principio de salvación. En contra de eso, *Job* responde que él no es enemigo de Dios ni forma parte de sus adversarios míticos bestiales, sino que es verdadero amigo de Dios.

Job no acepta a un Dios que pretenda doblegarlo, ni quiere mentirle confesando que ha pecado sin haberlo hecho, ni está dispuesto a obedecerle por terror, sino en libertad y justicia (que en el fondo es amor). Por eso no admite el argumento de poder/terror de Dios que quieren imponerle sus amigos, a pesar de que así podría ser rehabilitado.

25,4: *¿Cómo se justificará el hombre ante Dios? ¿Cómo será puro el nacido de mujer?* Hemos comentado este motivo en Job 9,1-2 y 14,1, pasando del plano anterior (político-social), al más antropológico-sacral, donde emergen elementos de impureza sacral, relacionados con el nacimiento de los hijos de mujer, entre sangre impura. Suponiendo conocido lo allí dicho, aquí me ocupo de la identidad y sentido del hombre ante Dios.

Un tipo de religión define al hombre como siervo, sacralizando la obediencia como sumisión a Dios, ratificando así el orden de los triunfadores del sistema (reyes, sacerdotes, ricos...). Pero una religión de ese tipo acaba justificando la opresión de las víctimas (pobres, excluidos) a las que por un lado margina y por otro dice que esa marginación es signo y consecuencia de la voluntad de Dios, siendo así buena para ellos (los marginados, las víctimas), pues su salvación se identifica con el sometimiento.

En esa línea, los pobres y excluidos como Job (los derrotados) sirven a la sociedad (=se salvan) siendo «chivos expiatorios» de la santidad de Dios y del orden económico, político y sacral del sistema, como Bildad sigue diciendo (pidiendo, exigiendo) a Job que se someta, inclinándose bajo Dios, pues incluso la luz de la luna es débil y las estrellas oscuras ante él. Según eso, nadie tiene el derecho de elevarse ante Dios y pedirle «razones» (como Job ha hecho y sigue haciendo en su alegato). Si la luna no es clara y las estrellas no son limpias, mucho menos lo será alguien como Job. Eso significa, que Job no tiene ningún derecho a pedir cuentas a Dios ni a criticarle, sino que debe someterse ciegamente a su dominio sobre el mundo.

Bildad no acusa externamente a Job, no le reprocha nada ni lo condena. Pero le sitúa bajo el orden sagrado de Dios, que él debe admitir, incluso (y sobre todo) desde su situación de víctima, en el interior de una armonía que es recóndita, pero que de hecho está al servicio de los triunfadores. Pues bien, como he venido diciendo en esta lectura del libro, desde la ceniza donde está sentado, esperando la muerte como víctima, Job ha protestado y protesta contra el Dios de esa «armonía que él vincula con imposición y dictadura» de los poderosos. Por eso, en contra de esta paz impuesta sobre las estrellas, Job no puede aceptar al Dios guerrero que le quiere víctima para mayor gloria suya y del sistema.

Bildad y/o Sofar (26). Sombras de Dios, canto al miedo

Este capítulo consta de dos partes con tono y sentido distinto. La primera (26,1-4) parece de Job y así la quiero presentar por separado. La segunda (26,5-14) puede atribuirse a Bildad (cambiando el orden del texto y situando estos versos tras 25,6), o quizá a Sofar que así intervendría por tercera vez (como era de esperar). En esa línea habría que empezar con 26,5-14 (acusación de Sofar), pero yo prefiero comentar los textos conforme al orden actual de la Biblia, pues también así ofrecen buen sentido.

1. *Ironía de Job. ¡Qué gran talento tienes!* (26,1-4). Estas palabras de respuesta al cap. 25 son irónicas. Job no discute la sabiduría de Dios, ni la raíz de su temor, ni la posible verdad abstracta del discurso de Bildad, pero destaca su falta de sentido en el contexto de disputa en el que se sitúan:

26 ¹Respondió Job y dijo:
²«¡Qué bien has sostenido al débil!
¡Cómo has protegido al brazo impotente!
³¡Cómo has aconsejado al ignorante, qué gran talento tienes!
⁴¿A quién has dirigido tus palabras?
¿De quién es el espíritu que procede de ti?

No está en juego el poder de Dios (cosa evidente para Job), ni su fuerza militar, ni su victoria sobre el caos y la muerte, ni su santidad en general, sino su justicia con los hombres, y en especial su forma de responder al sufrimiento de los pobres y excluidos. Job indica así que, al presentarse a Dios como él lo hace, Bildad no advierte (no quiere advertir), que está justificando el sufrimiento de Job y su condena. Hay en su ironía dos temas principales:

- ~ *La falta de solidaridad de Bildad y de los amigos* que, en vez de haber comprendido, acompañado y ayudado a Job en el dolor, han reforzado y reafirmado su culpabilidad y castigo, siendo de hecho portadores y representantes de la condena de un Dios de terror.
- ~ *La necesidad de superar a un Dios guerrero del talión*, en una línea que los nuevos creyentes de Israel (como Isaías II) habían empezado a explorar. Este es el verdadero motivo de fondo del libro de Job, la superación de un juicio, que se impone y ejerce por guerra y victoria del más fuerte.

Siendo distintos, esos dos temas se vinculan e implican mutuamente. (a) *Job había pedido a sus amigos compasión* (¡piedad de mí, piedad de mí...!, 19,21), pero ellos le han respondido atacándole más, de forma que lo han condenado y herido con más fuerza. (b) *Esos amigos han puesto el terror de Dios (¡entendido como verdad teológica!) por encima del amor que Job les ha pedido*. Por eso, él se queja y les dice, con triste ironía: «¡Qué bien has (habéis) sostenido al pobre...!».

Buscando la justicia de Dios, al servicio de una ley que justifica el poder de reyes y jueces, con la imposición del «sistema» dominante, los amigos han abandonado a Job en su dolor, en vez de acompañarle y consolarle, como parecían querer al principio (cf 2,11-13). En vez de escuchar la queja de Job y mitigar su pena, ellos siguen desgranando su monotemático argumento sobre el poder de Dios, para justificar así el sufrimiento de Job. Esta es la ironía: mientras él sufre, falto de consuelo, *sus amigos cantan las glorias de un Dios* que, conforme a su principio del talión, por encima del amor, debe condenarlo.

2. *Las sombras y los pilares del cielo tiemblan. Acusación de Bildad* (26,5-14). En esa línea, en vez de aliviar su dolor, mientras Job sigue sufriendo, Bildad insiste en condenarlo, según la teología universal del talión *(pahad/*terror) de Dios:

26 ⁵Las sombras (*rephaim*) tiemblan bajo las aguas,

y todos cuantos las habitan.

⁶El *Sheol* está desnudo ante él

y *Abbadón* sin nada que le cubra.

⁷Él extiende el norte sobre el vacío,

establece la tierra sobre la nada.

⁸Encierra las aguas en sus nubes,

y las nubes no se rompen con ellas.

⁹Encubre la faz de su trono y sobre él extiende su velo.

¹⁰Pone límite a las aguas, hasta la frontera entre luz y tinieblas.

¹¹Los pilares del cielo tiemblan, y se espantan de su amenaza.

¹²Despierta con poder al mar,

y con su mente destruye en piezas a *Rahab*.

¹³Por su aliento hermoseó los cielos

por su mano formó a *Nahas* fugitiva.

¹⁴Hasta aquí alcanzan sus caminos.

De ellos solo escuchamos un murmullo,

porque el estruendo de su poder ¿quién podrá entenderlo?».

Según estas palabras, Job tendría que inclinarse ante el Dios que domina con fuerza en las aguas superiores e inferiores, un Dios-Terror, más fuerte que Abbadón, el Exterminador, Señor de los pavores y el terror al que solo podemos responder temblando. Bildad presenta así el gobierno de *Pahad,* que es el terror superlativo (cf 25,2), exigiendo a Job que se someta bajo el dosel del pánico sagrado, inclinándose al gobierno de terror de Dios, que domina no solo en este mundo, sino en las aguas altas y en el *Sheol* de abajo.

En un contexto semejante, cierto budismo ha dicho que un tipo de terror (dolor) más alto domina a los hombres a través de sus deseos, de forma que solo allí donde los hombres superan el terror, liberados del miedo, podrán adentrarse en una vida liberada o del nirvana. En un contexto semejante sitúa Bildad los *rephaim,* sombras de Abismo, morada de Abbadón, el Exterminador, con *Rahab,* con *Nahas* la serpiente (cf 28,22; 31,12), no para liberarnos del miedo y ser libres, sino para introducirnos en su hondura con más fuerza.

En esa línea, estas palabras sobre los *rephaim* o espíritus de muerte, con *Sheol*/Abbadón, quieren transmitir un mensaje de «condena», en especial cuando se proclaman, como aquí, en contra de Job, para decirle que se someta bajo el Dios de ese terror sagrado. De esa forma avisa Bildad a Job que debe someterse, pues si no lo hace, si mantiene su protesta, será solo una sombra perseguida eternamente por terrores, identificándose con ellos. De esa forma le conmina, diciendo que se incline, pues no hay más libertad que el sometimiento (en contra de eso, para Buda la libertad está en el no-deseo). Pues bien, en contra de Bildad, según Job la libertad no es la sumisión, ni la superación de los deseos, sino el descubrimiento y deseo de un Dios de amor.

Ciertamente, la visión de *terror armonioso* de Bildad tiene aspectos que pueden parecer valiosos: «(Dios) encierra las aguas en sus nubes, y las nubes no se rompen bajo ellas. Encubre la faz de su trono y sobre él extiende su nube. Pone límite a la superficie de las aguas, hasta la frontera entre luz y tinieblas» (cf 26,8-10). Sin duda, en una línea, el asombro ante el mundo es un camino de revelación, como seguirá diciendo el libro de Job. Pero, tomada en sí misma, esa visión termina encerrando al hombre en la peor de las cárceles, la del Dios-Terror supremo (26,11-13).

Sabemos que es grande la gloria del Dios de Isaías (6,1-6), con el ascenso divino de 1Henoc 14, como podría seguir diciendo Job 26,14. Pues bien, a pesar de ello, conforme a la visión total del libro, esta gloria puede convertirse en falsa, pues lo que Job busca no es el Dios del Terror soberano que pregonan sus amigos, sino el Dios Justicia salvadora, en libertad. En la línea del Dios de los ejércitos (25,2-3), este pasaje (26,5-14) ha podido seguir proclamando la victoria del Dios guerrero sobre las huestes del caos, un Dios que somete a *Rahab* (fuerza del caos) y a *Nahas*, serpiente fugitiva (constelación del Dragón o Vía Láctea), pero Job no quiere someterse a Dios desde la basura del estercolero, sino dialogar con él.

Job, Bildad y/o Sofar (27). Protesta y condena de Job

Este capítulo retoma la estructura del anterior, aunque quizá podía haber cambiado el orden de los versos, poniendo primero el discurso de uno de los amigos (27,8-23), con sus consideraciones finales sobre el destino que espera a los malvados, y después la palabra de Job que confirma y ratifica su propuesta (27,1-7). A pesar de ello he respetado el orden y argumentos del texto canónico:

1. *Job rechaza a sus «amigos»* (27,1-7). Conforme a la lógica de sus discursos anteriores, Job interpela (en el fondo apela) al Dios que lo oprime, y lo hace en forma de juramento: «¡Vive Dios!» (חַי־אֵל, *Hai El)*. De esa manera se sigue oponiendo al Dios del sistema político-social al que se aferran sus amigos para condenarlo (cf 27,2-4), condenándolos a ellos (27,5-7).

27 ¹Continuó Job tomando su discurso y dijo:
²«¡Vive Dios, negador de mi derecho,
y vive Shadai, que ha amargado mi alma:
³Mientras mi aliento esté en mí
y el espíritu de Eloah en mis narices,
⁴mis labios no hablarán lo falso
y mi lengua no pronunciará mentira!
⁵¡Ay de mí si os justifico!
¡Hasta la muerte mantendré mi inocencia!
⁶Me aferro a mi justicia, y no cederé;
mientras viva, no me reprochará mi corazón.
⁷¡Que mi enemigo aparezca como malvado,
y el que se eleva contra mí, como inicuo!».

27,2-4: *Job apela (jura) a Dios:* «Mientras mi Aliento *(nishmati,* נִשְׁמָתִי) esté en mí y el Espíritu o *Ruah* (רוּחַ) de Dios en mis narices...». Satán había sostenido ante Dios que Job le negaría (Job 1–2), pero Job se ha mantenido fiel, sin falsedades. De esa forma muestra la falsedad del sometimiento que sus amigos le exigían, pues va en contra de Dios y de su misma vida humana, y por eso ha mantenido su justicia *(tsidqati,* צִדְקָתִי), rechazando el sistema de opresión de sus amigos jueces, que toman a Dios como poder de sumisión.

No se trata de un pequeño debate sobre aspectos secundarios, sino sobre la misma vida humana, que sus enemigos quieren convertir en «mentira» organizada, al servicio de la imposición de unos y del sometimiento de otros. Visto así, el libro de Job ha de entenderse como manifiesto en contra de la sumisión política y/o religiosa, y a favor de la libertad.

Sus amigos necesitan (quieren) un Dios de imposición, para tener sometidos a los hombres. En contra de eso, Job apela a la verdad y libertad de Dios, confesando su inocencia aunque ello le obligue a vivir y morir en el estercolero. En esa línea, cuando dice que «mis labios no dirán nunca mentira» (falsedad), Job se está comprometiendo a mantener su integridad y autonomía, sobre la mentira del sistema.

~ *Por un lado, él mantiene su verdad ante un «dios» que le pide sumisión.* En esa línea, su palabra es un testimonio de «libertad de conciencia», no solo ante aquellos que le acusan, sino ante un tipo Dios que podría esclavizarlo.

~ *Por otro lado, él abre un camino de libertad en comunión entre los hombres.* Solo así, desde su condición de víctima que protesta y quiere libertad, Job puede iniciar un tipo de convivencia no opresora, en esperanza, desde los expulsados y oprimidos.

Job se eleva así sobre sus jueces, pues la verdad no es imposición de poder, ni dictado de unos triunfadores. De esa forma, él emerge como testigo del Dios liberador al que invoca desde el basurero de la historia.

27,5-7: Job mantiene su inocencia. Le piden que ceda y que confiese su pecado, para alcanzar de esa manera un tipo de perdón. Pero él mantiene su verdad, y se opone hasta el final a los que quieren someterlo a su dictado, diciendo a sus amigos: «¡Ay de mí *(halilah li)*, si os justifico!». De esa forma rechaza la *tzedaka* (autoridad, justicia) de sus pretendidos jueces, ratificando su inocencia, es decir, su rectitud, de la que el mismo Dios se gloriaba, al presentarle ante Satán como *ish tam,* hombre perfecto (cf 1,8).

De manera ya definitiva, al final de sus discursos, en el gran debate con los tres «amigos» (4–27), Job les dice que ellos no son testigos de Dios, sino representantes de Satán. Así debe afirmarlo si quiere mantenerse fiel a su verdad, de manera que su corazón no le reproche nada. Sus «amigos» jueces han venido prometiéndole «perdón» (un tipo de amnistía) si se confiesa pecador y se arrepiente. Pero él no quiere ni puede mentir, y de esa forma se mantiene, ratificando su justicia verdadera contra la falsa justicia de sus jueces, a quienes define al fin, como deshonestos, y así rubrica su sentencia: «¡Que mi enemigo aparezca como malvado, y el que se eleva contra mí como inicuo!».

Sentado sobre el polvo y la basura del estercolero, condenado a muerte, Job ha rechazado la mano del perdón injusto que quieren ofrecerle sus jueces, pues no quiere morir en la injusticia que ellos le proponen, llamándolos (veladamente) *malvados* e *inicuos,* representantes del mal, esto es, de Satán, no de Dios, sus enemigos *('oiebi,* אֹיְבִי). Si los hubiera escuchado estaría avalando la opresión, la injusticia organizada del sistema.

2. *Sentencia final de los amigos: condena de Job* (27,8-23). Tras la declaración de inocencia de Job (27,1-7) y en contra de ella, el libro incluye la última palabra y sentencia de uno de sus tres amigos, que puede ser Bildad (cuyo discurso final

empezó en Job 25) o Sofar, cuya tercera intervención habría sido incluida en estas últimas palabras. Como he dicho, se podría haber cambiado el orden de las dos secciones, poniendo primero la sentencia de los amigos (27,8-23) y después la de Job (27,1-7). Pero he preferido mantener el texto, acabando así esta sección (4–27) con la palabra de uno de los tres amigos:

27 [8]«¿Qué espera el malvado, cuando muere,
cuando Eloah le quite la vida?
[9]¿Escuchará Dios su clamor cuando venga sobre él la tribulación?
[10]¿Acaso goza el malvado en Shadai?
¿Podrá invocar siempre a Eloah?
[11]Yo os instruiré sobre el poder de Dios;
no esconderé lo referido a Shadai.
[12]Todos vosotros lo habéis visto
¿por qué, pues, os envanecéis en vano?
[13]Esta es la suerte del impío con Dios,
su herencia con el Omnipotente.
[14]Si sus hijos se multiplicaran, serán para el cuchillo,
no se hartarán de pan,
[15]y los otros serán sepultados por la peste; y no llorarán sus viudas.
[16]Si amontona plata como polvo, si prepara ropa como barro,
[17]él la preparará, pero la vestirá el justo
y el inocente repartirá la plata.
[18]Edificó como la polilla su casa
y como cabaña de pastor que se destruye.
[19]Rico se acuesta, no lo será más: cuando abra los ojos, nada tendrá.
[20]Se arrastran terrores como inundación,
de noche lo arrebata un torbellino.
[21]El viento del este lo levanta y lleva,
y la tempestad lo arrastra de lugar.

²²Descarga contra él sin compasión,
y él no puede ni huir amedrentado.
²³Muchos baten contra él las manos
y le silban para que huya de su lugar».

Job ha llamado a sus jueces *rasha'*, רשע, esto es, malvados, y ellos le responden diciendo que son justos y condenando a Job como malvado. Las palabras de este discurso recogen, confirman y culminan de algún modo todos los anteriores de los tres amigos, insistiendo en el castigo de los pecadores, entre los que sobresale Job. Ellos no pueden torturarlo y matarlo de un modo externo, pero le amenazan con miedos de muerte, si rechaza su dictado, si no acepta su condena.

Job había refutado y superado el dogma del castigo-talión de los impíos, conforme a una justicia superior de Dios, pero sus amigos/enemigos vuelven a lo mismo, al miedo de la muerte/infierno, como si esta fuera la razón suprema: «Si sus hijos se multiplicaran, serán para el cuchillo o la peste» (27,14-15). «Rico se acuesta, pero no lo será más: cuando abra los ojos, nada tendrá» (27,19). «Le arrastran terrores como inundación, de noche lo arrebata un torbellino» (27,20).

Estas y otras amenazas de los jueces se dirigen concretamente a Job, pero tienen un sentido universal, pues ellos quieren imponerse sobre el mundo por sometimiento y miedo, en nombre de un Dios al que identifican, por un lado, con su propio poder (su salvación), y por otro con el castigo y sumisión de los malvados. Este juicio recoge la situación de efervescencia social y religiosa de Israel entre el VI y el IV a.C., cuando los judíos en conjunto realizaron un inmenso ejercicio de conocimiento, en línea de restauración (imposible) de lo antiguo y de creación (muy difícil) de lo nuevo.

Interludio (28).
Himno a los mineros,
canto a la Sabiduría

El capítulo 27 y toda la primera parte del libro (4–27) han terminado sin resolver la discusión entre los amigos, que apelan al Dios de su poder, y Job, que rechaza su argumento porque identifican a Dios con el orden social de los triunfadores, teniendo así que condenarlo a él. En defensa propia, *los amigos de Job* han defendido la racionalidad del mundo y de la sociedad que ellos presiden, pero lo hacen en clave de poder, para justificarse a sí mismos, como si Dios los hubiera nombrado como sus representantes en la tierra, en contra de Job que apela a un Dios de armonía y de gracia más alta.

Pues bien, en este momento, a modo de conclusión de la primera parte (4–27: debate dramático en tres actos entre Job y sus amigos) e introducción a la segunda (29,1–42,6), que tratará del juicio de Job, que avanza a través de tres largos discursos (de Job, Elihú y Dios), para desembocar en la breve sentencia final (42,7-17), el redactor del libro ha introducido este interludio dedicado a la sabiduría humana de las minas y a la sabiduría divina del temor de Dios.

¿Por qué lo ha hecho? ¿Por qué no ha pasado directamente de la primera parte a la segunda? ¿Por qué ha introducido este interludio (entreacto o entremés) si el argumento en sí no lo exigía? El redactor no responde de manera expresa, pero el mismo desarrollo del tema irá mostrando que la sabiduría de los mineros ha de verse como signo o contrapunto de la sabiduría de Dios, tal como ha venido apareciendo en la parte anterior y culminará en la siguiente. Los mineros sabios del mundo extraen oro, plata, bronce y hierro de la tierra. Los sabios como Job han de explorar y encontrar la más honda sabiduría de Dios:

28 ¹Hay veneros para la plata, y un lugar para refinar el oro.

²El hierro se saca del polvo, y de la piedra se extrae el cobre.

³(El minero) explora las tinieblas, y examina las profundidades,

las piedras que hay en la oscuridad y en la sombra de muerte,

⁴perfora galerías, separadas de los que caminan por encima;

lejos de los hombres de arriba, cuelga y se balancea en la mina.

⁵La tierra: de ella viene el pan, y por debajo de ella hay como fuego.

⁶Lugar de zafiro son sus piedras y ellas contienen minerales de oro.

⁷Senda que nunca conoció ave de presa ni contempló ojo de buitre:

⁸nunca la pisaron animales de presa y no pasó sobre ella el león.

⁹Pone su mano en el pedernal y traslada de raíz los montes.

¹⁰En la peña abre corrientes, y sus ojos ven cosas preciosas.

¹¹Detiene los ríos en su nacimiento y saca a la luz lo escondido.

¹²Pero la Sabiduría ¿de dónde viene?

¿Dónde está la inteligencia?

¹³No la conoce el hombre,

ni la encuentra en la tierra de los vivientes.

¹⁴El abismo dice: «No está en mí»;

y el mar: «Tampoco está conmigo».

¹⁵No se compra con oro puro ni puede pagarse con plata.

¹⁶No puede compararse con oro de Ofir,

con ónice precioso ni zafiro.

[17]No se igualará con oro ni diamante;
ni se trocará por joyas de oro.
[18]Es más que perlas y cristales;
ganar Sabiduría es más que tener corales.
[19]No se le iguala el topacio de Etiopía;
no se podrá comparar con oro fino.
[20]¿De dónde vendrá la sabiduría?
¿Dónde está el lugar de la inteligencia?
[21]¡Encubierta está a los ojos de todo viviente,
y oculta a las aves del cielo!
[22]Abbadón y la Muerte dicen:
Solo de oídos tenemos noticia de ella.
[23]Dios es quien conoce su camino y sabe dónde está su lugar,
[24]porque observa los confines de la tierra y ve todo bajo el cielo.
[25]Cuando fijó un peso al viento
y puso medida para el agua;
[26]cuando instauró una ley para la lluvia
y los relámpagos del trueno,
[27]entonces la vio y la numeró, la preparó
y también la escudriñó.
[28]Y dijo al hombre: Temer a Adonaí es Sabiduría;
alejarse del mal, inteligencia.

1. *Producción de metales, bendición y riesgo* (28,1-11). Este capítulo fascinante es el canto supremo de la Biblia a la sabiduría humana de las minas, y a la Sabiduría de Dios como Salvación. Consta de dos partes: (a) 28,1-11: sobre la sabiduría de las minas, de las que se extraen metales, como elemento esencial de la técnica y riqueza de los pueblos. (b) 28,12-28: sobre la Sabiduría superior que es «temer a Dios», no en forma de «terror» *(pahad)* del que hablaba Bildad (24,2), sino de acogida y respeto superior *(yir'at)*.

~ *El signo mayor de la sabiduría humana* no es la especulación (en línea de pensamiento puro), sino un tipo de acción, en la línea de fondo de Pablo, cuando dice que los griegos buscan conocimiento racional; los judíos, en cambio, señales activas, esto es, obras de transformación del mundo (cf 1Cor 1,22). En esa línea, el signo y presencia del paso y presencia del hombre sobre el mundo son sus obras, y más en concreto las «minas», el trabajo de extracción y producción (refinamiento) de metales.

~ *Sabiduría divina.* Sobre la acción práctica del hombre, expresada en las minas (de oro y plata, hierro y cobre/ bronce), sitúa el libro de Job la sabiduría superior del «temor de Dios», que no se expresa en el conocimiento intelectual, sino con el respeto agradecido ante su presencia. No se trata, pues, de conocer racionalmente a Dios, sino de responder con la propia vida a la Vida y presencia (acción) de Dios en la existencia humana.

El hombre se define así no solo como pastor y agricultor (primeros oficios de Abel y Caín: Gén 4,2), sino también como viviente de fiesta y transformación del mundo, pues tras pastores y agricultores vienen «los que tocan la cítara y la flauta» (instrumentos musicales de cuerda y viento: Gén 4,21), con los forjadores de bronce y de hierro (Gén 4,22), que se produce en las minas. Así comienza nuestro texto: «Hay para la plata veneros, y un lugar para refinar el oro. El hierro se saca del polvo, y de la piedra se funde el cobre... Los mineros excavan galerías, separadas de los que caminan por arriba» (cf 28,1-4).

En la parte superior siguen andando y trabajando pastores y agricultores, con pericia. Pero es mayor la pericia y sabiduría de los mineros, que conocen y siguen bajo tierra las vetas de los minerales, que excavan galerías, refinan y funden metales. La Biblia se ocupa en sus libros «normales» del trabajo de agricultores y pastores; solo Job 28 ha destacado con cierta detención la sabiduría especial de los mineros, buscadores de metales.

Los israelitas pudieron conocer las minas del Sinaí, pero también las de Siria y otros lugares, en un momento en que la extracción y elaboración de *metales preciosos* (oro, plata) y de otros para la agricultura, la construcción o la guerra (bronce, hierro) estaban empezando a transformar la vida de los pueblos más adelantados. El método de extracción y elaboración que expone este pasaje, con galerías subterráneas (canalización y eliminación de aguas interiores...), perfeccionado en las minas posteriores de los romanos (por ejemplo, en España: Médulas del Bierzo, Río Tinto en Huelva...), se ha seguido utilizando con pequeños cambios hasta los siglos XVII-XVIII.

2. *Reflexión intermedia. La Biblia de las minas.* Resulta fascinante la forma en que este capítulo describe la sabiduría del minero, aunque a veces resulta difícil precisar y traducir el texto, como saben los comentaristas (desde Delitzsch, 1876, hasta V. Morla, 2017), empeñados en precisar el sentido de algunas expresiones, desde una perspectiva literaria y científica, evocando las formas de extracción de minerales. En esta «lectura» más teológica no puedo precisar esos aspectos. Pero una visión general del texto nos permite evocar la acción de los mineros, que aparecen como los mejores representantes de una sabiduría que penetra en los caminos misteriosos del subsuelo:

(Los mineros abren...) una senda que nunca conoció ave de presa ni contempló ojo de buitre, ni pasó sobre ella el león... (El hombre...) pone su mano en el pedernal y traslada de raíz los montes. En los peñascos abre corrientes... Detiene los ríos en su nacimiento y saca a la luz aquello que está escondido... (cf 28,7-12).

Este pasaje forma parte del interludio o entreacto de Job 28. El capítulo anterior (27) nos había dejado ante el tribunal establecido de tres acusadores discutiendo con (sobre) Job, para condenarlo, en un entorno «patriarcal», de pastores nómadas y agricultores. Pues bien, terminada la primera vista del juicio (callados los acusadores), el libro introduce este interludio de mineros expertos que se arriesgan bajo tierra para extraer y refinar oro y plata, con piedras preciosas y para fundir, en especial, los dos metales que han marcado la cultura humana en los últimos milenios (y así de habla de edad de bronce y de hierro).

Este capítulo ofrece un entreacto en medio de la fatiga del juicio, pero no ha sido encajado aquí de un modo inocente, sino que forma un momento esencial de la historia de Dios y de los hombres, pues antes de fijar la sentencia del juicio de Dios, el autor ha querido llevarnos a la sabiduría del subsuelo, a un lugar profundo de experiencia y de conocimiento práctico, que nos permitirá entender mejor la Sabiduría de Dios. Este capítulo supone la existencia de grandes conocimientos técnicos propios de mineros y de grandes empresas políticas, con ciudades e imperios que necesitan no solo metales de lujo (oro, plata...), sino de trabajo y guerra (bronce, hierro), con lo que ello supone de inversión laboral y económica.

Esta imagen de las minas subterráneas ha marcado el dolor y el esfuerzo productivo (industrial, económico) de la humanidad, desde tiempos de Job, a lo largo de 25 siglos de creatividad técnica. De la edad de aquellas minas (bronce, hierro...) hemos pasado (año 2020) a la edad del carbón y el petróleo, del uranio y de la revolución post-cuántica y post-electrónica. La humanidad ha recorrido una gran vía de enriquecimiento y riesgo, que ha desembocado en la crisis actual, cuando la extracción de minerales (carburantes) ha de cambiar (limitarse, limpiarse), si queremos que la humanidad no se destruya en el intento.

3. *Pero la Sabiduría ¿de dónde proviene?* (29,12-28). Esta es la pregunta: «(El minero) detiene los ríos en su nacimiento y saca a la luz lo escondido. Pero la Sabiduría ¿de dónde viene? ¿Dónde se encuentra el lugar de la inteligencia?» (cf 28,12). El hombre domina no solo la tierra de arriba, con plantas y animales de superficie (cf Gén 1,18-30), sino la de abajo, rica en minerales, y así puede hacerse rico y poderoso. Pero lo que necesita, lo que enriquece de verdad su corazón, no es oro ni planta, sino Sabiduría, la *Hokmah* que lo define y da sentido a su existencia, como riqueza suprema. «Su adquisición es mejor que los corales. No se igualará con ella el topacio de Etiopía; no se podrá comparar con oro fino. ¿De dónde pues vendrá la sabiduría? ¿Y dónde está el lugar de la inteligencia?» (cf 28,17-20).

El hombre puede hallar piedras preciosas y elaborar los metales de las minas, pero no puede conseguir por sí mismo la Sabiduría *(hokmah,* חׇכְמׇה‎*),* ni la Inteligencia *(binah,* בִּינׇה‎*),* que no se compra ni vende, ni se alcanza con ninguno de los trabajos de la tierra. Por eso se plantea la pregunta: ¿De qué forma, con qué medios puede el hombre alcanzar la Sabiduría, si no se extrae de las galerías de una mina, ni se adquiere en los mercados? Por otra parte, ni siquiera el Destructor

193

(Abbadón), ni la muerte *(Mawet)* saben dónde hallarla, aunque han podido escuchar rumores de ella.

Pues bien, donde todos los esfuerzos del hombre se encuentran condenados al fracaso escucha Job la voz más alta: *Solo Dios conoce su camino y la conoce,* porque sus ojos penetran, observan e iluminan todo lo que existe (cf 28,21-24). Esto significa que ni Job ni sus amigos han logrado llegar a la Sabiduría, aunque Dios diga al final que ha sido Job quien más cerca se ha quedado, porque de hecho «teme a Dios y se aparta del mal» (cf 1,1; 28,25-28).

La Sabiduría no viene del minero que trabaja bajo tierra, sino de Dios como don y como gracia. Se identifica con el Temor *(yir'at,* יִרְאַת) de Adonai, Señor y Esencia de todo lo que existe, un temor que no es terror *(pahad)* o sumisión esclavizadora (cf Bildad: 25,2), sino respeto acogedor y reverente ante el Misterio, en actitud de escucha y diálogo, en la línea del *shema* (Dt 6,4-5: Amarás al Señor tu Dios...).

2ª PARTE

El juicio de Job (29,1–42,6).
Tres discursos para la sentencia

Tras un prólogo narrativo (1-2), y el grito de Job (3), la primera parte ha sido un drama en tres actos, *con discursos* de tres amigos, que han interpretado su desgracia (pobreza, enfermedad) como castigo de Dios, y *respuestas de Job,* que defiende su inocencia y atribuye su caída al mismo Dios del sistema que ha querido castigarle sin causa.

- *Los amigos de Job* entendían la religión como justificación de su poder y riqueza, dentro de un modelo de racionalidad que podría verse a la luz de B. Spinoza (1632-1677), filósofo judío que definía a Dios como poder (impulso, *conatus)* de la naturaleza *(Deus, sive Natura:* Dios, es decir, la naturaleza). Dios era, a su juicio, el poder que actúa y se expresa a través de un talión cósmico entendido en forma de poder, y ellos (los amigos de Job) se creían sus beneficiarios e intérpretes.

- *Pero Job, caído en desgracia,* por razones que el texto ha explicado de forma simbólica (apuesta o tentación del Diablo), ha roto ese equilibrio (ese dogma), diciendo que el poder del mundo no es Dios sino Satán. Elifaz y sus amigos se han sentido amenazados, y le han exigido que se desdiga y confiese su pecado, reconociendo que su caída en desgracia y su enfermedad provienen de su rebeldía contra el orden de Dios, de manera que solo confesando su pecado podrán rehabilitarlo. Pero él no lo ha hecho, y su caso (su protesta), desde el estercolero, plantea un problema social y religioso, que el libro intentará exponer y resolver en lo que sigue.

El fondo de la discusión de la primera parte no ha sido una idea religiosa separada de la vida, sino el impulso y sentido de la misma vida. Dios no es «otra cosa», además de las que existen en el mundo, sino, como dicen los amigos de Job, es *la cosa misma* de todo lo que existe, el poder al que todos deben someterse. Lógicamente, no está en juego un Dios en sí, separado de la vida social, sino el impulso y sentido de fondo de ella. Los amigos quieren mantener la racionalidad antigua. Job en cambio ha protestado, apelando a un juicio superior de Dios.

Con ese tema pasamos de la primera parte, con su acción dramática en tres actos, a la segunda que expone la marcha del juicio, con los discursos del reo Job, de un fiscal de Dios y del mismo Dios (y al final la sentencia). Nosotros, lectores del siglo XXI, hubiéramos pedido quizá más rapidez: que los temas se fueran resolviendo de un modo directo sin lentas digresiones, que llegara pronto el final, pues se ha discutido bastante y lo dicho parece suficiente. Pero el redactor del libro vuelve a pedirnos paciencia, pues la sentencia debe prepararse bien.

En ese contexto, a modo de *interludio o intermedio* entre las dos partes, hemos destacado ya el capítulo de los mineros (Job 28), como reflexión de un coro, *voz en off* o pensamiento de un espectador que hace una pausa para retomar/ rumiar lo dicho y preparar lo que vendrá, recordando que en el fondo hay una sabiduría de Dios más profunda y misteriosa aún que la de los mineros. En esa sabiduría, que es temor o reverencia de Dios, *yirat Elohim* (no el terror-*pahad* de Bildad en 25,2), nos irán introduciendo *los tres discursos* que responden de algún modo a los tres actos del drama anterior (4–27), pero con intervenciones que no se contraponen, sino que se suceden a modo de monólogos, para desembocar en la sentencia final (42,7-17):

~ *El primero es el discurso de auto-defensa (apología) del reo/Job, que habla como abogado de sí mismo* (29–31), recogiendo los argumentos principales de su discusión con los amigos (en 4–27), revisando el conjunto de su vida ante Dios y defendiendo su inocencia. No disimula lo que ha sido, rico terrateniente, rey sobre su pueblo; pero defiende su conducta con los pobres, desde el basurero donde ha sido arrojado. No quiere perdón como pecador, sino justicia como víctima injusta de los poderosos.

~ *Viene después Elihu, nuevo teólogo* (32–37), *fiscal o defensor de Dios,* sustituyendo a los tres amigos de 4–27, quienes, a su juicio, no han logrado defender a Dios ni condenar de un modo contundente a Job. Él se sitúa y habla así en la línea de Satán (cf 1-2), con argumentos de tipo espiritual, destacando la majestad inalcanzable, incomprensible de Dios, pidiendo (exigiendo) a Job que se someta, que no discuta, ni proteste; que se incline, como labrador o pastor ante un torbellino de aguas que parecen destructoras, pero son beneficiosas. Creyéndose fiscal de Dios, Elihu exige que Job se someta a un Dios-Poder espiritual, que es en el fondo diabólico.

- *Viene al fin el discurso de Dios (38,1–42,6), dividido en dos partes,* con la respuesta también doble de Job, que asume su responsabilidad (¡no su culpabilidad!), aceptando de antemano la sentencia. Son discursos «elevados», con razones en parte equivalentes a las de Elihu, pero sin condenas, ni exigencias de arrepentimiento y sumisión. Este Dios, Juez final, no responde externamente a las preguntas que Job le había planteado (en 4–27 y en 29–31), sino que sitúa todo en un plano más alto de misterio, apelando al testimonio de algunos animales, en especial de dos más misteriosos (Behemot y Leviatán), que expresan el asombro de la creación de Dios en la que habita el hombre.

Este Dios de la sentencia final no discute (no acepta ni rechaza) las razones de Job, pero lo acepta a él, y lo rehabilita, en una misteriosa sentencia de vida (42,7-17), ratificando así su espacio y camino de humanidad, para que siga existiendo en justicia y esperanza, que es lo que en el fondo deseaba todo el libro. Dios proclama así su buena sentencia, dejando abierto el camino de la vida para los hombres, exigiendo a los amigos de Job que se conviertan (pudiendo así vivir), pero dejando fuera las razones del teólogo-fiscal, que se identificaba de algún modo con el Satán del prólogo del libro (caps. 1–2).

Apología de Job (29–31).
¡Como el ave fénix, yo no moriré!

Estos capítulos, que forman la primera parte o sesión del juicio propiamente dicho, son el discurso de Job, que actúa como abogado defensor de sí mismo, con esta apología de su vida en la que expone y justifica su inocencia ante Dios y los que asisten a su juicio. Ellos retoman elementos de la disputa de Job con sus amigos (4-27), pero lo hacen de un modo propositivo, no polémico, en un tono más tranquilo, sin acusaciones hirientes, aunque con palabras también apasionadas. Todo nos permite suponer que estos capítulos han sido escritos tras la disputa de 4-27, posiblemente por otro autor, para suavizar aristas y ofrecer una visión de conjunto de la figura y conducta de Job.

De manera lógica, como en todo juicio, al acusado se le debe ofrecer ocasión de defenderse, y Job lo hace, retomando motivos del capítulo del grito (3), donde él protestaba apasionadamente contra el día de su nacimiento en un mundo cargado de dolencias, pero lo hace de un modo más tranquilo, con motivos y argumentos de la gran disputa (4-27), a la luz del interludio de la sabiduría (28). Job es el mismo, pero no se limita a repetir lo mismo. No es que haya cambiado del todo, ni que se haya convertido, como algunos exegetas han dicho, pero él se sitúa en otra perspectiva, retomando, el sentido de su vida, en un solo discurso, que dividimos, por comodidad, en tres partes:

- *Cap. 29. Job expone su primera vida* (antes de ser víctima de Dios y del sistema), como hombre rico, respetado y poderoso, alguien a quien todos ofrecían su homenaje. Estaba en lo más alto de la pirámide social, pero se consideraba «justo», pues utilizaba sus poderes al servicio de los subordinados, como «rey bueno», al frente de una buena guerra, que no era de opresión sino de ayuda, para bien de marginados y pobres. No buscaba una revolución, sino un buen orden dentro del sistema de poder.

- *Cap. 30. Job se ha vuelto «víctima» del sistema* que él antes había defendido y empieza a ver la insuficiencia de su deseo de buen gobierno en línea del poder, descubriendo que resulta necesaria una revolución radical. Las mismas víctimas a las que había querido elevar se han rebelado contra él, se burlan de él y lo oprimen, como si Dios actuara a través de ellas. Leído así, en oposición al anterior, este capítulo destaca aquí la «tragedia» de fondo de una sociedad de poder, y de esa forma, como víctima integral, él expone su nueva visión del mundo y de la vida de los hombres.

- *Cap. 31. A pesar de ello, Job defiende de nuevo su pasado,* conforme a los modelos sociales, religiosos y sexuales de su tiempo, reconociendo que él había sido poderoso, pero bueno. (a) Habría podido violar a las «doncellas» (como los «hijos de Dios» de Gén 6), pero no lo ha hecho, sino que las ha respetado. (b) Habría podido aprovecharse (según ley) de sus siervos y siervas, de los huérfanos y pobres, pero no lo ha hecho, por respeto al

Dios del cielo. (c) Habría podido fundar su vida en el dinero, pero nunca lo hizo, ni se alegró de la desgracia de sus enemigos, siendo justo con ellos.

Estos son los temas de la «apología» de Job, hombre poderoso, pero justo, conforme a la justicia del sistema; rey, pero al servicio del pueblo; rico pero honrado; patriarca pero bondadoso... Así ofrece una apología del sistema interclasista, pero abierto a la colaboración de todos, con trasvase entre ricos y pobres, con los ricos y varones por arriba, respetando a pobres y mujeres. Siendo buena, esta apología esconde una fuerte presunción (jactancia) de superioridad clasista, que he representado en *la imagen de Job como ave fénix*, que sobrevuela por encima de los otros hombres, sabiendo que no morirá. A diferencia de Job, el Jesús histórico no habla ni actúa de esa forma, no viene de arriba, sino que es una de las víctimas (la simbología «descendente» del evangelio de Juan y de la teología posterior ha de entenderse en otra línea).

Job 29. Como rey en medio de su tropa

Este es el canto de Job a su gloria pasada, a su bondad y grandeza antigua, «cuando Dios me protegía», defendiendo su vida anterior, para dejar claro que la «caída» no puede haber sido castigo por sus pecados. De esa forma, podemos compararlo con Buda, que también era rico, rey importante; pero Buda asumió por su propia voluntad la vida de los pobres, para potenciar un camino interior de libertad, por encima de la pobreza y la riqueza. Job, en cambio, no se hizo pobre por voluntad, sino por conflicto social, porque el sistema de poder-riqueza lo aplastó contra el suelo. Él hacía cosas buenas, realizaba obras piadosas, pero desde arriba, como rey sobre la tropa. Ciertamente, ayudaba a los más pobres, pero sin advertir que su elevación suscitaba la envidia de los desfavorecidos, dentro de una sociedad clasista. En esa línea se entiende lo que sigue:

29 [1]Volvió Job a reanudar su proverbio y dijo:
[2]«¡Quién me diera meses como los pasados,
días en los que Eloah me protegía,
[3]cuando su lámpara lucía sobre mi cabeza
y su luz me dirigía en la tiniebla!
[4]Como en los días de mi lozanía,
cuando el favor de Eloah protegía mi morada;
[5]cuando Shadai aún estaba conmigo, y mis hijos alrededor;
[6]cuando la leche bañaba mis pasos
y la almazara producía arroyos de aceite.
[7]Cuando venía a las puertas de la ciudad
me preparaban mi asiento en la plaza.
[8]Los jóvenes se apartaban al verme,
y los ancianos se alzaban en pie,
[9]los príncipes dejaban su conversación
se tapaban la boca con la mano,
[10]los importantes acallaban su voz y se les pegaba la lengua al paladar.

[11]Al oírme me llamaban bienaventurado,
y al verme hablaban a mi favor,
[12]porque yo libraba al pobre que clamaba
y al huérfano que no tenía ayudador.
[13]Me bendecían los agonizantes,
se animaba de verme el corazón de las viudas.
[14]Me vestía de justicia y el derecho me cubría;
manto y diadema era mi rectitud.

¹⁵Yo era ojos para el ciego, pies para el cojo.
¹⁶Era padre de los necesitados,
defensor de la causa de los desconocidos;
¹⁷quebrantaba los colmillos del inicuo;
arrancaba de sus dientes a la presa.

¹⁸Yo decía: "En mi nido moriré.
Como el ave fénix multiplicaré mis días.
¹⁹Mis raíces llegarán hasta las aguas, mis ramas crecerán con el rocío;
²⁰estará firme mi honor; mi arco se mantendrá joven en mi mano".

²¹Ellos me escuchaban y esperaban
y escuchaban en silencio mi sentencia.
²²Tras mi decisión no replicaban,
pues mi palabra era decisiva para ellos.
²³Me esperaban como a lluvia (temprana);
y abrían su boca como a lluvia tardía.
²⁴Yo les sonreía cuando no tenían esperanza,
ellos mantenían la luz de mi rostro.
²⁵Yo les indicaba su camino
y me sentaba entre ellos como jefe,
y habitaba como rey en medio de su tropa,
como el que consuela a los que lloran.

1. *Como Dios alto* (29,1-10). Job interpreta así su vida antigua como un proverbio *(mashal,* cf מְשָׁלוֹ), ejemplo y modelo para otros. En aquel momento, él era como un Dios elevado, con el poder y felicidad de su juventud *(horpi,* חׇרְפִּי), en un tipo de paraíso donde «Eloah me guardaba y brillaba su lámpara sobre mi cabeza y a su luz yo caminaba... y mis hijos alrededor; con mis pies bañados con leche, cuando la almazara producía arroyos de aceite» (cf 29,2-6).

Este era su Dios: una casa feliz, hijos creciendo a su lado, abundancia de leche, aceite en la almazara (cf Dt 32,13; Éx 3,8; Dt 26,8-9). Era como Adán antes del «pecado», entre personas que agradecían su bondad y lo veneraban como rey de justicia, sabio y juez excelso: «Cuando venía a la puerta de la ciudad... los jóvenes se escondían y los ancianos se alzaban en pie, los príncipes dejaban de hablar y se tapaban la boca...» (cf 29,7-10). No tenía necesidad de creer en otro Dios, pues su misma vida era signo de Dios sobre pobres, huérfanos, moribundos y viudas a los que él ayudaba.

2. *¡Yo libraba al pobre que clamaba!* (29,11-17). Actuaba de forma bondadosa, desde arriba, utilizando su ventaja (superioridad) para ayudar a otros: «Yo libraba al pobre que clamaba y al huérfano que no tenía ayudador. La bendición del moribundo venía sobre mí, y yo alegraba el corazón de la viuda» (cf 29,11-14). Era según eso como un Dios y así lo llamaban *bienaventurado*, uno que ayuda a los necesitados.

No era como Buda, que, al ver a los enfermos y agonizantes, se internó en la soledad, hasta descubrir junto al río la miseria universal, nacida del deseo, trazando así para superarla un camino universal de negación desde los pobres, renunciando a todo. Job no siguió ese camino, sino que tenía muchas riquezas y ayudaba con ellas a los necesitados, en gesto positivo de beneficencia, en un mundo de deseos y luchas personales y sociales. Así podía presentarse como hombre de justicia, *tzedek* (צֶדֶק), benefactor de los necesitados, con el manto del Dios justo. Era un mesías de superioridad: «Ojos para el ciego, pies para el cojo... Rompía los colmillos del inicuo; sacaba de sus dientes la presa» (cf 29,15-17).

En la disputa anterior (cf Job 4-27), los «amigos» lo habían acusado de oprimir a los pobres. Ciertamente, en un sentido no los oprimía, pues era «ojos para el ciego, pies para el cojo...», *'ab* (padre) de los *'ebion* (pobres, nótese el juego de palabras), protector de todos, incluso de aquellos que parecían más lejanos. Job era amigo de los pobres, pero no pobre; y de esa forma actuaba, de un modo justiciero y violento (quebrantaba los colmillos del inicuo; arrancaba la presa de sus dientes...), en la línea de un talión guerrero que Jesús superará después oponiéndose al «ojo por ojo» de Éx 21,23-25 (cf Mt 5,38). Job era misericordioso, pero desde arriba, incluso con violencia.

3. *Como el ave fénix, hombre inmortal* (29,18-20). Job se sentía y era superior, sobre los oprimidos, de manera que llegó a considerarse como el «ave fénix» inmortal, un árbol que no muere: «Yo decía: En mi nido moriré. Como el ave fénix multiplicaré mis días. Mi raíz llegará hasta las aguas, en mis ramas permanecerá el rocío...» (29,18-20). Estrictamente, esas palabras podrían traducirse en «mi nido moriré, como arena viviré muchos días...», pero el paralelismo de los hemistiquios y el sentido de fondo del pasaje nos invitan (obligan) a traducirlas «en mi nido *(quinni)* moriré, como el ave fénix *(hôl,* חוֹל*)* multiplicaré mis días».

Conforme a una antigua tradición de Oriente, el *ave fénix* (única en su especie) vivía mil años, moría en su nido y después resucitaba, renaciendo de sus propias cenizas para vivir otros mil años, repitiendo así su ciclo. De esa forma, Job era «el ave fénix» (no «un» ave fénix, pues no había otros como él). En esa línea, el texto sigue vinculándolo a la *palmera,* que es un tipo de ave fénix vegetal, que tampoco muere, porque, hundiendo sus raíces en un suelo de humedad (lleno de aguas), renace nuevamente de ellas.

Esta relación entre el ave fénix y la palmera ha sido ratificada por la versión de los LXX 29,18, al utilizar la palabra *phoinix* (φοῖνιξ, fénix) que evoca, al mismo tiempo, el *ave* (que revive de sus cenizas) y la *palmera* (que revive de su raíz). Estas dos imágenes evocan una vida que no acaba, sino que se renueva. Job era de esa forma la palmera de la vida, el ave fénix (que recibe aquí el nombre más común de *hôl*, חוֹל), ser sagrado que no muere o revive de su muerte, apareciendo así como signo y presencia de Dios.

4. *Como rey en medio de su tropa* (29,21-25). Job aparece aquí veladamente, como viviente sobrehumano, protector de débiles, fuerte y justiciero, honor perpetuo: con mi arco siempre a mano, como Dios en el cielo, armado con el arco iris (cf Gén 9,12-13). No era por tanto un mortal entre mortales, sino un supra-mortal, como viviente que se renueva y permanece siempre. Sin duda, era justo (hacía justicia a los débiles), pero lo era «por arriba», desde su estamento superior: «Me esperaban como a lluvia (temprana); y abrían su boca (ante mí) como a lluvia tardía. Yo les alegraba (=les hacía gozar) si no tenían esperanza, y ellos no dejaban apagar la luz de mi rostro. Yo indicaba su camino y me sentaba entre ellos como jefe, como rey en medio de su ejército, como quien consuela a los que lloran» (cf 29,23-25).

Era una especie de Dios, lluvia de vida para el campo de los hombres, elevándose así sobre todos, para ofrecerles palabra y fecundidad, como agua regeneradora, de forma que ellos (habitantes de la ciudad y el campo) dependían de él... Este mismo Job que en los caps. 3 y 4–27 aparece como signo de tristeza y muerte, había sido alegría y vida para hombres y mujeres de su pueblo: «Yo les sonreía... les daba vida», como jefe y cabeza *(rosh,* ראשׁ), rey *(melek,* מֶלֶךְ) para ellos, presencia (rostro activo de consuelo) de Dios para los hombres.

Job 30. Ahora se ríen de mí.
Bajo la *shoah*, el derrumbamiento

De pronto, sin preparación, el panorama cambia. El mismo Job, presencia de Dios, iluminador, vida y alegría de otros (les hacía gozar, les daba esperanza), se ha vuelto objeto de risa burlesca para muchachos sin valor que se ríen destruyéndolo (cf 30,1, invirtiendo el motivo de 29,24: yo les hacía reír). El rey amigo, dador de bienes, se ha vuelto enemigo (chivo expiatorio) de aquellos a quienes ayudaba:

30 ¹Y ahora se ríen de mí los más jóvenes que yo,
a cuyos padres no había querido poner
ni con los perros de mi ganado,
²pues no me servía la fuerza de sus manos;
no tenían vigor ni fuerza.
³Por pobreza y hambre estaban entumecidos,
royendo la estepa, en la oscuridad del desierto y la tierra vacía.
⁴Recogían malvas en la espesura y su comida eran raíces de arbusto.
⁵Estaban expulsados de la gente y todos les gritaban como a ladrones.
⁶Debían vivir en barrancos duros, en cavernas de tierra y entre rocas.
⁷Bramaban entre matas, se escondían bajo espinos.
⁸Hijos de gente vil, hombres sin nombre, expulsados de la tierra.

⁹¡Y ahora yo soy objeto de su burla y les sirvo de refrán!
¹⁰Me evitan, se alejan de mí,
pero no dejan de escupirme al rostro.
¹¹Porque (Dios) ha desatado la cuerda
y me golpea con el látigo.
¹²A mi derecha se alza su prole, empujan mis pies
y arrojan contra mi sus dardos destructivos.
¹³Desbaratan mi senda, aprovechan mi quebranto, esos inútiles.

[14]Por un portillo se aproximan,
bajo el derrumbamiento van rodando.

[15]Terrores se han vuelto contra mí;
persiguen mi dignidad como viento;
como nube desvanecen mi dicha.
[16]Ahora mi alma está derramada en mí, días de aflicción me poseen.
[17]De noche taladran mis huesos, y los dolores no dejan de roerme.
[18]Mi vestido se deforma: me oprime como el cuello de mi túnica.
[19]Me ha derribado en el lodo y soy semejante al polvo y la ceniza.
[20]¡Te pido ayuda y no me escuchas! ¡Me pongo en pie, no atiendes!
[21]Te has vuelto cruel conmigo; con el poder de tu mano me refrenas.
[22]Me alzas sobre el viento y cabalgando en la tormenta me destruyes.
[23]Me devuelves a la muerte,
a la casa de reunión de todos los vivientes.

[24]Pero ¿no extiende su mano el que cae?
¿No pide ayuda en su ruina?
[25]¿No lloraba yo por el que sufría?
¿No me entristecía por el necesitado?
[26]Pero esperando el bien vino el mal;
cuando ansiaba luz, vino oscuridad.
[27]Se agitan mis entrañas sin reposo,
me han sobrevenido días de aflicción.
[28]A oscuras he vagado, sin sol;
pido ayuda a la gente y me lamento.
[29]Me he convertido en hermano de chacales
y compañero de avestruces.
[30]Mi piel se ha ennegrecido (se me cae),
mis huesos se queman de fiebre.
[31]Mi arpa se ha puesto de luto,
y mi flauta es voz de lamentadores.

Los dos motivos principales de este capítulo recogen las dos caras del dolor. (a) *Dolor de lucha interhumana* (30,1-14). Job sufre la persecución de aquellos a los que protegía, pues le rechazan aquellos a quienes había favorecido, alzándose para destruirle. (b) *Dolor de rechazo divino* (30,15-31). El mismo Dios amigo se ha vuelto su enemigo.

1. *Venganza de los pobres* (30,1-8). Job se ha vuelto víctima de aquellos a quienes ayudaba, y las mismas víctimas a quienes había protegido desde arriba (cf 24,4-11) celebran ahora su caída, llenándolo de burlas. A pesar de ello, él se sigue sintiendo superior: «Se ríen de mí aquellos a cuyos padres no había yo querido ni de perros para mi ganado..., que recogían malvas en la espesura y comían raíces de arbusto, hijos de gente vil, personas sin nombre, expulsados de la misma tierra» (30,1-8).

Job, que ahora es un tipo de animal sacrificado, sigue mirando desde arriba a quienes antes había ayudado con superioridad (cf 24,4-11), pues eran los más pobres de todos, despreciados y oprimidos por los dueños de la tierra, como castas inferiores, semi-salvajes expulsados de su tierra, vagando entre cuevas y quebradas, seres inferiores, «hijos de gente vil, de hombres sin nombre...». Ciertamente, Job les había asistido, pero desde arriba, sin entrar en su miseria, para descubrir ahora que se burlan de él y le desprecian.

Este pasaje nos sitúa ante una reacción normal, una venganza de los débiles, que no perdonan a los ricos, que han podido ayudarles, pero que lo han hecho desde arriba, haciéndoles notar que son culpables, inferiores (como sigue haciendo todavía Job), acusándoles de inútiles, de ineptos, incapaces de hacer algo de utilidad (ni siquiera como perros guardianes del rebaño). El mismo Job rico, caído de su altura, sigue tratándolos con un gesto de superioridad. Por su parte, los pobres, cargados de un fuerte complejo de inferioridad, desprecian a los ricos (burlándose de ellos), de forma que se establece una dura batalla de desprecios y ofensas de unos hacia otros.

Los oprimidos antiguos se alegran de su caída, y él, por su parte, sigue mostrándoles el mismo desprecio, acusándoles de su miseria, tratándolos como a expulsados, fugitivos de la vida, sin dignidad ni cultura. Esta respuesta de Job sigue siendo normal, pero Jesús no ha respondido así, ni ha depreciado a los pobres de su tiempo.

2. *Me escupen en el rostro* (30,9-14). Estos jóvenes pobres que desprecian a Job por su caída forman parte de una humanidad residual, expulsados de las buenas tierras, de los campos de cultivo y las dehesas de pastores. Job les había ayudado, aunque con un fondo de desprecio. Ellos ahora, a su vez, le desprecian: «¡Soy objeto de su burla y les sirvo de refrán! Ellos me evitan, se alejan de mí pero no dejan de escupirme... porque (Dios) ha desatado la cuerda y me ha afligido, soltando contra mí su látigo» (cf 30,9-14).

Esta es una escena durísima de pobres antiguos (expulsados, malditos) que desprecian al nuevo pobre Job, que quiso ayudarles en otro tiempo, pero desde arriba, recibiendo ahora su desprecio. No se trata de decir quiénes son más culpables: si los pobres que se burlan ahora de Job su protector caído; o si el mismo Job que, estando en el estercolero (al final de la cadena de condenas), sigue despreciando con rechazo a quienes antes lo hacía al ayudarles. Este pasaje vincula así el resentimiento de los marginados y la soberbia de los antes superiores, viendo la mano de Dios en todo eso.

Job supone así que ese desprecio de los inferiores (movidos por un resentimiento antiguo) no proviene de ellos, sino del mismo Dios que lo combate, disparándole sus flechas; pero lo hace a través de esta «chusma» de inútiles, incapaces, según él, de vivir de su trabajo, expulsados, en el margen de la sociedad establecida de agricultores y pastores, que se elevan contra él y lo persiguen, como si fuera una ciudad que necesitan conquistar y destruir, por resentimiento contra todo lo elevado de la tierra.

Este pasaje nos produce actualmente (año 2020) gran tristeza, profundo quebranto, porque por influjo del mismo Evangelio, tendemos a ponernos de parte de estos que son incluso más débiles que Job, siempre expulsados por inútiles, vencidos, despreciados, dentro de una cultura de ricos propietarios, de la que Job sigue formando parte de algún modo. Hubiera sido hermoso que ellos se hubieran solidarizado con Job, víctima central de nuestro texto; pero, de forma consecuente, como exige el mismo tema, Job queda al fin solo y perdido, sin nadie a su lado, ni familiares, ni amigos, ni pueblo.

Este pasaje ha descrito algo terrible: la soledad final de la víctima, a la que todos van abandonando, grupo a grupo, empezando por su propia familia, hasta acabar entre los malditos del grupo más bajo de la sociedad, a los que antes había ayudado desde arriba. En un plano ideal, nos (me) hubiera gustado que este Job caído pactara con esos «despreciados». Pero él no lo ha hecho, ni ellos han visto en Job un aliado, para así pactar y recorrer unidos un proyecto de reconciliación desde los caminos adversos de Dios.

De esa forma queda Job, según 30,14, ante aquellos que vienen *bajo el derrumbamiento (tahat shoah,* שׁוֹאָה תַּחַת*),* «en medio del estruendo» (traducción A. Schökel), en remolino, como tormenta (traducción V. Morla). Estas palabras evocan un tema clave en la historia bíblica, tanto en el judaísmo, que ha descubierto aquí el motivo de la *shoah* (que es el «holo-causto» judío, el gran derrumbamiento), como en el cristia-nismo, que ha evocado desde aquí el motivo de la pasión de Jesús, que ha muerto abandonado por todos, aunque al fin aceptado por un grupo mujeres y pobres, pues (a diferencia de Job) él ha formado parte de ellos. Evocaré de nuevo este motivo en el epílogo de mi lectura de Job (desde la perspec-tiva de 42,7-17).

3. *La noche taladra mis huesos* (30,15-23). De esa forma han quedado frente a frente, Job el solitario (antes «rey» de los poderosos) y esos despreciados, a quienes él antes había ayudado desde arriba, y que ahora se han vuelto adversarios y enemigos. Esto es lo que sigue diciendo el texto (terrores me envuelven... La noche taladra mis huesos, cf 30,15-19), que pasa de la risa y burla de los expulsados (sin dignidad ni tierra) al terror interno de Job, cuya enfermedad más grave no es ya la lepra de su carne, sino la aflicción de su espíritu.

Job aparece así como un muerto viviente, despreciado por fuera, destruido por dentro. Él se creía *hôl,* ave fénix, viviente de siglos sobre el ancho mundo, llamado a ser regenerado tras (para) el cambio de edades. Pero ahora es solo un muerto vivo, sometido al tormento incesante de aquellos poderes que no siendo en el fondo nada (hordas inútiles, sin honra), luchan para derribarlo, como si fuera una muralla agrietada que se va desmoronando.

No es él quien tiene terrores; los terrores lo tienen, derri-bando su dignidad como viento de huracán que derriba una choza que no tiene consistencia. *Job* había aparecido en el capítulo anterior como imagen (presencia) de Dios, hombre superior en las puertas de la ciudad, sentado en sus tribunales, juez sobre todos. Pero ahora aquellos a quienes había ofrecido su ayuda lo expulsan y desprecian, y lo hacen en nombre (o con apoyo) de un Dios que le abandona: «¡Te llamo buscando ayuda y no me escuchas!... Te has vuelto cruel conmigo. Con el poder de tu mano me haces la guerra. Me elevas sobre el viento de tormenta, me llevas a la muerte» (cf 30,20-23).

4. *A oscuras he vagado y sin sol* (30,24-31). Job había sido un hombre fuerte, con agricultores, pastores y caravanas de mercaderes. Pero ya no queda nada de ello: «Me elevas sobre el viento de tormenta, haces que cabalgue en ella y me destruyes...». Este no es el Dios de la tormenta de vida, sobre el Monte Sinaí, que cabalga sobre serafines, como portador del rayo y de la lluvia, de una vida hecha misterio y bendiciones (cf Éx 21–33), sino el de la tempestad de la muerte, que lo persigue para destruirlo, ahogándolo en sus brazos.

Es como si la revelación del Dios de vida, que atraviesa y fecunda la historia de Israel se hubiera convertido en «declaración de muerte», como si la humanidad hubiera sido creada para ser torturada y destruida por un monstruo. Por eso, en contra de los que le piden que calle, Job responde diciendo que no tiene más remedio que gritar, como alguien que cae por un precipicio: «¿No extiende su mano el que cae? ¿No grita el que se hunde...?» (cf 30,24-27).

Va cayendo sin fin y nadie quiere sostenerle; por eso extiende la mano, queriendo agarrarse, evitar la caída. Y en ese contexto, debatiéndose en la angustia, recuerda su tiempo de bonanza cuando él ofrecía su mano a los necesitados, pero ahora nadie quiere ofrecerle su ayuda, de forma que camina en soledad de angustia en un paraje interior y exterior de tormenta, entre animales de carroña y muerte: «A oscuras he vagado y sin sol... He venido a ser hermano de chacales, compañero de avestruces. Mi piel ha ennegrecido (se me cae), mis huesos se calcinan de sequedad. Mi arpa se ha cambiado por luto, y mi flauta por voz de lamentadores» (cf 30,28-31).

A oscuras, sin dirección, ha caminado (ha vagado) sin ir a ninguna parte, pues todas son iguales, *hermano de chacales, compañero de avestruces,* que viven de carroña y gritan de espanto en la noche, perdiendo o dejando abandonados sus huevos en la arena, a merced de cazadores o depredadores animales (cf 39,13-18). Así se pierde Job, honrado antes por todos, ahora abandonado, de forma que su vida es solo duelo. El arpa de alegría que sonaba como voz de fiesta para todos los que llegaban a su casa se ha vuelto música de luto, flauta de lamentaciones. De esa forma va muriendo, sin nido donde custodiar sus huevos, sin esperanza de futuro, pura enfermedad que va quemando la piel de su cuerpo.

Job 31. Y sin embargo no he sido pecador

No he pecado, no merezco este castigo, afirma Job. En contra de sus amigos, que le han dicho sin parar que lo merece (cf 4–27), Job se eleva una vez más para negarlo, de manera que su «apología» ante el Juez se vuelve descargo de conciencia, confesión de inocencia. Siglos más tarde, Agustín de Hipona, «convertido» de sus pretendidos pecados, escribirá sus *Confesiones,* para presentar su vida a Dios; Job, en cambio, en vez de confesarse pecador, defiende su inocencia ante Dios y ante los hombres.

Le han acusado sus amigos de prepotente, injusto con los pobres, violador de mujeres, de ir por la senda de los malvados del diluvio (cf 22,15). Él, ahora, se defiende, diciendo que ha sido fiel a las mujeres (31,1-12), justo con sus siervos y siervas, en un plano sexual y social (31,13-23), y que tampoco ha idolatrado el oro ni a los dioses (31,24-28), en un plano económico y sacral. Estos momentos de su descarga de conciencia son la más honda antropología de la culpa y la inocencia del Antiguo Testamento, y pueden entenderse al contraluz de la «confesión» universal de Pablo en Rom 1,18-32.

31 ¹Con mis ojos había pactado no mirar (=desear) doncella,
²pues ¿qué respondería Eloah arriba?
¿Qué me daría Shadai en lo alto?
³Porque ¿no hay desgracia para el malvado,
y castigo para los inicuos?
⁴¿Acaso él no ve mis caminos y no cuenta todos mis pasos?
⁵Pero yo no anduve en la mentira, no corrieron mis pies al engaño:
⁶¡Que me pese en la balanza, que conozca Eloah mi integridad!
⁷Si mis pasos salieron del camino, si mi corazón fue tras mis ojos,
si alguna cosa se pegó a mis manos:
⁸¡Que yo siembre y otro coma! ¡Que sea arrancada mi siembra!
⁹Si mi corazón se engañó por mujer,
si aceché a la puerta de mi prójimo:
¹⁰¡Que mi mujer muela para otro y que otros se encorven sobre ella!
¹¹Porque eso es infamia,
un crimen que ha de ser llevado ante los jueces,
¹²porque es fuego que consumirá Abbadón
y destruirá toda mi hacienda.

¹³Si hubiera negado el derecho a mi siervo
o sierva cuando pleiteaban conmigo:
¹⁴¿Qué haría cuando Dios se eleve?
¿Qué respondería cuando me pregunte?

¹⁵¿No le hizo a él quién me hizo en el vientre?
¿No nos formó Uno en el seno?
¹⁶Si he negado su deseo a los pobres,
si he dado dolor a los ojos de la viuda,
¹⁷si he comido a solas mi porción
y no comió el huérfano de ella...
¹⁸Al contrario, el huérfano me ha honrado
como a padre desde su juventud,
y desde el vientre de mi madre he guiado yo (a la viuda).
¹⁹Si dejé que alguno quedara sin vestido, sin ropa el necesitado,
²⁰si no me bendijeron sus lomos y no se calentaron con mi lana;
²¹si alcé contra el huérfano mi mano,
viendo que en la puerta me amparaban...
²²que mi espalda se separe de mi hombro
y se quiebre el hueso de mi brazo,
²³que me domine el terror, la destrucción de Dios,
que no resista ante su majestad.

²⁴Si puse en el oro mi esperanza,
y al oro fino lo llame «mi confianza»,
²⁵si me engreí de mi gran riqueza, de tener mucho en mi mano,
²⁶si miré (=veneré) al sol cuando brillaba o a la luna en su esplendor,
²⁷y en secreto se engañó mi corazón,
y les mandé un beso con mi mano,
²⁸eso también sería un crimen de castigo,
sería hipócrita ante el Dios del alto...
²⁹Si me alegré en la destrucción de quien me odiaba
y gocé en su mal...
³⁰¡Pero no permití que mi «paladar» pecara
pidiendo maldición para su vida!
³¹Si los de mi tienda no pudieran decir:
¿A quién no ha saciado su carne?

³²¡Ningún forastero pernoctaba fuera,

sin que yo abriera mi puerta a la calle!

³³Si he ocultado mi maldad como Adán,

si he tapado en mi seno mi iniquidad,

³⁴pues temía a la gran multitud,

y el menosprecio de las estirpes me aterraba,

de manera que actuaba en secreto y no salía de mi puerta...

³⁵¡Quién me diera que me oyera!

Esta es firma, que Shadai me responda.

Y este es el documento escrito por mi adversario:

³⁶Yo lo llevaría sobre mi hombro, y lo ceñiría como una corona.

³⁷Le contaría (a Dios) mis pasos;

como príncipe me presentaría ante él.

³⁸Si mi tierra clama contra mí y todos sus surcos juntos lloran;

³⁹si he comido su riqueza sin pagar,

si he afligido el alma de su dueño,

⁴⁰¡que en lugar de trigo me nazcan abrojos,

y espinos en lugar de cebada!». Aquí terminan las palabras de Job.

Así culmina la confesión de inocencia más extensa de la Biblia, comparable, pero, en algún sentido, inversa a la Pablo (Carta a los romanos) y a la de Agustín *(Confesiones)*. Job puede compararse con el Adán de Pablo, pero con una inmensa diferencia: él se declara inocente (cf 31,33), no ha tapado su pecado, sino que puede elevarse limpio ante Dios.

1. *No he pecado con mujer* (31,1-12). Este hubiera sido, según Gén 6,1-6, el mayor de sus delitos, pero Job es inocente, no ha pecado con mujeres. Este pecado se halla al fondo de la vieja ruta de los hombres perversos (cf 22,15), «hijos de Dios», abusadores de mujeres (hijas de los hom-

bres), y por su causa estalló el diluvio universal. Pero Job contesta: «Hice pacto con mis ojos: ¿Cómo había de mirar (=desear) a una doncella? pues ¿qué respondería Eloah de arriba? ¿Qué me daría Shadai desde lo alto?» (cf 31,1-2).

Esta declaración nos sitúa ante el primer riesgo de pecado de los hombres, que no se interpreta en un plano de placer sexual, sino de injusticia. Conforme a este pasaje, que ha de verse a la luz de Gén 6-8, de 1Henoc y Jubileos, el primer pecado ha sido (con el asesinato de Caín, Gén 4), la violación de las doncellas (cf X. Pikaza, *Antropología bíblica*, Sígueme, Salamanca 2005). Pues bien, en este contexto, en contra de la acusación implícita de Elifaz (cf 22,15), Job asegura que ha cumplido el juramento de no «mirar» (=violar) a las doncellas.

Ese hubiera sido, a su entender, el principio de los restantes males, en la ruta de los hombres perversos. Job no dice, en modo alguno, que no haya tenido deseos, ni siquiera niega la posibilidad de otras relaciones (aunque el texto del libro parece suponer que ha sido un buen monógamo), pero asegura que en este contexto ha sido siempre justo, en su relación con las mujeres. Este pasaje ha de entenderse en el contexto de la moral sexual que va emergiendo en el Antiguo Testamento (condensada en el mandato de no adulterar: Éx 20,14), que ha de verse también desde la perspectiva de los pueblos nómadas antiguos, para quienes violar a una virgen o adulterar con una casada eran casos de violencia máxima, causantes de guerra, igual o más que un homicidio.

Este es el principio de la confesión de inocencia de Job: no ha deseado a las doncellas (vírgenes), ni ha cometido adulterio con casadas, por lo que ello implica de ruptura social y religiosa, como he destacado en *La familia en la Biblia* (Verbo Divino, Estella 2017). En esa línea Job vincula la violación de doncellas con el adulterio: «Si aceché a la puerta de mi prójimo... ¡muela para otro mi mujer y que sobre ella otros se encorven! Porque eso es infamia, un crimen que ha de ser llevado ante los jueces, porque es fuego de Abbadón...» (31,9-12).

Si Job hubiera deseado a otra casada (adulterando con ella), Dios podría castigarlo haciendo que su mujer terminara siendo esclava social y/o sexual (que muela para otros, que tenga que encorvarse bajo su deseo). Evidentemente, Job no piensa aquí en la dignidad personal de la mujer, sino en el estallido de violencia que suscita el adulterio, entendido como principio de todas las violaciones. En ese sentido, la sentencia final es firme: este tipo de pecados de violencia sexual constituye un principio de muerte.

2. *Si he negado el derecho a los pobres...* (31,13-23). Del pecado de violencia contra la mujer pasa Job a la injusticia social entre ricos y pobres, señores y siervos, afirmando, de manera sorprendente, que Dios formó a todos «en el vientre», en un seno de mujer; por eso, siendo iguales por el nacimiento, siervos y señores tienen iguales derechos: «Si hubiera negado el derecho de mi siervo y sierva cuando pleiteaban conmigo: ¿Qué haría cuando Dios se eleve? ¿Qué respondería cuando me pregunte? ¿No le hizo a él quién me hizo en el vientre? ¿No nos formó Uno en el seno?» (cf 31,13-15).

Job admite, en un plano, la institución de señores y siervos, no llega a la formulación definitiva de Gál 3,28 (no hay en Cristo siervo ni señor), pero tiende hacia ella, poniendo de relieve el origen común de la humanidad: ¿No nacemos todos de un mismo origen/vientre de madre? ¿No nos ha formado Uno en el seno? *(barehem 'ehad:* אֶחָד בְּרֶחֶם). Significativamente, esta expresión se puede entender de tres maneras: (a) *Este «uno»* (אֶחָד) *es Dios Uno,* que nos ha hecho a todos en el seno de la madre, por eso somos iguales ante él. (b) *Nos ha hecho en Un Seno,* es decir, a través de un mismo tipo de maternidad, de forma que por origen somos iguales. (c) *Nos ha hecho Uno* en el vientre, iguales.

No es fácil precisar mejor el sentido, pero es posible que *Uno (ehad,* אֶחָד) se esté refiriendo al Dios Uno, creador de todos (cf Dt 6,4-6), en una línea que ha sido evocada por Mal 2,10, texto con cierto paralelismo al nuestro. A partir del *Dios Uno* que «forma» a todos en el vientre, se puede hablar de un seno que es «uno», es decir, igual, para todos, siervos y señores, esclavos y libres (hombres y mujeres), de manera que somos iguales.

De todas formas, este pasaje no ha sacado las consecuencias que derivan de esa formulación, que podrán hallarse en Gál 3,28, donde Pablo afirma que Cristo supera la «división» (oposición, sometimiento) entre hombres y mujeres, judíos y gentiles, siervos y libres. Este pasaje de Job no dice aún eso, pero, partiendo del «Dios creador» que es uno y el mismo para todos, e insistiendo en que todos «nacen de mujer» (cf Job 14,1), se sitúa en esa línea.

Desde ese fondo se entiende la formulación sobre el «derecho» de los pobres, los huérfanos y las viudas: «Si he negado su deseo a los pobres, si he dado dolor a los ojos de la viuda, si he comido a solas mi porción y no comió de ella el huérfano... Si dejé que alguno quedara sin vestido... si alcé contra el huérfano mi mano, viendo que en la puerta me amparaban (=me justificaban) ¡que mi espalda se separe de mi hombro!» (cf 31,16-23). Job aparece así como protector de huérfanos, viudas y desnudos, en una línea que en el Nuevo Testamento culmina en Mt 25,31-46.

Ciertamente, él había sido poderoso y rico (cap. 29), pero misericordioso: no ha cerrado su puerta a los pobres, ni ha negado su asistencia a las viudas, ni ha desamparado a los huérfanos. Desde ese fondo él aparece como hombre perfecto, según la justicia de la ley, conforme al derecho fundante del Antiguo Testamento, desde el *Dodecálogo de Siquem* (Dt 27,19) y el Código de la Alianza (Éx 20,22–23,19) hasta el cuerpo del Deuteronomio (cf Dt 6,4-6; 10,16-19; 24,14-15), en un camino que según los cristianos desemboca en Cristo. Pero, como vengo destacando, Job ha formulado y realizado esas obras desde una perspectiva de «supremacía» social, al servicio de los pobres, pero desde arriba, no desde y con ellos, como indicará Jesús y el conjunto del Nuevo Testamento, suscitando el resentimiento y deseo de revancha de los pobres.

3. *Si puse mi esperanza en el oro y en los dioses...* (31,24-34). Los temas anteriores eran más precisos (violencia contra mujeres, injusticia social). Este vincula, en cambio, motivos más variados, en torno a la divinización de la riqueza y de los dioses. Empezamos con la riqueza: «Si puse en el oro mi esperanza, y al oro fino lo llamé "mi confianza", si me alegré de mi gran riqueza, de tener mucho en mi mano» (cf 31,24-25).

Todos los pecados se condensan en el «oro», en una línea que Jesús formulará diciendo: «No podéis servir a Dios y a Mammón» (Mt 6,24). Oro o riqueza es aquello que uno tiene en su mano como posesión, desde la mujer a la que viola hasta el esclavo que posee, etc., como si fuera Dios, pero un Dios en la línea de la posesión (cf X. Pikaza, *Dios o el dinero*, Sal Terrae, Santander 2019). Con este engaño del oro se vincula el culto a los astros, poderes cósmicos, entendidos como riqueza/realidad superior que nos domina: «Si miré (=veneré) al sol cuando resplandecía o a la luna en su esplendor, y si mi corazón fue engañado en secreto, y les mandé un beso con mi mano, eso también sería un crimen de castigo» (cf 31,26-28).

De esta forma vincula Job la avaricia con la idolatría (cf Col 3,5). Ciertamente, las estrellas pueden ser signo de gloria y admiración gratuita, de emoción estético-religiosa ante el misterio; pero este pasaje interpreta esa veneración en forma de «sometimiento», como muestra el «beso» que los fieles dirigen a los grandes astros (sol y luna), entendidos como signos primordiales del Dios ante el que los hombres se humillan, inclinándose debajo de ellos, como ante los signos del poder y del dinero (oro y plata).

Esta «religiosidad» del oro y la plata, del sol y la luna se expresa y expande en forma de sumisión ante Dios y sometimiento social, como egoísmo propio: ¡no ofrecer comida a los hambrientos, no acoger a los forasteros...! (31,31-32). Pues bien, en este campo, Job viene a presentarse ante Dios como inocente. Sin duda, como vengo diciendo, él no puede identificarse aún con Jesús, en la línea de la gratuidad, del amor desinteresado desde los más pobres. Pero él no es tampoco el Adán pecador al que Pablo se referirá en Rom 5 (ni siquiera el de Gén 1–4). En esa línea, él puede afirmar: «Si he ocultado mi maldad como Adán, si he tapado mi iniquidad en mi seno, pues tenía miedo de la gran multitud... de manera que actuaba en secreto y no salía de mi puerta...» (cf 31,33-34).

Job alude aquí a la tradición de Gén 3, donde se dice que Adán-Eva se ocultaron de Dios, pues tenían miedo de aparecer desnudos, pecadores, tras haber comido del conocimiento del bien y del mal de Satán. Él no ha comido el fruto de Satán, ni se ha escondido, sino que está presentando abiertamente su alegato, como justo y perfecto, temeroso de Dios, apartado del mal (cf 1,1). No se ha dejado llevar por Satán, no ha mentido a Dios, ni ha tenido que esconderse tras el pecado, de forma que su apología no ha sido una historia de ocultamientos, dobleces y mentiras, sino de apertura honrada ante Dios, para decirle su verdad y pedirle que responda (cf 9,33; 13,15; 14,13; 19,25-26...).

4. *Última palabra. Alegato y desafío* (31,35-40). Con esto culmina la apología de Job. Queda atrás (aunque latente) la disputa con los «tres amigos» (4–27), con el interludio (28), de forma que Job puede presentarse ante Dios en la línea de la Sabiduría del capítulo 28 y decirle: «Aquí está mi firma, que Shadai me responda... Y ese documento escrito por mi adversario yo lo llevaría sobre mi hombro, y lo ceñiría como una corona. Le contaría (a Shadai) mis pasos; como príncipe me presentaría ante él... Aquí terminan las palabras de Job» (cf 31,35-37.40).

Este pasaje ofrece cierta dificultad de traducción, y además un redactor posterior ha intercalado dos versículos (31,38-39), que parecen fuera de lugar. Pero está claro que Job apela por última vez a Dios, pidiendo que lo escuche y responda a sus discursos, depositando ante él un documento, como aquel que había querido escribir en la roca (19,22-27). Menos claro es el hecho de que, al lado de ese documento, parece haber otro (de acusación y condena) de sus amigos/adversarios (que han discutido con él en 4–27). Esta apología o defensa judicial de Job sigue diciendo que él quiere presentarse ante Dios como príncipe triunfador (נָגִיד, *nagid*), llevando su alegado (discurso) como corona *('atarôt,* עֲטָרוֹת) y prueba de su inocencia (quizá con la acusación de sus adversarios).

Este discurso ofrece la última palabra y signo de Job, que se eleva ante el tribunal de Dios como triunfador, seguro de su victoria, a pesar de (o por) hallarse sentado en polvo y ceniza, esperando la muerte. En un sentido externo, parece que Job no se eleva, ni su carne brilla con fulgor de rayo y trueno, pues yace en el suelo de polvo y ceniza. Pero, desde el polvo, en la raya de la muerte, él termina su discurso de defensa como vencedor.

Las últimas palabras (¡aquí terminan las palabras de Job!: 31,40) pueden haber sido introducidas por un redactor posterior, de forma que algunos las colocan al final del cap. 27 (cf V. Morla, *Libro de Job. Recóndita armonía*, Verbo Divino, Estella 2017, 897). He preferido mantenerlas aquí, como el texto canónico. Estrictamente hablando, conforme a la lógica narrativa podría venir ahora la revelación de Dios (cf 38,1: ¡y respondió Yahvé a Job...!). Pero el redactor final ha querido completar su trama y ha introducido, como discurso del fiscal teológico, una larga alocución condenatoria de Elihu, *él es mi Dios* (Job 32-37).

Elihu, fiscal de Dios: Job es culpable (32-37)

Tras la apología del reo (29-31) viene la palabra del fiscal de Dios, un teólogo llamado Elihu (32-37). Sus discursos parecen de algún modo posteriores y no sabemos cuándo han sido insertados en el texto final de Job, pero responden al debate de 4-27 y han sido interpretados y reconstruidos de diversas formas, que aquí no puedo discutir con más detalle. Así tomo el texto en su forma actual, como parte integrante del juicio, recordando una vez más que el libro de Job es un «drama» (primera parte: 4-27) y un texto legal con las actas del juicio de Job (segunda parte: 29-42), y de esa forma ha de leerse y valorarse (entenderse), destacando la identidad de cada parte en el conjunto.

Antes (en la primera parte) el libro parecía (y era) más social y antropológico. Ciertamente, se iba manifestando Dios, pero de un modo menos «religioso» (sin sacerdotes del templo o rabinos de escuela). Ahora, en cambio, con su misma puesta en escena, el fiscal Elihu empieza hablando como profesor de religión, experto en teología a quien podemos situar (como al resto del libro) entre el VI-IV a.C., en un momento de grandes novedades, que algunos han calificado como tiempo-eje (cf K. Jaspers, *Origen y meta de la historia*, Acantilado, Barcelona 2017; original de 1949), desde Grecia a China, pasando por el mundo semita y por Persia y la India.

En ese contexto, en el paso de la «dogmática tradicional» (los tres amigos) a la nueva conciencia del Dios poderoso (superior) que se impone de un modo más espiritual sobre los hombres, recoge y presenta el redactor final la declaración fiscal de Elihu, suponiendo así que contiene aportes muy significativos, aunque el Dios del discurso y la sentencia final (38–42) no los cita, como si no hubieran existido. Estas son sus cuatro partes o discursos menores, marcados por la introducción de cada uno (32,6; 34,1; 35,1; 36,1):

- *El primero* (Job 32–33), de tipo introductorio, pone de relieve las formas que Dios tiene de revelarse a los hombres.
- *El segundo* (Job 34) destaca la justicia y verdad más alta de Dios, que supera la mentira de los hombres, pero en clave de talión.
- *El tercero* (Job 35) anuncia la independencia de Dios que, siendo juez superior del mundo, no está influido ni afectado por las obras de los hombres.
- *El cuarto* (Job 36–37) describe el carácter correccional de los castigos de Dios, con un himno a su grandeza y a su revelación en la naturaleza.

Job 32–33. Un correctivo teológico

Consta de dos partes, precedidas por una *introduc*ción (32,1-5) que sirve para justificar la presencia de Elihu, cuando parecía que el debate ya había terminado. (a) *Auto-presentación de Elihu* (32,6-22), que insiste en la novedad de su propuesta. (b) *Razonamiento teológico* sobre las formas de revelación de Dios, tema que antes había sido menos destacado. Así empieza el texto, con una introducción en prosa. El redactor, que no había presentado con detalle a los amigos de Job en 4–27, siente ahora la necesidad de hacerlo con Elihu:

> 32 ¹Cesaron estos tres varones de responder a Job, por cuanto él era justo a sus propios ojos. ²Entonces se encendió la ira de Elihu, hijo de Baraquel, el buzita, de la familia de Ram; su ira se encendió en contra de Job cuanto él se hacía justo a sí mismo a expensas de Dios. ³Y se encendió su ira contra sus tres amigos, porque ellos no habían encontrado respuesta y condenaron (condenó) a Job. ⁴Elihu había esperado mientras ellos hablaban con Job, porque eran mayores que él, ⁵pero encendido en ira, viendo que los tres anteriores no habían tenido respuesta contra Job, intervino.

Elihu (אֱלִיהוּא), que significa *él es mi Dios*, es un nombre teóforo, utilizado dentro y fuera de Israel (en los idiomas semitas en los que Dios se dice *El*), a diferencia de Eliyah/Elías, que es un nombre confesional israelita, que identifica a Dios con Yahvé (mi Dios/Eli es Yah/Yahvé), y que por tanto no se utiliza en otros contextos religiosos.

Este Elihu es hijo de *Baraquel* (בַּרַכְאֵל), que lleva también un nombre teóforo no confesional, que significa *Dios (=El) bendice* (o quizá mejor *que Dios bendiga*), y el redactor lo llama «el buzita» (הַבּוּזִי), hijo de Buz (בּוּז), del clan de Nahor (cf Gén 22,21), hermano de Abraham, es decir, de la rama de los parientes arameos (no yahvistas) de Israel. Hay además en la Biblia otro Buz (cf Jer 25,23), que parece formar parte de un clan árabe de beduinos que llevan la cabeza rapada, como signo religioso.

El redactor presenta aquí a Elihu como un hombre «ardoroso», defensor de la honra de Dios, en contra de Job que, a su juicio, le ha deshonrado al justificarse a sí mismo por encima o a expensas de Dios *(Elohim)*. Elihu afirma que, al declararse justo a sí mismo, Job está diciendo en realidad que Dios es injusto. Elihu condena al mismo tiempo a los «amigos» de Job, que, a su juicio, han sido incapaces de refutarle, de modo que han terminado declarando de hecho que es hombre justo, a pesar de haber rechazado a Dios.

Ciertamente, como ha mostrado el comentario anterior, los tres amigos han condenado a Job; pero Elihu supone que ellos no han sido suficientemente duros con él, de manera que en el fondo le han justificado. En ese contexto, el redactor del libro ha querido introducir la perspectiva de Elihu, hombre extremado, «encendido en ira, viendo que los tres anteriores no habían tenido respuesta contra Job» (cf 32,5).

Presentación (32,6-22). Elihu, conocedor de Dios

Elihu quiere superar la religión tradicional, representada por los tres amigos, que no han podido justificar a Dios, en contra de las acusaciones de Job. En sentido general, podríamos decir que esos amigos representaban la visión antigua de la retribución judicial de Dios, que responde según el talión (de un modo equivalente) a las acciones de los hombres, dentro de un «equilibrio» entre acción humana y respuesta divina, conforme al principio divino del «karma». Elihu, en cambio, parece insistir en la trascendencia de Dios:

32 ⁶Y respondió Elihu, hijo de Baraquel, el buzita, y dijo:
«Yo soy joven y vosotros ancianos: por eso he quedado atrás,
he dudado y he tenido miedo de declararos mi opinión.

⁷Yo pensaba: Que hable la edad,
que los muchos años enseñen sabiduría.
⁸Pero hay espíritu en el hombre,
y aliento de Shadai que da entendimiento.
⁹No son sabios los muchos años,
ni la ancianidad entiende lo que es justo.
¹⁰Por tanto, yo dije: Escuchadme,
yo también declararé mi sabiduría.
¹¹Esperé vuestras razones,
oí vuestros argumentos, con vuestras palabras.
¹²Os presté atención,
pero no habéis refutado a Job ni sus sentencias.
¹³Y no digáis: "Este es un saber que solo Dios proclamará,
no el hombre".
¹⁴Job no dirigió su razones contra mí,
por eso no responderé como vosotros.
¹⁵Ellos están espantados, ya no responden;
las razones les han abandonado.
¹⁶Yo esperaba, pero no hablaron,
sino que callaron, no volvieron a responder.
¹⁷Por eso yo argumentaré por mí mismo;
expondré aquello que sé.
¹⁸Porque estoy repleto de palabras
y por dentro me apremia el espíritu.
¹⁹Mirad, mi interior es como vino cerrado,
que revienta los odres nuevos.
²⁰Hablaré, pues, y ganaré aliento;
abriré mis labios y responderé.
²¹Y no tendré acepción de personas
ni lisonjearé a ninguno.
²²Porque no sé decir lisonjas,
mi Hacedor me consumiría pronto.

La propuesta de Elihu se puede condensar en tres pasos: (a) *Los amigos de Job* eran partidarios de un tipo de automatismo, conforme al cual todo está determinado por el talión: Dios responde a los hombres de un modo equivalente (con una justicia conmutativa), de forma que por la sanción que reciben podemos saber lo que han sido sus obras anteriores. (b) Pero *Job ha refutado con su vida esa visión*, y sus tres amigos no han logrado refutarle, encerrados como están en una visión insuficiente de la justica de Dios. (c) *En contra de esos tres amigos y de Job, Elihu se presenta como «joven»*, es decir, como representante de una nueva forma de entender le religión, capaz de resolver los problemas que Job ha planteado y que sus tres amigos no han sabido resolver.

Elihu quiere situarse ante unos temas que están siendo evocados en los cantos del Siervo de Yahvé (Isaías II), en la liturgia de expiación (Lev 16) y, en general, en la teología sacrificial del templo de Jerusalén, para resolverlos de un modo especial, contrario a la visión de fondo del libro de Job, como seguirá indicando. Tiene razón al presentarse como joven, dotado también de «espíritu», pero su propuesta debe ser aquilatada y discernida, desde el conjunto del libro.

Elihu confiesa que ha dudado, ha tenido miedo reverencial y respeto a la ancianidad, pero al fin ha decidido hablar con su sabiduría *(hokma,* חָכְמָה), que no está en los años, sino en la *Ruah* (רוּחַ) o espíritu del hombre, en la *Nishmat Shadai* (נִשְׁמַת שַׁדַּי), Aliento del Omnipotente. Él se presenta simplemente como un ser humano, siendo como tal presencia de Dios (cf Gén 2,7). Según eso, la base y principio de su propuesta no es la ancianidad de los maestros, sino el Espíritu-Aliento de Dios, que es el principio de la identidad humana, entendida como experiencia-conocimiento superior.

Job y sus «amigos» habían apelado más a la «suerte» o condición del hombre como triunfador o víctima, dentro de un mundo complejo de trágicas (dramáticas) «interacciones sociales». En esa línea, Dios aparecía como garante del orden establecido (amigos de Job) o de las víctimas (Job). Elihu quiere superar ese modelo para insistir en un Dios más sapiencial, que define y dirige desde un poder más alto la vida de los hombres.

Elihu se ha mantenido largo tiempo en silencio, mientras argumentaban ellos, por razones de tradición; ahora quiere hablar: «Porque estoy repleto de palabras y por dentro me apremia el Espíritu (Ruah) de Dios. Mi interior es como vino... que revienta los odres nuevos» (cf 32,18-19). Su principio no es la ley antigua de los triunfadores, ni la protesta de las víctimas, sino el Espíritu de Dios, que alienta en su interior con palabras inspiradas *(melim,* מִלִּים*)*, como vino que fermenta y necesita una salida para superar la presión interna y comunicar su riqueza.

Revelación de Dios (33). Él le ha inspirado

En la línea anterior, este capítulo trata *sobre las formas de la revelación de Dios.* Elihu, nuevo teólogo, no apela a visiones humanas, sino que habla como «poseído por el Espíritu», alguien que ha tenido una experiencia superior de Dios y que por eso puede ofrecer un conocimiento superior, sobre las disputas humanas:

33 ¹Por tanto, oye ahora Job mis razones, escucha mi conocimiento.
²Yo abriré ahora mi boca y mi lengua formará palabras.
³Hablaré con sinceridad, y mis labios no tendrán engaño.

⁴El espíritu de Dios me hizo, el aliento de Shadai me dio vida.

⁵Respóndeme, si puedes; prepárate ante mí, toma lugar.

⁶Heme aquí, soy de Dios, como tú;

del barro fui formado también yo.

⁷Por eso, mi terror no te espantará y mi peso no será fuerte para ti.

⁸Tú dijiste cosas ante mí, y yo escuché la voz de tus palabras:

⁹"Soy limpio y sin transgresión;

sin mancha, no hay maldad en mí.

¹⁰Pero él buscó excusas contra mí, y me tiene por su enemigo.

¹¹Puso mis pies en el cepo, y vigiló todas mis sendas".

¹²Pero no es justo lo que dices,

pues Eloah es muy superior al hombre.

¹³¿Por qué disputas contra él, si él no tiene que darte razones?

¹⁴De varias formas habla Dios, pero el hombre no entiende.

¹⁵Él habla en sueños, en visión nocturna, cuando los hombres

caen en letargo y se adormecen sobre el lecho.

¹⁶Entonces Dios abre sus oídos, y ofrece advertencias para ellos.

¹⁷Para quitar al hombre su maldad, y liberar al varón de la soberbia,

¹⁸para que su alma no baje a la fosa, y su vida no perezca a espada.

¹⁹En su lecho es castigado el hombre con fuerte dolor en sus huesos.

²⁰Entonces su vida aborrece el pan y su alma la comida suave.

²¹Su carne se consume y sus piernas agotadas no aparecen.

²²Su alma se acerca al sepulcro y su vida a los Destructores.

²³Pero si hay para él un ángel mediador, uno entre un millar,

a fin de declarar lo que es provechoso para el hombre;

²⁴y Dios le dice líbrale para que no descienda al sepulcro,

Entonces (ese hombre) ha encontrado redención.

²⁵Su carne será como de niño y volverá a su juventud.

²⁶Suplicará a Eloah y le mostrará su favor;

verá su faz con júbilo y él (Dios) restaurará al hombre su justicia.

²⁷Él hombre cantará, y dirá: "He pecado, he pervertido lo recto,
y (Dios) no me ha castigado como yo merecía,
²⁸ha redimido mi alma de la fosa y mi vida se regocija en la luz".

²⁹Mira, Dios hace todas estas cosas, dos y tres veces, con el hombre,
³⁰para apartar su alma de la fosa
y alumbrarlo con la luz de los vivientes.
³¹Escucha, Job, óyeme; calla, y déjame hablar.
³²Si tienes razones, respóndeme, porque quiero aceptarlas;
³³Y si no, escúchame tú a mí; calla, y te enseñaré sabiduría».

1. *Soy de Dios, espíritu divino. Revelación de Dios* (33,1-
12). Este es quizá el capítulo más hondo que la Biblia ha
dedicado al sentido de las revelaciones espirituales de Dios,
en la línea de las teofanías proféticas (cf Is 6; Jer 1-2; Ez
1-3) y en el conjunto de la teología sapiencial. Elihu es
consciente de la novedad de su visión en este tema, y así
aparece ante Job como exponente de la sabiduría de Dios (cf
33,1-4), diciendo «el espíritu de Dios me hizo y el aliento
de Shadai me dio vida. Respóndeme, si puedes...» (33,4-5).
Así aparece como portador del Espíritu de Dios que le ha
creado, con poder para decirle a Job: «soy de Dios» *(la'el,*
לְאֵל), formado del barro, lo mismo que tú (cf Gén 2,7).

Elihu argumenta así como alguien que está por encima de
la distinción entre judíos y gentiles, triunfadores (como los
tres amigos) y víctimas (como Job), dirigiendo su palabra a
todos los seres humanos, formados por Dios del barro de la
tierra y habitados por su espíritu. Este argumento había sido
formulado por Job (cf 31,13-17), al decir que todos somos
«uno», pues venimos del mismo Dios y del mismo vientre
materno (cf 14,1). Elihu no va en contra de ello, pero quiere
recordarle a Job más en concreto su común «humanidad

divina», pues «vengo de Dios» igual que tú *(kapika,* כְּפִיךָ), por encima de la distinción entre judíos y gentiles, opresores y oprimidos, pues todos son humanos *(mehomer,* מֵחֹמֶר de la tierra).

De esa forma Elihu pretende superar la diferencia que Job había trazado entre opresores y víctimas, de manera que él no pueda protestar diciendo que Dios le persigue: «Tú dijiste: "Soy limpio y sin transgresión; sin mancha, y no hay maldad en mí, pero él (Dios) me tiene por enemigo..."» (cf 33,8-12). Esta es la novedad de Elihu, él quiere situarse por encima de la distinción entre opresores y victimas «porque Eloah es muy superior al hombre». Este será el tema clave de la disputa desde ahora. (a) Elihu se sitúa en una perspectiva espiritual, partiendo del Dios que está sobre todos. (b) Job insiste en su experiencia radical de opresión y violencia humana.

2. *¡Dios habla en sueños y en enfermedades, pero tú no entiendes* (33,13-22). Elihu presenta a Dios como aquel que es siempre más *(yirbeh,* יִרְבֶּה), por encima del hombre, pero el tema discutido es el sentido de ese «más», de su exaltación sobre una víctima en el estercolero. Los amigos corrían el riesgo de identificarlo con el «poder» de fondo del sistema social; Elihu, en cambio, lo espiritualiza, creando así una religión de sacralidad interna, sin fijarse en opresores y oprimidos, triunfadores y víctimas, como si todo diera ante Dios lo mismo: «¿Por qué disputas contra él si él no da cuenta de ninguno de sus actos?...» (cf 33,13).

Elihu acusa a Job de entrar en *disputas (ribôt,* רִיבוֹתָ) con Dios, como si eso fuera justo, como si el hombre pudiera pedirle razones. Le acusa de ingenuo, pensando que puede recriminar a Dios por algo, pues a Dios no se le puede pedir ni exigir nada, haga lo que haga, se porte como él quiera portarse. Este Dios de Elihu se parece al de un tipo de tradición oriental que lo pone por encima de todo tipo de disputas humanas, de forma que no tiene sentido identificarlo con el poder de los triunfadores (como quieren los tres amigos), ni pedirle como Job que resuelva sus problemas de víctima, pues él (Dios) no responde en la historia externa de la vida, como quiere Job, cuando apela y le emplaza con su escrito en la roca (cf 19,22-27), sino en un plano distinto, el de los *sueños* (cf 33,15-16).

Esos sueños de Elihu se sitúan en el plano de las admoniciones oníricas («para apartar al hombre de su obra mala... y de su soberbia, para que su alma no caiga en la fosa»), y pueden entenderse como experiencia de revelación, en una línea de trance chamánico o premonición sagrada. Sueños como esos se han dado en muchas culturas, a veces de un modo espontáneo, otras veces han sido inducidos a través de técnicas adecuadas (incubación en santuarios, control mental, alucinógenos), y han sido rigurosamente estudiados por la antropología y la psicología, que han destacado su valor (y sus posibles riesgos). El hecho de que Elihu apele a ellos es muy significativo, pero no responde a la problemática de fondo en 4–27 (donde hay menos rasgos oníricos y lo que importa es la justicia).

Tras hablar de sueños, *Elihu apela a las enfermedades*, entendidas como posible mediación religiosa, como prueba o señal de Dios: «Y en su lecho es castigado (corregido) el hombre con fuerte dolor en sus huesos... Su alma se acerca al sepulcro y su vida a los Destructores» (33,19-22). La enfermedad puede ser castigo, pero también corrección (purificación). El hombre limita con Dios y con su propia pequeñez, y así y la enfermedad puede servirle para asumir ese límite y aceptar su «finitud» (y a veces su culpabilidad) ante Dios.

3. *El ángel de Yahvé, Dios cura* (33,23-28). Elihu no condena a Job, no le dice, como han dicho sus amigos, que su enfermedad es consecuencia del pecado, y que sanará de ella si se arrepiente, pero deja abierta la puerta no solo a la corrección (como saben los amigos), sino a la curación, entendida de forma «sobrenatural»: «Pero si hay para él un ángel mediador, uno entre un millar... y Dios le dice (al ángel): Líbrale para que no descienda al sepulcro...» (33,23-28).

Este es un texto enigmático, un rayo de luz y promesa (en la línea de Sal 30,3; 107,19-20; 142,7...), pero no responde a la problemática más honda de la discusión de Job 4–27, en la que Job ha pedido a Dios que le muestre su justicia salvadora, mientras aquí Elihu le promete la posible, aunque lejana, excepción (¡una entre mil!), de un ángel mediador, *mal'ak melits* (מַלְאָךְ מֵלִיץ), que lo libere de la muerte, que cure su cuerpo y le permita vivir, como un niño de carne limpia:

~ *Job no ha pedido un ángel que le cure (uno entre mil)*, mientras el resto de los hombres sigue como estaba, sino la transformación de *los caminos perversos* de un mundo, que expulsa y oprime a los justos haciéndolos víctimas del sistema. No quiere un cambio interno, sino el cambio y transformación total de su vida, según justicia.

~ *Job no ha buscado una curación angélica*, una excepción para él, sino un cambio de fondo, desde los oprimidos. Evidentemente, él quiere cantar la gloria de Dios, pero no de esta manera. No puede decir «he pecado, he pervertido lo recto y no me ha castigado como merecía...». No pide un perdón paternalista y externo, sino una vida diferente.

Ciertamente, según esta palabra de Elihu, Dios puede decir a su ángel que vaya y libere a Job de la muerte. Pero *lo que Job ha venido pidiendo* a lo largo del debate con sus amigos (4-27) no es un milagro excepcional (espiritualista), sino la justicia más alta del amor, esto es, una salvación (transformación) integral de la vida (de la sociedad humana). Por el contrario, *este discurso de Elihu le lleva a un plano de salvación interior,* de tipo angélico, en la línea de las visiones excepcionales, que de ahora en adelante irán apareciendo con frecuencia en un nuevo tipo de judaísmo (y cristianismo).

4. *Del ángel mediador de Elihu a Jesucristo* (33,29-33). Elihu no ofrece a Job una transformación histórica, en la línea de la justicia social, sino una salvación simbólica (espiritualista) y en esa línea utiliza la palabra *koper,* כֹּפֶר, redención, que será central en la liturgia del *Yom Kippur* de Lev 16, que ha marcado la piedad penitencial del judaísmo posterior. En un sentido, ese ángel mediador de la redención, se podrá identificar con el Logos del cristianismo, pero con la diferencia de que ese Logos *(dabar)* cristiano es carne *(basar;* cf Jn 1,14), y no palabra intelectual o fantasmal, como de sueño. El Logos-Jesús no ofrece una liberación espiritualista (un enfermo entre mil), sino la transformación *carnal* de la historia: que las víctimas (con y como Job) obtengan justicia.

~ *En la línea de un judaísmo espiritualista, que empieza a desarrollarse en ese tiempo, Elihu* piensa que la liberación del hombre solo se puede lograr por una intervención angélica, como excepción divina, de tipo arbitrario, en medio de un mundo de condena. Por el contrario, para el cristianismo la liberación la realiza Dios en el hombre Jesucristo, que es palabra hecha carne (cf Jn 1,14; Heb 1-2) y no por un tipo de ángel espiritual.

~ *Job quiere una justicia salvadora universal. Elihu, en cambio, le ofrece una experiencia de curación espiritualista,* que podría compararse con la del *Yom Kippur.* Desde ese fondo se entiende el final de su primer discurso: «Dios hace todas estas cosas, dos y tres veces, con el hombre, para apartar su alma del sepulcro y para iluminarlo con la luz de los vivientes» (33,29-30). Eso significa que puede hacerlas, pero como excepción, demostrando así su poder arbitrario, por encima de los hombres.

Conforme a esta visión, Dios seguiría siendo un espíritu arbitrario y prepotente, que libera a quien quiere, mientras el orden social continua siendo un desorden de muerte, con las víctimas oprimidas bajo la dominación de los poderes de siempre. Millones y millones de lectores han interpretado a Job en esa línea, quizá interpretando mal a Gregorio Magno, en su *Moralia* (entre el 578 y el 595), uno de los textos más leídos de moral y espiritualidad cristiana. En esa línea han podido situarse muchos comentaristas, tanto *protestantes,* que han interpretado la «aventura» espiritual de Job desde la justificación por la fe, como *católicos,* que han seguido leyendo su libro en clave convencional moralista.

Job 34. Dios, Poder de Poderes.
Toda acción suya es buena

Elihu ha destacado (cap. 33) los medios de la revelación (sueños, enfermedades, ángeles...). Ahora vuelve al tema central de la justicia, entendida como expresión del poder de

Dios, mirado desde sí mismo y desde los poderes del mundo. (a) *Elihu razona partiendo del supuesto dogmático* de que, siendo poder supremo, Dios es bondadoso, no se cierra en sí, sino que ofrece vida y ayuda a todo lo que existe. Ese Dios-Poder no es egoísta; todo lo que él hace es bueno, por el mismo hecho de que es él quien lo hace. (b) *Elihu argumenta desde los poderes del mundo,* diciendo que el orden social se sostiene por la autoridad y poder de reyes y gobernantes, de manera que en el fondo ambos poderes se identifican (Dios y los reyes del mundo):

34 ¹Entonces tomó Elihu la palabra y dijo:

²«Escuchad, sabios, mis palabras;

y vosotros, expertos, prestadme atención.

³Porque el oído prueba las palabras,

como el paladar saborea la comida.

⁴Escojamos para nosotros lo justo;

conozcamos entre nosotros lo bueno,

⁵porque Job ha dicho:

"Soy justo, pero Dios me ha quitado mi derecho.

⁶Dicen que miento, aunque tengo razón;

me hieren, y no soy transgresor".

⁷Pero ¿quién es como Job, que bebe el desprecio como agua,

⁸que busca la compañía de hombres inicuos

y que anda con malvados?

⁹Porque ha dicho:

"De nada sirve al hombre estar en comunión con Dios".

¹⁰Así pues, entendidos, oídme:

¡Dios no es malo, Shadai no hace el mal!

¹¹Dios juzga al hombre por sus obras,

y según su camino se porta con él.

[12]Ciertamente, Dios no hace injusticia
y Shadai no pervierte el derecho.
[13]¿Quién le ha encomendado la tierra?
¿Quién le ha confiado el mundo?
[14]Si él cerrara sobre sí su corazón
y tomara de nuevo su espíritu y aliento,
[15]todo ser humano perecería a la vez y el hombre volvería al polvo.
[16]Y ahora entiende, escucha esto; oye la voz de mis palabras.

[17]¿Podrá gobernar quien es enemigo del juicio?
¿Odiarás al Todo-Justo?
[18]¿Llamarás *belial* (sin valor) al rey, y perversos a los príncipes?
[19]¿(Condenarás...) a quien no tiene acepción
de persona a favor de los príncipes,
al que no respeta más al rico que al pobre,
porque todos son obra de sus manos?
[20]¡En un momento mueren, a medianoche!
Los pueblos son derrocados y perecen,
y son derribados los poderosos, no por mano humana.

[21]Porque sus ojos vigilan los caminos de cada uno,
y él ve todos sus pasos.
[22]No hay tiniebla ni sombra de muerte
donde se puedan esconder los malhechores.
[23]El hombre no puede posponer el juicio,
para comparecer ante él.
[24]Él destruye a los fuertes sin investigar mucho,
y pone en su lugar a otros.
[25]Así conoce sus obras;
los trastorna en la noche y son quebrantados.
[26]Como a malhechores que son,
los hiere en el lugar donde sean vistos,

²⁷porque se han apartado de él
y no toman en cuenta ninguno de sus caminos,
²⁸haciendo que llegue hasta él el clamor del pobre
y el llanto de los necesitados.
²⁹Y si él hace la paz ¿quién condenará?
Si esconde su rostro ¿quién le verá?
Él vela, lo mismo sobre pueblos como sobre individuos,
³⁰para que no reinen hombres impíos,
para que no pongan redes al pueblo.
³¹¿Acaso ha dicho Job a Dios:
"He sido orgulloso; no volveré a ofender,
³²enséñame tú lo que no veo; y si hice mal, no lo haré más"?
³³¿Deberá Dios recompensarte como tú quieres?
Has sido encontrado culpable,
de manera que eres tú quien debe responder, no yo,
y lo que tú sepas dilo.
³⁴Los hombres inteligentes dirán conmigo,
y todo hombre sabio que me oiga:
³⁵Job no habla con sabiduría; sus palabras no tienen inteligencia.
³⁶¡Yo deseo que Job sea bien examinado, por sus respuestas inicuas!
³⁷Porque a su pecado añade rebeldía, y aplaude contra nosotros,
y contra Dios multiplica sus palabras».

1. *De nada sirve al hombre estar en comunión con Dios* (34,1-9). Elihu parece proclamar su discurso ante un tribunal de sabios *(hakamim,* חֲכָמִים*)*, que buscan lo que es bueno *(mah tov,* מַה־טּוֹב, 34,4), diciendo que él no quiere condenar sin más a Job, sino hacerlo con razones, a fin de que reconozca su pecado y se convierta. Los tres amigos habían acusado a Job por «pecados» de tipo social (por haber sido injusto con los pobres). Elihu le atribuye un pecado contra Dios: «Porque ha dicho: "Soy justo, pero Dios me ha quitado

mi derecho y de nada sirve al hombre estar en comunión con Dios"» (cf 34,5-9).

Sin duda, Job había acusado a Dios por su manera de tratarle, pero no había dicho abiertamente, de un modo general, que era injusto, como asegura Elihu, añadiendo que él (Job) anda en compañía de inicuos. Pero la acusación más importante de Elihu es la de afirmar que Job ha dicho: «¿De qué sirve al hombre estar en comunión con Dios?» (34,9). Este es el tema: ¿Qué provecho hay en Dios? ¿De qué sirve creer en él? Esta es una pregunta clave que es el motivo de fondo de diversos salmos, y que Elihu debería haber expuesto quizá de un modo más preciso como iremos mostrando en lo que sigue.

2. *Dios, vida de los hombres* (34,10-16). Tanto Elihu como Dios saben que Dios está en los hombres, pero entienden su presencia de formas distintas. Elihu tiene razón diciendo: «Si él cerrara sobre sí su corazón y tomara para sí de nuevo su espíritu y aliento, todo ser humano perecería a la vez y el hombre volvería al polvo» (cf 34,12-15). Sin duda, eso es así; pero ¿está Dios en los hombres con justicia/amor, o está dominando y haciendo que ellos sufran, como viene diciendo Job desde el cap. 3, añadiendo que para estar así (en dolor e injusticia) no merece la pena vivir?

Lo que importa no es que haya Dios, sino que él sea Vida justa y buena. Job sabe que si Dios dejara de latir en ellos, los hombres dejarían de ser, morirían; pero la cuestión no es si late (alienta) en ellos, sino *cómo lo hace,* pues *vivir* y *vivir bien* no son lo mismo, en contra de lo que algunos escolásticos supondrán más tarde diciendo: *esse et bonum convertuntur* (ser y bien se identifican). En contra de eso, Job protesta diciendo que puede haber una forma de ser que sea mala, de manera que no basta «ser», sino que hay que «ser bueno» (ser como bondad).

3. *La solución no es que Dios viva en los hombres, sino quién sea y cómo viva en ellos* (34,17-20), de forma que debemos pasar del *plano ontológico* (¡toda vida es buena, incluso la del esclavo!) al *plano moral y personal*, donde más que el *ser abstracto* de Dios importa su forma de ser y vivir en los hombres. Job sabe que podría darse un ser-vivir diabólico, perverso. Por el contrario, Elihu supone que toda forma de ser y obrar de Dios es buena sin más, porque él es divino, y todo lo que hace (es decir, todo lo que existe como tal) en ese mundo es bueno (cf 34,17-19).

De un modo consecuente, Elihu termina defendiendo el orden establecido del rey *(melek)* y los príncipes *(nedibim)*, representantes de la justicia impositiva del Dios que es Justo-Fuerte *(tzadik kabir,* צַדִּיק כַּבִּיר). Eso significa que el poder como tal es bueno, identificando así (al menos implícitamente) a Dios/Ser con el Poder/Bondad. De esa forma defiende tras el exilio y restauración (578-439 a.C.) la autoridad de fondo del rey persa, garante de una justicia universal del Dios-Poder del cielo.

Sin duda, en un sentido, esta igualdad que Elihu establece entre Dios y Poder no ha de tomarse de una forma simplista, porque Dios se encuentra por encima de poderosos e impotentes, ricos y pobres, sosteniendo a todos, pues son *obra de sus manos (ma'ashe yadau,* מַעֲשֵׂה יָדָיו). Pero, partiendo de esa superioridad de Dios, Elihu retoma al final el sentido básico de la teología de los tres amigos de Job, conforme a los cuales *Dios es Poder de todo lo que existe,* de forma que el Poder actual de Dios y de los reyes en el mundo es como tal lo bueno.

En el debate anterior (en 4-27), Job actuaba como defensor de los pobres, de manera que sus tres amigos le acusaban y decían que había sido castigado por oponerse al Poder/ Justicia de Dios, de forma que debía arrepentirse para que el Dios-Poder le librara del castigo. Ciertamente, en contra de eso, en principio, Elihu no acusa a Job de oponerse al Poder/ Justicia de Dios en un plano social, sino, más bien, en un plano teológico, de orgullo y soberbia antidivina. De todas formas, en el fondo, ese pecado de Job sigue apareciendo como oposición contra el poder de Dios tal como actúa (es) en el mundo, de manera que, al final, el argumento de Elihu contra Job se identifica con el de los tres amigos anteriores.

En esa línea, Elihu insiste en la trascendencia de Dios, por encima de ricos y pobres, poderosos e indefensos. Más aún, para destacar esa visión de supremacía absoluta de Dios, Elihu resalta el hecho de que gobernantes y pueblos caen, se trastornan y desaparecen, bajo la poderosa mano de Dios, sin que podamos dar razón de ello, en un contexto cercano al de la primera apocalíptica judía del V al IV a.C., tal como se muestra en el material de fondo de los libros de Daniel y de 1Henoc, donde se alude a la caída de los imperios sin intervención de mano humana *(lo' beyad,* לֹא בְיָד: Job 34,20; cf Dan 2,34 y 8,25). Pero el hecho de que Dios eleve o destruya a los reyes no implica que los hombres puedan rebelarse en contra de ellos, sino todo lo contrario: los hombres deben inclinarse ante los reyes (ante el poder), y en esa línea la religión se vuelve sometimiento (dependencia) respecto a los «poderes superiores», presididos por el Dios/Poder arbitrario supremo. Los poderes del mundo caen y se elevan, según quiere Dios; pero los hombres han de someterse a ellos.

4. *Elihu contra Job: No habla con sabiduría* (34,21-37). Este Dios-Poder abandona a los hombres en manos de un destino irracional que, en vez de ser bueno, providente (encarnado en la historia concreta como el Dios de Jesús), es poder-poder, que se justifica a sí mismo, de manera que los triunfadores del sistema se lo apropian como suyo, como ministros de un Dios-Poder que «quebranta a los fuertes sin necesidad de investigación y pone en su lugar a otros...» (cf 34,21-27).

Estas afirmaciones, con otras semejantes, abandonan a los hombres en manos de un Poder-Dios, que se dice justo, pero que en realidad es arbitrario, esto es, irracional y a la postre injusto. Ciertamente, Dios puede escuchar el lamento de los oprimidos y castigar a los opresores... pero ¿cómo sabemos que todos los castigados «por Dios» son malvados, en la línea de los amigos de Job 4-27? Como hemos visto, Job se había levantado en contra de un karma dominante en Oriente y de un talión quizá más extendido en Occidente, pero al hacerlo parecía caer en manos de una divinidad irracional, puro poder arbitrario.

En resumen, Elihu ha defendido a Dios, dándole la razón, en contra de Job que le acusaba de injusto. Pero su defensa puede acabar siendo expresión de irracionalidad e injusticia: ¡Si todo lo que sucede en el mundo es obra divina, y la vida en el mundo es tan injusta, Dios es injusto! Los amigos de 4-27 buscaban, al menos, un tipo de moralidad de Dios (aunque fueran incapaces de explicar el castigo de un justo como Job). En contra de eso, Elihu termina diciendo que todo (parezca bueno o malo) es consecuencia y obra del Dios poderoso (supra-racional), ante quien los hombres deben inclinarse. Este es, a mi juicio, el sentido de Job 34, aunque los versos finales (34,29-37) resultan difíciles de traducir e interpretar.

De todas formas, está claro que, según Elihu, Dios actúa con plena autonomía y poder, desde arriba, de forma que nadie puede reprocharle nada, ni enfrentarse con él, sino solo arrepentirse, sometido bajo su mano poderosa, imprevisible, en contra de lo que Job ha venido defendiendo en 4–27, al exigir a Dios razones de su acción en el mundo. En esa línea, Elihu pide a Job que se arrepienta por haber puesto en duda la justicia de Dios, y que se someta de nuevo bajo su poder, sin posible protesta. No hay que buscar el «porqué» de Dios, pues no lo tiene, sino que está por encima de todas las razones, ni disputar con él, sino solo someterse bajo su dictado.

Entre el hombre y Dios no hay diálogo alguno, de manera que lo que Job ha intentado, acusando a Dios carece de sentido, es pecado en sí, fruto del pecado. Por eso, concluye Elihu: «Los hombres inteligentes dirán conmigo, y también todo hombre sabio que me oiga: Job no habla con sabiduría; no tiene inteligencia, sino que multiplica contra Dios sus palabras» (cf 34,34-37). Este es para Elihu el final del debate, una sentencia que, según veremos, será rechazada a por Dios (42,7-17).

Job 35. Si pecas, ¿qué habrás logrado contra él?

Este breve capítulo ofrece una intervención concisa de Elihu, ratificando la del capítulo anterior, pero con dos novedades: (a) El hombre no consigue nada de (contra) Dios pecando, sino que es necesario (conveniente) que le alabe, llenando de cánticos la noche. (b) La causa del hombre (Job) está ante Dios, aunque el hombre no lo vea, aunque Job multiplique sus palabras sin sentido:

35 ¹Prosiguió Elihu y dijo:

²«¿Piensas que ha sido correcto decir:

"Mi justicia excede a la de Dios",

³o decir: "¿qué más da, de qué me sirve no pecar?".

⁴Yo te responderé con razones, y a tus compañeros contigo.

⁵Mira a los cielos. Contémplalos y fíjate en las nubes, tan altas.

⁶Si pecas ¿qué mal haces a Dios? Si te rebelas ¿qué conseguirás?

⁷Y si eres justo ¿qué le darás? ¿O qué recibirá de tu mano?

⁸A ti, hombre, daña tu impiedad;

a ti, hijo de hombre, sirve tu justicia.

⁹Claman a causa de las muchas aflicciones,

piden ayuda a los grandes,

¹⁰Pero nadie dice: "¿Dónde está Eloah,

que llena de cánticos la noche,

¹¹instruyéndonos más que a las bestias de la tierra

y que a las aves del cielo?".

¹²Así claman, pero él no escucha, a causa de la soberbia de los malos.

¹³Ciertamente Dios no escucha lo que es vanidad; ni Shadai lo mira.

¹⁴Tú dices: "No hace caso;

he puesto mi causa ante él, y todavía espero".

¹⁵Pero, como su cólera no ha castigado aún, ni se fija en los delitos,

¹⁶Job abre su boca en vano y multiplica sus palabras sin sabiduría».

1. *Mira a los cielos, contempla* (35,1-8). El punto de partida sigue siendo el de 34,5-9: Elihu no puede aceptar lo que ha dicho Job, que su justicia es mayor que la de Dios, y que el hecho de ser justos no sirve de nada (35,1-4). Por eso empieza diciéndole: «Mira a los cielos, contémplalos. Fíjate en las nubes más altas. Si pecas ¿qué habrás logrado?» (cf 35,5-8). En un primer momento, tanto Elihu como Job saben que ninguna acción humana puede dañar a Dios.

Pero luego tienen visiones distintas: Job quiere hablar con Dios... Elihu, en cambio, sitúa a Dios por encima, separado, impasible, inmutable, sin ira, ni amor, de forma que no tiene sentido disputar con él, sino solo someterse.

Este Dios de Elihu es auto-suficiente, puro poder, en contra del Dios Shema, que decía a los hombres «amarás a Yahvé tu Dios» (Dt 6,4-5), como si dijera: «quiero y deseo que me ames» (cf F. Rosenzweig, *La estrella de la redención*, Sígueme, Salamanca 1997). Job está en la línea del Shema: Quiere amar a Dios, ser amado. Por el contrario, el Dios de Elihu no ama, ni quiere ser amado: (1) Si pecas ¿qué habrás logrado contra él? (2) Si multiplicas tus rebeliones ¿qué le harás? (3) Y si eres justo ¿qué le darás? Dios no recibe nada de mano del hombre, él actúa «sin mano humana» *(lo' beyad,* לְא בְיַד; 34,20).

En un sentido, Elihu tiene razón, pues la maldad del hombre no afecta ni daña a Dios, sino a los hombres (es decir, a Job; cf 35,8). Pero, *en otro,* si las cosas fueran así, ya nada importaría, ni la maldad o inocencia de Job ni la de otros hombres llegaría a la entraña de Dios, en contra de lo que sabe y dice la Biblia, de Éx 2,23-25 (el clamor de los hebreos subió al cielo) a Mt 25,31-46 (donde el mismo Dios dice «tuve hambre...»).

Este es el tema de fondo de la nueva teología de Elihu cuando pone de relieve la absoluta trascendencia de Dios (¡nada humano le atañe!), pues habita tras las nubes, es decir, en la raíz de las tormentas donde residen y actúan dioses como Baal y Zeus (cf Sal 18,10; 68,33). Esta es la paradoja: para defender a Dios, superando la actitud insuficiente de los amigos de Job (4-27), Elihu ha debido insistir en la absoluta lejanía de Dios, dejando así al hombre abandonado a su impotencia.

2. *Claman en sus aflicciones, pero no dicen ¿dónde está Eloah...?* (35,9-16). El Dios de Elihu parece en principio un puro más allá, no ama ni odia, sino que planea en su trascendencia, sobre unos y otros, dejando que ellos decidan: «A un hombre como tú daña tu impiedad; y a ti como hijo de hombre aprovecha tu justicia» (35,8). Ciertamente, esta visión es positiva, como se afirma en Gén 2–3, cuando dice que él ha puesto a los hombres en manos de su libertad, ante el árbol del conocimiento del bien-mal, como indicaban los debates de 4–27. Pero en otro sentido esta visión acaba siendo unilateral, pues no conoce más respuesta ante Dios que la pura sumisión.

Esta es la paradoja: (a) Por un lado, Dios se encuentra siempre más allá, es puro poder, sin que las cosas de los hombres puedan importarle. (b) Y sin embargo solo ese Dios-Poder separado puede responder a los gritos de sumisión de los hombres en la noche (cf 35,9-13). Los oprimidos claman a los poderosos, grandes *(rabim,* רַבִּים), como si ellos pudieran remediarles; pero no pueden. La única respuesta del hombre es someterse a Dios, por encima de la «soberbia de los malos» *(geʾôn raʾim,* גְּאוֹן רָעִים), y de todos los hombres, opresores y oprimidos, triunfadores y víctimas.

Esta es la «paradoja» del Dios-Poder que, siendo siempre más allá, potencia pura sobre el mundo, enseña «cantos en la noche», himnos de alabanza de una liturgia universal de sumisión, que vincula en un mismo lamento a opresores y oprimidos (en la línea de la traducción que he comentado en 13,15: «Aunque me mate esperaré en él»). De esa manera, todo el mundo es un templo de sumisión a Dios y reconocimiento de su Poder, sobre la oscuridad de opresores y oprimidos. Según eso, más que con la opresión social de algunos (como parecían decir los debates de 4–27), el pecado se identifica con el orgullo de todos aquellos que olvidan al Dios superior, que sin necesitarles los sostiene con su mano. Desde ese punto de vista, Elihu critica a Job, diciéndole que él solo ve las cosas exteriores y que, de esa forma, abre su boca en vano y «multiplica sus palabras sin sabiduría» (35,16), sin advertir que Dios existe y se mantiene como Poder Sumo, por encima de las injusticias de los hombres, que no tienen más salvación que someterse a Dios, aunque los mate. Esta es la paradoja del Dios de Elihu, ante quien podemos y debemos someternos, aunque nos mate, pues en esa misma muerte está nuestra salvación (cf de nuevo 13,15).

Job 36-37. Lección final y canto de alabanza

Como los anteriores, este discurso comienza con una introducción del redactor (entonces continuó Elihu...: 36,1; cf 32,6; 34,1; 35,1) y consta de dos partes: (a) *Última lección* (36,1-21). Elihu eleva su amenaza contra Job, pero diciéndole que puede ser perdonado si se convierte y abandona sus malas obras. (b) *Canto de alabanza* (36,22-37,24). Elihu eleva su himno al Dios poderoso de los fenómenos del cosmos, de la luz y la tormenta.

Lección final (36,1-21). ¿Acaso por gritar podrás librarte?

Estos versos condensan la enseñanza y aportación de Elihu, que se auto-presenta como fiscal de Dios: frente a las amenazas de los tres amigos, que disputaban con Job por motivos de tipo social, Elihu centra su razonamiento en la enseñanza y acción soberana de Dios quien, por esencia, es justo y corrige (perdona) a los arrepentidos:

36 ¹Entonces Elihu continuó y dijo:
²«Aguántame un poco y te enseñaré,
pues hay aún palabras de Eloah.
³Iré a buscar mi conocimiento desde lejos
para atribuir justicia a mi Hacedor.
⁴Porque de cierto no son mentira mis palabras,
¡tienes ante ti a un hombre íntegro en conceptos!
⁵Grande es Dios, pero no altanero, poderoso por su sabiduría.
⁶No mantiene en vida al impío, pero hace justicia a los afligidos.
⁷No aparta sus ojos de los justos,
sino que los establece para siempre con reyes
sobre el trono y son exaltados.

⁸Aunque estén atados con cadenas, presos con cuerdas de aflicción,
⁹él les revelará sus obras y las rebeliones de las que se gloriaban;
¹⁰abrirá sus oídos a la corrección, les hará convertirse de la maldad.
¹¹Si escuchan y le sirven, vivirán sus días con bien,
sus años con dicha.
¹²Pero si no escuchan caerán por la espada,
morirán sin conocimiento.

¹³Los hipócritas atesoran ira, no se arrepienten al ser encadenados.
¹⁴Fallecerán en su juventud y su vida será como la de los impuros.
¹⁵Pero él liberará de su aflicción al pobre;
y lo rescatará del infortunio.
¹⁶Y también a ti te llevará de la angustia a un lugar ancho,
sin estrechez, y tu mesa estará llena de manjares.
¹⁷Pero no haces justicia contra los malhechores,
ni mantienes el derecho.

[18]Que no te destruya la ira,
que no evitarás pagando un gran rescate.
[19]¿Acaso por gritar te librarás de la angustia
y podrán salvarte tus protestas?
[20]No pidas que venga la noche
para hacer el mal contra la gente.
[21]No te inclines al mal,
pues por eso has sido probado con la aflicción.

1. *Dios es grande, pero no altanero* (36,1-7). Elihu puede presentarse como fiscal de Dios porque es teólogo de oficio. Los amigos (4-27) eran ricos representantes del conocimiento del talión, conforme al cual los que padecen y se encuentran expulsados lo han merecido por sus obras malas. Elihu, en cambio, se cree maestro religioso, y así dice a Job que aproveche su enseñanza, ahora que tiene el privilegio de escuchar a un hombre íntegro, perfecto en conocimiento, no repetidor de sentencias vanas.

Este argumento de Elihu resulta significativo, pero quizá debe tomarse con cierta ironía (como el sermón de Pablo en Rom 2). Sea como fuere, Elihu vuelve a presentarse como guía de gentes que corren el riesgo de perderse por falta de conocimiento, y así empieza diciendo: «Mira, grande es Dios, pero no altanero, poderoso por la fuerza de su sabiduría. No aparta sus ojos de los justos, sino que los eleva con los reyes sobre el trono...» (cf 36,5-7). De esta manera, el mismo Elihu que había criticado por ineptos a los tres amigos de Job (cf cap. 32) termina casi aceptando su mismo argumento.

2. *Si escucha a Dios le irá bien* (36,8-12). Esta es, como he destacado, la paradoja de fondo: siendo trascendente, estando por encima de los hombres, Dios se preocupa de

ellos para corregirles. Ciertamente, es excelso (está por encima de la historia), y, sin embargo, enseña a los hombres: «Aunque estuvieran sujetos con cadenas, apresados con cuerdas de aflicción, él les daría a conocer sus obras... Si escuchan y le sirven, acabarán sus días con bien y sus años con dicha...» (cf 36,8-12).

Por una parte, Dios no discute con los hombres (como quería Job), ni se deja corregir por ellos. Pero, al mismo tiempo, desde arriba, en su absoluta superioridad, por un tipo de misericordia superior a toda pretensión humana, él viene a mostrarse como fuente de transformación para los hombres, sin que ellos puedan exigirle nada, ni discutir con él como hace Job. La función de Dios no es instaurar la justicia interhumana; pero, al presentarse como trascendente, él de hecho la instaura, siempre que los hombres se sometan a su voluntad, sin imponerle condiciones. Él no acepta demandas de justicia de los hombres, pero al hacer que se sometan crea la auténtica justicia.

3. *¿Acaso por gritar podrás librarte de la angustia?* (36,13-21). Dios no quiere amigos, ni iguales que disputen con él, sino súbditos sumisos a su gran potencia. Quien de verdad importa es Dios, no los hombres, pero solo al someterse a él los hombres pueden relacionarse unos con otros con justicia. En esa línea, Elihu pide a Job que se arrepienta y se someta: «Que la ira no te lleve a la destrucción, que no evitarás ni pagando un gran rescate... Ten cuidado, no te inclines al mal, pues por eso has sido afligido» (cf 36,13-21).

Conforme a las acusaciones de Elihu, Job es un hipócrita que quiere ser limpio ante Dios, aunque lleve una vida doble, como la de los impuros *(qedoshim,* קְדֵשִׁים*)*, prostitutos sagrados de los templos, que, siendo varones, actuaban de mujeres. En esa línea, al presentarse como justo ante Dios (y al criticarle, exigiéndole justicia), Job se confunde a sí mismo, queriendo engañar a Dios, y quedando así, sin defensa alguna, bajo el poder superior de su justicia (de su ira). Según eso, conforme a la visión de Elihu, la conducta de Job ha sido no solo equivocada, sino ineficaz, pues nadie puede razonar con Dios como él ha hecho, ni exigirle cuentas por sus obras.

Dios, única verdad (36,22–37,24). Canto a la tormenta

Significativamente, a partir de aquí, Elihu abandona su crítica a Job y entona un canto de alabanza al Dios supremo, imprevisible, que por un lado regala a los hombres lluvia buena (alimento de vida) y que por otro les corrige o los castiga con golpes de violencia (a través de una tormenta destructora). Este es el Dios de la tempestad, por encima del bien-mal y de toda moralidad racionalista (cf S. Kierkegaard, *Temor y temblor*, Alianza Editorial, Madrid 2014; original de 1843), *Dios numinoso*, terrible y fascinante (cf R. Otto, *Lo santo*, Alianza Editorial, Madrid 2016, original de 1917), Dios no encarnado, sobre todo ser o sufrir de los hombres (a diferencia del Dios de Jesús).

36 [22]Mira, Dios es excelso en poder.
¿Qué maestro hay semejante a él?
[23]¿Quién le ha trazado su camino?
¿Quién le dirá: Eso lo has hecho mal?
[24]Acuérdate de enaltecer su obra,
una obra que los hombres han cantado.

²⁵Todos ellos la ven; la mira el hombre desde lejos.
²⁶Es exaltado, no le conocemos;
no podemos calcular el número de sus años.
²⁷Hace que caigan las gotas de humedad,
como lluvia en la niebla,
²⁸cuando las nubes destilan agua
y la vierten sobre la multitud de los hombres.
²⁹¿Quién entenderá la expansión de las nubes
(y) el fragor de su tabernáculo?

³⁰Mira, él extiende su luz desde sí
y la difunde sobre las raíces del mar.
³¹Y de esa forma alimenta a los pueblos,
y produce comida en abundancia.
³²Con sus dos manos empuña el rayo y lo envía para dar en el blanco.
³³Con el trueno, Dios anuncia también su aproximación al ganado.

37 ¹Ciertamente, ante esto tiembla mi corazón y salta en su interior.
²Oíd bien el fragor de su voz, el estruendo que sale de su boca.
³Bajo los cielos resuena su voz,
y su luz llega a los confines de la tierra.
⁴Tras su paso resuena un bramido: truena él con voz majestuosa.
Se oye el trueno, y nadie puede detenerlo.
⁵Truena Dios maravillas con su voz,
cosas incomprensibles para nosotros.

⁶Dice a la nieve: ¡Cae a la tierra!
y a la suave lluvia y los grandes aguaceros.
⁷Encierra bajo sello a los hombres,
para que todos reconozcan su obra.
⁸Las fieras salvajes entran en sus guaridas
y permanecen en sus moradas.

⁹De las partes remotas viene el torbellino,
y el frío de las nubes barredoras.
¹⁰Por el soplo de Dios llega el hielo
y la extensión de las aguas se congela.
¹¹Él carga asimismo las nubes con lluvia;
y dispersa las nubes de tormenta.
¹²Y ellas mismas giran alrededor, dirigidas por él,
para ejecutar todo lo que manda, sobre la faz de la ancha tierra.
¹³Por castigo para su tierra o por misericordia,
él hará que descarguen.
¹⁴Escucha esto, Job;
detente y considera las maravillas de Dios.
¹⁵¿Sabes cómo las concierta Eloah
y cómo alumbra la luz de su nube?
¹⁶¿Conoces las diversas nubes,
las maravillas del Perfecto en conocimiento?
¹⁷Tú, cuyos vestidos arden
cuando se calienta la tierra con el viento sur:
¹⁸¿extendiste con él los cielos,
que están firmes como un espejo fundido?
¹⁹Muéstranos qué decirle,
pues a oscuras somos incapaces de hacerlo.
²⁰¿Necesita él que le cuenten lo que digo,
o tendrá que ser instruido?
²¹No ves la luz del sol brillando en la altura,
pero pasa el viento y se aclara.
²²El color del oro viene del norte:
por encima de Eloah, majestad terrible.
²³Shadai es inalcanzable, sublime y fuerte,
justo y recto, a nadie oprime:
²⁴por eso le temen todos los hombres,
y él no teme a los sabios».

Con este canto al Dios de la naturaleza culminan los argumentos de Elihu, que ponen a Job ante el poder desbocado de un mundo (luz y oscuridad, lluvia, tormenta, rayos, agua, nieve...) que aparece como signo (revelación) de su reino, según una experiencia común en la Biblia (cf Éx 19-20).

1. *En el principio de la creación, canto al agua* (36,22-29). Esta temática no es nueva ni exclusiva de Elihu. Job la había presentado en el capítulo 26, y Dios la expondrá con amplitud en 38,1–42,6. Este es el punto de partida del argumento de Elihu: «Dios actúa de un modo excelso por su poder. ¿Qué maestro hay semejante a él? ¿Quién le ha trazado su camino? ¿Quién le dirá: Eso lo has hecho mal?» (cf 36,22-25).

Todo lo hace Dios *por su poder, bekohô* (בְּכֹחוֹ), pero no de forma arbitraria, sino como maestro *(môreh,* מוֹרֶה), educador. De un modo significativo, los esenios del Qumrán hablan de un *môreh ha-tsedeq,* Maestro de Justicia, intérprete de la ley, educador y fundador de la comunidad. Pues bien, según Elihu, el verdadero «maestro», ordenador del mundo entero (expresado en la tormenta) no es un sabio (experto en justicia) que enseña la ley a los fieles de la comunidad, sino el Dios del cosmos, que es maestro, creador y educador, en una línea de armonía que los hombres *(anashim,* אֲנָשִׁים) han cantado sobre el mundo.

La creación en siete días que Gén 1 presentaba como belleza-bondad (todo era *tov),* aparece aquí como misterio, objeto de enseñanza más profunda, pues ella misma, en su discordante y excelsa armonía, es la expresión del sentido de la vida. Por eso, Elihu dice a Job que aprenda de Dios su «maestro», en vez de ponerse a discutir con él y a rebatirle, sobre temas de justicia.

Job ha querido discutir con Dios, y Elihu le responde que

las obras de Dios hay que verlas (admirarlas y aceptarlas) mirándolas de lejos *(merahôq,* מֵרָחוֹק), para así aprender, sin discutir sobre ellas. Dios ha creado el mundo para que nos sometamos a él y le cantemos *(shorhu,* שֹׁרְרוּ). En esa línea, a modo de complemento del Cantar de los cantares *(shir ha shirim),* Elihu ofrece aquí un canto al mundo entero, empezando por el agua, como numerosos salmos (y en especial LXX Dan 3): «Hace que caigan las gotas de humedad, como lluvia en la niebla, cuando las nubes destilan agua...» (cf 36,27-29).

En este contexto dice Elihu que el mundo en su plenitud es como un templo, y desde su centro o *tabernáculo* (סֻכָּתוֹ, *sukotô)* brota el agua. Los israelitas conocían la tradición de la *tienda/tabernáculo* de Dios con los hombres (cf Éx 25–31), que Elihu sitúa aquí en el centro de la atmósfera, de la que brota el agua de la lluvia (cf creación, día 2º: Gén 1,6), con el Dios atmosférico (tormenta del cosmos), que se esconde y actúa desde el tabernáculo de nubes (cf Sal 18,12).

2. Dios es tormenta (36,30–37,5). La omnipotencia majestuosa de Dios se esconde tras la nube, en su tabernáculo del cosmos, del que brota el trueno con la lluvia, como rayo de luz, relámpago: «Mira, él extiende su luz... y la difunde sobre las raíces del mar... Con sus dos manos empuña el relámpago y lo dirige hacia su destino... Con el trueno, Dios se anuncia, y el ganado sabe cuándo se aproxima» (cf 36,30-33).

Este es el Dios de agua y luz, Dios de tormenta y del relámpago (flecha militar) y el trueno, grito de guerra, que muchos animales perciben antes que los hombres. Por eso, lo que importa no es discutir sobre Dios como hace Job, diciendo que sus obras son injustas, sino aceptarlas, como extrañas, superiores, con admiración y canto, con miedo y temblor de corazón, no con crítica o recelo. En esa línea, Elihu ha situado el principio de la «religión» en un contexto estético, de sublimidad y admiración (como I. Kant, *Crítica del Juicio*, Austral, Madrid 2013; original de 1790): «Oíd bien el fragor de su voz, el estruendo que sale de su boca. Bajo todos los cielos resuena su voz, y su luz llega a los confines de la tierra. Tras él suena un bramido... Truena Dios maravillas con su voz...» (37,1-5).

No se trata de pensar la tormenta, sino de sentirla, de integrarse en ella, como dice Elihu, pidiendo que escuchemos su voz (la de la tormenta), atentamente *(shim'û shamô':* שָׁמֹועַ שִׁמְעוּ), con una palabra que recuerda la confesión de Dt 6,5-6 (escucha Israel...). Este *shema cósmico de Elihu* (oír a Dios en la tormenta) es importante, pero no responde a los problemas éticos (existenciales, sociales) de las preguntas y disputas de Job en 4-27.

3. *Maravilla cósmica* (37,6-24). El Dios-Tormenta no es el amor del *shema*, pero recoge y desarrolla elementos importantes de la experiencia israelita, en la línea de la Ley del Sinaí (Éx 19), no de la promesa de las estrellas de Abraham (cf Gén 15,5; 22,7): «Porque (Dios) dice a la nieve: ¡Cae sobre la tierra! y a la suave lluvia y a los grandes aguaceros... De las partes remotas viene el torbellino, y el frío de las nubes barredoras. Por el soplo de Dios llega el hielo y la extensión de las aguas se congela» (cf 37,6-10).

Este Dios-Cosmos se centra en el agua, la nieve y el hielo que congela los ríos, en Israel y en su entorno, en las altiplanicies de Moab, las alturas de Golán y, sobre todo, en el Líbano, blanco de nieve, sobre Galilea. «Él (Dios) carga las nubes con lluvia... como castigo o por misericordia, él hará que descarguen» (37,11-13).

La tradición judía ha destacado la belleza de este canto a la tormenta de Dios, que no se explica ni entiende de modo científico (al estilo moderno), sino como expresión del poder sagrado del mundo, casa de Dios donde la lluvia es la mayor de las bendiciones (fecunda los campos, alimenta las mieses), pero puede ser también castigo divino (cuando arrasa la tierra y destruye los sembrados). Desde ese Dios de la tormenta, Elihu pide a Job que reconsidere: «Escucha esto, Job; detente y considera las maravillas de Dios... ¿Has conocido las diferentes nubes, las maravillas del Perfecto en conocimiento?...» (cf 37,14-18).

4. *Visión de conjunto*. Este canto es valioso, pero olvida algo importante: ¡Job no ha criticado a Dios en ese plano! No ha negado el enigma de las aguas, el trueno, la nieve ni la tormenta, sino que ha preguntado sobre el Dios de la vida de los hombres. Job quiere otra cosa, y Elihu le acalla con razones de tormenta, muy valiosas en su plano, pero insuficientes en la línea de la justicia interhumana.

En un sentido, Elihu tiene razón: Dios es Shadai (excelso sobre el mundo, Todopoderoso), grande en poder y por eso le temen los hombres... (37,23-24). Pero el tema de Job no es el poder, sino la justicia de los hombres, cosa que Elihu ha dejado en un segundo plano: él se presentaba (cap. 32) con grandes pretensiones, como si estuviera lleno de respuestas, prometiendo vencer a Job y refutar a sus amigos, pero no lo ha conseguido, desviando en otra línea sus razones. De modo consecuente, el Dios final que rehabilita a Job desde la tormenta (42,7-17) no cita a Elihu. Ciertamente, utiliza algunos de sus argumentos, pero en otra línea, como seguiré indicando.

Dios, el juez.
Cíñete los lomos, quiero hablarte
(38,1–42,6)

Estos capítulos ofrecen la respuesta paradójica de Dios, que ratifica sus caminos adversos, y habla a Job (y a sus tres amigos), sin tener en cuenta a Elihu, como si no hubiera existido, ni fuera su fiscal, aunque retoma algunos de sus presupuestos y razones:

- *Dios instruye a Job en dos discursos* (38,1–40,5 y 40,6–42,6), mostrándole el rostro misterioso de su creación, simbolizada al fin por unos extraños animales matizando y reinterpretando así un tema importante de los discursos de Elihu; pero no condena a Job, ni exige que se arrepienta, en contra de aquello que exigían sus amigos (4–27) y el fiscal Elihu (32–37).
- *Estos discursos preparan la escena final de la rehabilitación de Job* (42,7-17), a quien Dios no tiene que absolver ni perdonar, pues no ha pecado, en contra de lo que pretendía Satán (cf 1-2). Ciertamente, Dios tiene que enseñarle cosas nuevas, pero no castigarlo, pues sus protestas no han sido pecado.

El comienzo de los discursos de Dios (38,1-2 y 40,1-2) empalma con lo que Job había dicho al final de su apología (31,35-40), como si Elihu (cf 32–37) no hubiera intervenido, aunque, como he dicho, en otra línea, los discursos del fiscal han preparado de algún modo la respuesta de Dios, que retoma y matiza los motivos cósmicos de esos discursos. De un modo significativo, Dios empieza hablando desde el trono de la tormenta (38,1) donde le había dejado Elihu, aunque no para repetir lo que este había dicho, sino para matizarlo con argumentos y signos de la vida de los animales (39–41). Esta respuesta de Dios está formada como he dicho por dos discursos: 38,1-40,5 y 40,6–42,6. El primero insiste en el motivo cósmico, para destacar después el enigma de algunos animales. El segundo presenta dos animales (vivientes) significativos: Behemot y Leviatán.

El mundo y los primeros animales (38,1–40,5)

En su debate con los tres amigos (4–37) y en especial en su apología (39–41), Job había pedido a Dios una respuesta, y Dios lo ha escuchado y le ha respondido. Pero, en vez de responder a sus preguntas concretas, le ha planteado más preguntas, comenzando por este discurso que consta de introducción, cuerpo y respuesta de Job. Dios viene en la tormenta, no se sienta al lado de Job para conversar con él, rostro a rostro, cara a cara, sino que le habla por arriba, desde su majestad, para revelarle de esa forma su misterio. Es un Dios que se extraña y pregunta por Job, como si no le conociera:

38 [1]Entonces respondió Yahvé a Job desde el torbellino y dijo:

²«¿Quién es ese que oscurece mi consejo con palabras sin sabiduría?
³Ahora cíñete los lomos como un hombre:
yo te pregunto, tú me contestarás.

Pregunta como si Job le molestara, pues denigra su designio y consejo, poniendo en duda su sabiduría y buen hacer en la creación y ordenación del mundo. Más que su relación con los hombres, en la línea de la justicia y la salvación (tema clave de 4–27 y 29–31), Dios insiste en su poder sobre el mundo, como muestra la tormenta (agua, rayo) y la vida de los animales. Lo primero que él hace es alabarse (=presentarse gozoso), como el Dios del Génesis que iba viendo que eran buenas las cosas que él hacía, como autor-soberano del mundo, antes que como amigo y defensor de los oprimidos de la tierra (como en Éx 1–15). Consta de dos partes. Una trata de Dios y el mundo (38,4–38), otra de Dios y los animales (38,39–39,30). Ciertamente, Dios tiene razón en todo lo que dice, pero no la razón que Job buscaba.

Dios y el mundo. Con una anotación ecológica (38,4-38)

Actualmente (año 2020) muchos tienen dudas sobre el equilibrio vital de este mundo, amenazado en parte por la intervención humana (crisis ecológica). En contra de eso, este Dios está orgulloso del mundo que él ha creado, a pesar de los dolores que hay que padecer. Por eso, ante las posibles dudas de Job, él ha respondido: «Si eres hombre, si te atreves y si puedes, como fuerte guerrero *(geber,* גֶּבֶר*),* cíñete los lomos y te interrogaré sobre la tierra y el mar, la luz y los fenómenos del cosmos...» (cf 38,3).

1. *Tierra y mar* (38,4-11). Están al comienzo de la obra de Dios (cf Gén 1,1-10), cuando no existía nadie (¡ni Job! cf 15,7) que pudiera aconsejarle, solo las estrellas del alba que le glorificaban con sus hijos (ángeles), entonando himnos de alegría (38,7). Este es el principio de la creación, despliegue gratuito del poder de Dios, que los primeros seres (ángeles/estrellas) acogen cantando:

> 38 ⁴¿Dónde estabas tú cuando yo fundaba la tierra?
>
> ¡Dímelo, si lo sabes!
>
> ⁵¿Quién dispuso sus medidas, si lo sabes?
>
> ¿O quién tendió la cuerda de medir?
>
> ⁶¿Dónde están fundadas sus bases?
>
> ¿Quién puso su piedra angular,
>
> ⁷cuando alababan las estrellas del alba
>
> y gritaban gozosos todos los hijos de Dios?
>
> ⁸¿Quién encerró con puertas el mar,
>
> cuando se derramaba saliendo de su seno,
>
> ⁹cuando yo le puse por vestidura nubes
>
> y una densa niebla como sus pañales?
>
> ¹⁰Yo establecí límites al mar;
>
> le puse cerrojos y puertas, y dije:
>
> ¹¹"Hasta aquí llegarás y no pasarás;
>
> aquí se detendrán tus olas orgullosas"».

El Job del gran debate (4–27), expulsado del orden social, podría sentirse extrañado ante este himno de ángeles y estrellas. ¿Cómo cantar a Dios en el cautiverio, desde el polvo y la ceniza de los expulsados? (cf Sal 136). ¿No ha sido más honrado quejarse y preguntarle? Ciertamente, desde su excelsa grandeza, este Dios de Job puede tener *razones* para pedir a todos que le alaben. Pero, si él ha hecho a los hombres capaces de pensar e incluso de disputar con él (como viene destacando Job), podríamos decir que el hombre acusado, expulsado y condenado tiene más razón que Dios, que se enorgullece de su obra creadora, apelando a la tormenta para mantenerse por encima.

2. *Sobre la luz* (38,12-21). En la línea anterior, estas palabras de Dios sobre la luz *(día)* y la oscuridad *(muerte)* son hermosas, pero poco convincentes para un hombre que sufre como Job. Dios le pregunta si ha creado la luz y todo lo que existe; evidentemente, él (Job) debe responder que «no». No sabe, no lo ha hecho, no es dueño de la luz, que amanece y vuelve cada día, dando forma a todo lo que existe; no es tampoco dueño de la oscuridad y de la muerte, como Dios ha destacado al preguntarle, con un fondo de ironía.

38 [12]¿Has mandado alguna vez a la mañana?
¿Le has mostrado al alba su lugar,
[13]para que ocupe los confines de la tierra
y sacuda de ella a los malvados,
[14]para dar forma a la tierra, como si fuera con un sello,
y vestirla de vestidura,
[15]de forma que sean descubiertos los malvados
y quebrantados los orgullosos?
[16]¿Has entrado en las honduras del mar
o escudriñado las fuentes del abismo?
[17]¿Has mirado las puertas de la muerte
y has visto el portón de las tinieblas?
[18]¿Has considerado la extensión de la tierra?
¡Declara si sabes todo eso!
[19]¿Dónde está el camino de la luz?
¿Y dónde queda el lugar de las tinieblas,

[20]para que llegues a su límites
y puedas conocer las sendas de su casa?
[21]¡Quizá lo sabes, pues habías ya nacido
y es grande el número de tus días!

Job es solo un pobre sufriente, y, sin embargo, parece que Dios le está hablando (retando) como si fuera un superhombre, un titán poderoso que quiere igualarse con él y derrotarlo, en la gran lucha entre Dios y Anti-Dios, el bien y el mal, como en las teo-maquias de un tipo de zoroastrismo, o de apocalíptica judía (o incluso en los esenios del Qumrán). Alguien podría decir que el Dios que habla así se ha equivocado de persona, pues Job no es Mot (adversario de Baal), ni el Tehom o Tiamat de otros mitos de Oriente, sino un pobre sufriente ante la muerte.

Ciertamente, Job no sabe responder a la preguntas de Dios, pues no ha colaborado con él en la tarea de la creación. Pero el tema que le duele no es la creación del cosmos, sino el sentido o la falta de sentido (justicia o injusticia) de su sufrimiento, como hombre acusado, expulsado de la vida por los privilegiados, que apelan a Dios para dominarle. No duda del orden físico del cosmos (¡por significativo que sea!), sino de la justicia de una vida de sufrimiento para los inocentes. Son importantes los temas de la luz y la oscuridad, la vida y la muerte física, pero el motivo que preocupa a Job y a una nueva estirpe de judíos, que vienen del exilio (la destrucción del reino) es la justicia social, la vida de los pobres.

La respuesta espiritualista y cósmica de Elihu (que Dios podría asumir en su discurso) no contenta a Job. Él puede confesar ante Dios que no conoce el origen ni el sentido final de este cosmos, pero añadiendo que necesita encontrar (que le digan) el sentido de su sufrimiento: que reconozcan su justicia y le liberen de esta vida de muerte que padece. Pero, en vez de responderle, Dios le examina sobre los fenómenos del cosmos.

3. *¿Quién abre camino a la lluvia?* (38,22-38). Estos son los últimos versos de la pregunta cósmica de Dios. Job le preguntaba sobre la injusticia; Dios le responde preguntando sobre fenómenos del cosmos. En vez de centrarse en la justicia, la opresión y el dolor de los expulsados (las víctimas), él se enaltece a sí mismo examinando a Job sobre cuestiones físicas del mundo:

38 22¿Has ido a los depósitos de nieve?
¿Has visto los almacenes del granizo,
23que he reservado para el tiempo de angustia,
para el día de guerra y batalla?
24¿Por qué camino se divide la luz
y viene el viento del este sobre el mundo?
25¿Quién abre un cauce a la lluvia,
y un camino a los relámpagos y truenos,
26para llover sobre la tierra inhabitada,
sobre el desierto sin seres humanos,
27saciando la tierra vacía y sin cultivo
y para hacer que brote hierba verde?
28¿Hay padre para la lluvia? ¿Quién engendró las gotas del rocío?
29¿De qué vientre salió el hielo?
¿Quién dio a luz la escarcha del cielo?
30Las aguas se endurecen como piedra y se congela la faz del abismo.
31¿Podrás anudar los lazos de las Pléyades?
¿Desatarás los nudos de Orión?
32¿Sacarás a tiempo las constelaciones?
¿Guiarás a la Osa Mayor y a sus hijos?

[33]¿Conoces las leyes de los cielos?
¿Dispones tú su dominio en la tierra?
[34]¿Puedes alzar tu voz a las nubes
para que te cubra gran cantidad de agua?
[35]¿Envías los relámpagos, para que vayan y digan: aquí estamos?
[36]¿Quién puso ciencia en los nimbos
e inteligencia en los nubarrones?
[37]¿Quién cuenta las nubes con acierto
e inclina los cántaros del cielo,
[38]para que el polvo se funda en una masa
y los terrones se amalgamen?

Superando (no negando) la importancia de esas cuestiones sobre la lluvia y la tormenta, en una atmósfera donde se vinculan simbólicamente cielo y tierra y donde «habitaban» los dioses de la tempestad (de Indra a Hadad, de Zeus a Yahvé), Job ha planteado el tema de la justicia y la opresión humana. Ciertamente, el Dios antiguo (el de sus tres amigos) conoce (domina) los temas del mundo, y los resuelve según las leyes del talión, pero no sabe responder a la cuestión de la justicia y por eso vuelve una y otra vez a los mismos argumentos, como queriendo abrumarle.

Esta vuelta a los fenómenos del cosmos, con el enigma de la lluvia que empapa los campos, el enigma de los astros y las Pléyades que expresan la armonía más lejana e insondable del cosmos, resulta importante en la Biblia, y lo sigue siendo en este tiempo (año 2020), en una tierra cuya fertilidad ponemos en riesgo, nosotros, los humanos, con nuestra forma de extraer metales (cf Job 28) y de contaminar el agua y la atmósfera.

Pero, superando (no negando) ese nivel de admiración y talión cósmico, Job había planteado el tema de la justicia interhumana, pasando del Dios de la tormenta al Dios de una humanidad reconciliada. Hoy sabemos bien que la armonía del mundo exterior se encuentra en peligro por la acción «destructora» de los hombres, que quieren adueñarse del árbol del bien y del mal, aunque así corran el riesgo de matarse a sí mismos (cf Gén 2–3), y desde esa línea se debe reinterpretar este pasaje.

Como dicen los últimos versos del texto citado, el Dios cósmico guía (impulsa y dirige) los caminos del agua (la lluvia) que mantienen la fecundidad de los campos. En esa línea debemos añadir que la «sabiduría del agua» (la humedad de la atmósfera, el surgimiento de las plantas en la tierra) hace que esta tierra siga siendo fértil; pero esa «sabiduría cósmica» debe vincularse a la justicia interhumana, pues, de lo contrario, la misma vida del mundo termina convirtiéndose en muerte. Según eso, hoy sabemos que este canto al mundo, elevado aquí por Dios su creador, solo puede entonarse y entenderse desde la justicia interhumana (y en esa línea Dios tiene que «aprender» de Job).

Allí donde unos hombres poderosos pero injustos oprimen a Job, convirtiéndolo en víctima (pecado social), ellos pueden (podemos) destruir el equilibrio del agua y de la nieve, de la atmósfera y la tierra, haciendo que este mundo de vida de Dios acabe transformándose en un lugar de muerte para el hombre. Leído de esa forma, el libro de Job, escrito en defensa de una víctima oprimida (condenada a muerte en un estercolero) puede y debe interpretarse como protesta clave contra el «dios» de aquellos que destruyen con su egoísmo la vida de la tierra.

Animales, inquietante armonía de vida (38,39–39,30)

En el apartado anterior exponía Dios su relación con el mundo. En este se ocupa de los animales, retomando motivos básicos de la creación (Gén 1–3) y de la relación entre hombres y animales, que han nacido vinculados (día 5 y 6: Gén 1,20-27). Adán, el ser humano, ha recibido la tarea de organizar (domesticar) a los animales (cf Gén 2,4-29), aunque ellos no logren saciar su necesidad de compañía, pues un ser humano solo se cura con otro ser humano (cf Gén 2,21-26).

En ese contexto, Dios va presentando algunos animales (leona, cuervo y gacela, halcón y águila, onagro, antílope, avestruz y caballo) para defenderse a sí mismo y hacer que Job acepte el orden actual del mundo. No es fácil exponer a fondo el sentido de estos animales en un libro como este, pero el mismo texto irá ofreciendo claves para ello.

1. *Leona, ciervo, gacela* (38,39–39,4). Son animales que protegen de diversas formas a su prole (como Dios hace con los hombres). La *leona* es feroz, pero sustenta cuidadosamente a sus cachorros, sea con la carne que el león macho le trae, o con la que ella misma consigue, enseñándoles al mismo tiempo a cazar. Dios mismo ofrece alimento al *cuervo de mal agüero* para sus polluelos y protege en su preñez y nacimiento a las *gacelas* de las rocas y desiertos.

38 [39]¿Cazarás tú presas para la *leona*?
¿Saciarás el hambre de sus cachorros,
[40]cuando se tumban en sus guaridas
o se ponen al acecho en la espesura?

⁴¹¿Quién prepara al *cuervo* su alimento,
cuando sus polluelos graznan a Dios
y andan errantes por falta de comida?

39 ¹¿Sabes cuándo paren las *gacelas*? ¿Has visto a las cabras dar a luz?
²¿Has contado los meses de su preñez,
conoces el día en que van a parir?
³Se encorvan, hacen salir a sus hijos y pasan sus dolores.
⁴Sus hijos se robustecen y crecen en el desierto;
luego se van y no vuelven.

Estos animales (león, cuervo, gacela) son testigos de Dios, que les enseña cómo alimentar a sus crías. No sirven a los hombres ni les enriquecen (como bueyes, ovejas, cabras y palomas), no se domestican, ni se emplean en los sacrificios y, sin embargo, son objeto del cuidado de Dios, que los protege y alimenta (cf Sal 104.136.145); de esa forma son ejemplo de la generosidad y cuidado de Dios para los hombres (por encima de la pura utilidad).

2. *Asno y antílope* (39,5-12). La generosidad de Dios, que alimenta incluso a los seres que parecen menos necesarios, ha de ser ejemplo para Job, a quien Dios pide, indirectamente, que acepte su vida (aunque parezca inútil y enferma) como signo de la presencia multiforme de Dios, como muestra el onagro:

39 ⁵¿Quién dio libertad al *asno montés*?
¿Quién soltó las ataduras del *onagro*?
⁶Yo le di por casa el desierto, puse su morada en lugares estériles.
⁷Él se burla del bullicio de la ciudad y no oye las voces del arriero.
⁸En lo escondido de los montes escruta y busca tras toda cosa verde.

El *asno* ha sido de los primeros animales domesticados, compañero del hombre en el trabajo, pilar de la cultura antigua, desde China a la Península Ibérica. Pero en el entorno de Job han existido, hasta tiempos cercanos a nosotros, los *onagros*, en griego *asnos salvajes* (hebreo *pere'*, פֶּרֶא), animales duros e independientes (aunque se mueven en manadas), en tierras casi desérticas.

El libro de Job les describe como signo de vida en libertad, no contaminados por un tipo de cultura ciudadana, como Ismael, hijo de Agar y Abraham (Gén 16,12; cf en esa línea Os 8,9; Jer 48,6), el onagro de estepa, «padre» de los ismaelitas, árabes del sur-este de la tierra de Canaán. ¿Para qué sirve el onagro? En un sentido para nada, pues no se deja domar. Pero en otro es signo de Dios para hombres no domados, como Job, en momentos de dolor, rechazo e infortunio. En esa línea avanza el *antílope*:

39 ⁹¿Querrá el *antílope* servirte o quedarse en tu pesebre?
¹⁰¿Lo atarás con rienda para abrir el surco?
¿Irá en pos de ti labrando los valles?
¹¹¿Confiarás en él porque su fuerza es grande?
¿Le encomendarías tu labor?
¹²¿Confiarás en él para recoger tu cosecha
y para guardar lo que tienes en la era?

Este es el canto al *rêm* (רְים), un tipo de antílope o búfalo salvaje, que habitaba al parecer en la montaña (no en valles cultivados). La Biblia de los LXX lo llama μονόκερως (unicornio), por lo que algunos han pensado que podría ser el rinoceronte. Pero el texto parece referirse a un tipo de unicornio, real o simbólico de historias y leyendas. Sea como fuere, es un viviente extraño, distinto, raro y solitario, sin utilidad, pues no se emplea para arar la tierra, ni transportar el grano, ni para realizar ningún otro servicio, siendo sin embargo objeto del cuidado y atención de Dios, como otros animales raros.

3. *Avestruz, un ave distinta* (39,13-18). Del unicornio pasa Dios al *avestruz* para recordarle a Job que él también vive en un mundo extraño, donde los hombres no se valoran por su utilidad, sino por el hecho de existir, siendo distintos y raros, cada uno con su valor ante Dios, como puede ser el mismo Job.

39 ¹³El *avestruz* revolotea alegre,
como si tuviera alas y plumas de cigüeña.
¹⁴Abandona en el suelo sus huevos,
para que los incube la arena,
¹⁵sin pensar que un pie los puede pisar
o una fiera del campo aplastarlos.
¹⁶Trata a sus crías como ajenas,
y no teme que su crianza sea en vano,
¹⁷porque Dios le negó sabiduría
y no le hizo compartir inteligencia.
¹⁸Sin embargo, en cuanto se levanta,
se burla del caballo y su jinete.

Como el onagro y el antílope/unicornio, que no sirven para ser domados, ni para trabajar o ser sacrificados en el templo, tampoco el avestruz es útil, pero es muy significativa. Este Dios de Job no está aludiendo aquí a los animales domesticados para servir como comida, para el trabajo o el templo, sino a los más extraños y distintos, que no trabajan, ni se comen, ni se sacrifican, pero que son muy importantes para Dios (como Job, hombre extraño, golpeado por el dolor, en un estercolero, cercano a la muerte).

Las avestruces, a las que el texto compara con cigüeñas que no vuelan, tienen la costumbre de poner los huevos en el suelo, como si los abandonaran a merced de los animales salvajes o fieras «pues Dios no las hizo inteligentes»; pero, a pesar de ese dato (¡que por otra parte parece equivocado, pues el hecho de poner los huevos en el suelo tiene otro sentido!), ellas son importantes para Dios, a pesar de ser extrañas, y de que la ley las tome como impuras (cf Dt 14,15; Lev 11,16), pues no responden al modelo los animales puros, que han de ser de un solo tipo (terrestres con patas, acuáticos con aletas, aéreos con alas...), mientras ellas son mestizas (aves aladas que no vuelan, animales terrestres ovíparos en vez de vivíparos, con alas en vez de patas delanteras...).

Conforme a la visión de los sacerdotes y los sabios judíos, las avestruces no deberían existir, y por eso son impuras; pero el Dios de Job pasa por alto su impureza ritual, y valora su carácter extraño, su independencia y velocidad. En el tiempo en que se escribió el libro de Job existían en el entorno de Israel bandadas o «rebaños» de avestruces, suscitando la admiración de su autor, que nos ha ofrecido este precioso retrato, mostrando que, aunque parece que carecen de la sabiduría más convencional (abandonan sus huevos), son, sin embargo, objeto de la admiración de Dios.

4. *Caballo, halcón, águila* (39,19-30). Junto al onagro y el avestruz evoca Dios otros tres animales con los que Job puede entender mejor su vida:

39 [19]¿Le das su fuerza al *caballo?*
¿Cubres su cuello de crines ondulantes?

²⁰¿Lo harás temblar como a langosta?
El resoplido de su nariz es formidable.
²¹Escarba la tierra, se alegra en su fuerza
y sale al encuentro de las armas.
²²Se burla del miedo; no teme ni vuelve el rostro ante la espada.
²³Sobre él resuena la aljaba, el hierro de la lanza y la jabalina;
²⁴pero, con ímpetu y furor,
pisa la tierra sin detenerse ante la trompeta.
²⁵A cada golpe de clarín de guerra dice:
¡Eah! De lejos huele la batalla,
el grito de los capitanes y el sonido de las trompetas.

En contraste con las avestruces vienen los caballos, que están domesticados, pero se comportan de un modo salvaje en la batalla. Las avestruces (entonces no domesticadas) eran extrañas, mezcla de ave y caballo veloz; por el contrario el caballo es notable por su fiereza en la batalla, como indica este canto de Dios, que está orgulloso de haberlo creado.

La domesticación planificada del caballo como animal de transporte, carga y guerra ha sido uno de los acontecimientos más importantes de la historia, a partir de la edad de hierro (segundo milenio a.C.). La Biblia evoca los carros, caballos y jinetes del faraón (Éx 15,2-4) y de los reyes cananeos (Jue 5,22), contra los que lucharon a pie los montañeses de Israel. Luego, a partir de Salomón, los caballos y carros de guerra se vuelven también importantes en Israel (cf 1Re 4,26; 10,26-29).

En ese fondo ha de entenderse este canto al caballo, que tiene un fondo militar, pero que proclama la grandeza de Dios por haberlo creado, ofreciendo una palabra de ánimo a Job: ¡Dios le dice que no tenga miedo, que no se amedrente ni encierre en su lamento! Ciertamente, Dios tendrá en cuenta los dolores de Job (cf 42,7-17). Pero aquí, al ponerlo ante el caballo (¡valiente, indomable!), le invita a no quebrarse en la batalla/milicia de la vida (cf 7,1), como hace también con el halcón y el águila:

> 39 [26]¿Acaso vuela el *halcón* por tu inteligencia
> y extiende hacia el sur sus alas?
> [27]¿Se remonta el *águila* por tu mandato
> y construye en alto su nido?
> [28]Ella habita en la peña y construye su nido en el risco elevado
> y en su solidez.
> [29]Desde allí acecha la comida
> que sus ojos observan desde muy lejos.
> [30]Sus polluelos chupan la sangre.
> Donde haya cadáveres, allí está ella».

Dios mismo ha dotado al halcón *(nets,* נֵץ*)* de inteligencia, de forma que extiende sus alas hacia el sur, buscando quizá lugares más calientes para reposar (hibernar). A su lado está el águila *(nasher,* נֶשֶׁר*)*, último animal de esta serie (38,39–39,30), que es con el león el signo más utilizado de la simbología imperial antigua (desde Asiria a Roma). Pero aquí el león y el águila no son signo de guerra, como puede ser el caballo, sino de majestad y resistencia, ofreciendo así un ejemplo a Job, para que sea fuerte y no se deje vencer por la adversidad. En ese contexto es importante la referencia al águila, que habita entre peñas, y construye sus nidos en alto, dominando el entorno donde caza para sus polluelos.

Significativamente, el águila es también impura, como el avestruz (quizá por comer carne muerta; cf Lev 11,13), pero Dios la presenta como ejemplo para Job (¡un hombre impuro!), a quien ofrece su enseñanza no solo a través de los fenómenos del cosmos, sino también por los animales. En un sentido ritual (como ha destacado Lev 13), la lepra constituye la impureza suma del hombre; pero Dios, con el ejemplo del águila, le dice a Job que no es impuro.

Soy demasiado pequeño, no replicaré (40,1-5)

Estas palabras son la conclusión del discurso anterior (38,1–39,30) y ofrecen la primera confesión de Job, que se somete a Dios, aceptando su enseñanza. Ciertamente, él había preguntado otras cosas, sobre la justicia en la vida de los hombres (y en especial en la suya), pero, aunque Dios no le ha respondido, él acepta su discurso y se humilla, reverente, ante su revelación en la naturaleza y en algunos animales.

En esta línea, podríamos decir que las preguntas de Job en el debate con sus amigos y en la apología posterior (4–27 y 29–31) habían sido más elevadas e incisivas que las respuestas, de manera que podríamos afirmar que él (Job) «sabe» más que Dios que se limita a decirle cosas elevadas sobre la creación y la conducta extraña de algunos animales. Es como si Dios no hubiera querido entrar en la controversia, limitándose a mostrar ante Job su poder en la naturaleza y en la vida de algunos animales extraños y distintos, desde el león al águila, pasando por el onagro, el avestruz y el caballo. Pues bien, a pesar de ello (o quizá por ello), Job acepta su respuesta, no solo por el hecho de que el mismo Dios le ha concedido el «honor» de responderle, sino también por la forma de hacerlo, dirigiendo su atención hacia el carácter distinto y multiforme de la creación de algunos animales:

40 ¹Y siguió hablando Yahvé a Job y dijo:

²«¿Disputará el censurador con Shadai?

¡Que el instructor de Eloah responda!».

³Entonces respondió Job a Yahvé y dijo:

⁴«Soy demasiado pequeño ¿qué te responderé?

¡Me tapo la boca con la mano!

⁵Una vez hablé, y no replicaré más;

y dos veces, pero no volveré a hablar».

En el fondo, como en todo el discurso anterior (38,1–39,30), puede haber un tipo de «ironía»: «¡Que responda el instructor o censurador de Eloah!». De todas formas, como indicará la conclusión (42,7-17), resulta claro que Dios se ha dejado influir por la instrucción o censura de Job. Sea como fuere, más que esta pregunta de Dios importa aquí la respuesta de Job, sometiéndose y diciendo: «¡soy demasiado pequeño... No replicaré!» (cf 40,4-5). No niega nada de aquello que ha dicho, queriendo escribirlo en la roca, ante Dios y los hombres, para siempre. Pero ahora añade que es demasiado pequeño, que tiene que seguir aprendiendo cosas sobre Dios.

Job había discutido cuerpo a cuerpo con los tres amigos, volviendo siempre a lo esencial: «¡Que Dios reconozca mi justicia y me rehabilite!» Pero, en lugar de eso, en vez de responder a sus argumentos, Dios se ha limitado a mostrarle su grandeza, la grandeza cósmica y animal de su obra... y, sin embargo, habiéndose mostrado antes tan duro, el mismo Job, se deja ahora convencer, no por los argumentos de Dios como tales, sino por el hecho de que Dios es Dios.

Ciertamente, Job había reconocido la grandeza cósmica de Dios (cf 9,4-10), de forma que podríamos decir que, para responder como ha hecho, no era necesario que Dios se revelara en la tormenta y en algunos animales. Job no había pedido que hiciera una exhibición de su poder (¡ya lo conocía!)... y, sin embargo, ahora, en vez de enfadarse y criticarle por ello, acepta sumiso la demostración de fuerza de Dios, no como rendición y sumisión sin más, sino como comienzo de un más hondo camino.

En esa línea, teniendo en cuenta el conjunto del libro, y especialmente la rehabilitación final (42,7-17), podemos afirmar que Job no se ha «rendido» en sentido «negativo», como si negara al final lo que había afirmado antes, sino que él ha podido empezar a entender las cosas de un modo distinto, mirando de otra forma el poder cósmico de Dios y la enseñanza de los animales: (a) Job descubre así que Dios es misterioso, por encima de las mismas propuestas éticas que él había planteado. (b) Y descubre también que Dios no rechaza las críticas o censuras que Job le ha dirigido.

Misterio de Dios, los animales más extraños (40,6–42,6)

En paralelo con el anterior (cf 38,1–40,5), este discurso consta de tres partes: *Introducción* (40,6-14), *cuerpo central* (40,15-41,26) en dos secciones (una de Behemot, otra de Leviatán) y *conclusión,* con el sometimiento o retractación de Job (42,1-6). Es probablemente más tardío, y parece haber sido pensado y compuesto para insistir en algunos motivos del anterior. Tiene, sin embargo, una profunda y poderosa novedad, centrada en dos animales (hipopótamo y cocodrilo) con rasgos mitológico/simbólico, que nos introducen en la armonía inquietante de Dios.

¿Puedes hacerlo? ¿Verdad o ironía de Dios? (40,6-14)

Retoma y alarga el motivo inicial del discurso anterior (cf 38,1-3) en el que Dios respondía con nuevas preguntas a las preguntas de Job, que criticaba el derecho y justicia *(mishpat)* de Dios (cf 4-27). Una respuesta como esta (¿puedes tú hacerlo mejor?) nos sitúa cerca de la problemática que se ha venido utilizando en los tratados de *Teodicea* o *Defensa de Dios,* ente los que destaca el de G. Leibniz (1710).

40 ⁶Entonces respondió Yahvé a Job desde el torbellino y dijo:

⁷«Cíñete la cintura como hombre:

yo te preguntaré y tú contestarás.

⁸¿Invalidarás tú mi derecho?

¿Me condenarás, para hacerte tú justo?

⁹¿Tienes tú un brazo como Dios?

¿Puedes tronar como él truena?

¹⁰Adórnate tú de majestad y alteza,

vístete de honra y hermosura.

¹¹Derrama el ardor de tu ira; mira a todo lo altivo y abátelo.

¹²Mira a todo lo soberbio y humíllalo,

destruye a los impíos donde estén.

¹³Entiérralos a todos en el polvo,

encierra sus rostros en la oscuridad.

¹⁴Entonces yo también declararé

que tu diestra puede salvarte.

Desde la tormenta *(se'arah,* סְעָרָה, cf 38,1) Dios habla, mostrándose celoso de su obra, sin que nadie le discuta. Su argumentación es buena, pero debe matizarse:

~ *Job no ha criticado a Dios por el orden cósmico, sino por su forma de dirigir la historia,* que no es solo suya (de Dios), pues la comparten los hombres poderosos del mundo, que se creen que son colaboradores suyos. Por eso, no parece justo que Dios diga a Job «hazlo tú mejor», pues la respuesta sería «hagamos». Los motivos que Job y sus amigos habían ido discutiendo en 4–27 no eran de tipo cósmico (sobre el mundo material), sino de justicia, de relación de unos hombres con otros.

~ *Por eso, la invitación de Dios a Job, diciéndole que lo haga él mejor,* organizando así el mundo, parece fuera de lugar, y podría incluso interpretarse como un signo de altivez (¡a ver si tú puedes...!). Pero, en otro sentido, esa invitación nos sitúa cerca del profeta Isaías (cf 2,6-22), cuando le pedía a Dios que desplegara el poder de su venganza, sobre toda forma de altivez humana. De todas formas, aquí no es Job quien dice a Dios que lo haga, sino Dios quien se lo dice a Job (hazlo tú, destruye a los perversos...).

Estas palabras: «¡Hazlo tú, destruye a los perversos!», parecen la descarga de conciencia de un Dios fuerte, que se muestra superior a todos y no deja que le contradigan. Pero ellas pueden entenderse también como deseo de un Dios verdaderamente débil, compañero (no Señor) de Job, a quien le pide que asuma su tarea y le aconseje, aunque con cierto deje de ironía, como si le dijera: «Ya que eres tan sabio, toma el mundo por un tiempo, arregla sus problemas, pues tanto te gusta criticarme».

Una propuesta como esa, aunque en sentido más negativo, pudiera hallarse al fondo del relato de las tentaciones (Mt 4 y Lc 4), donde el Diablo (no Dios) dice a Jesús que tome en su hombro la carga y tarea del mundo, que convierta las piedras en dinero... Ese Diablo de los evangelios es un «corrector» de Dios, cuya obra quisiera enmendar, y en un contexto parecido pudiera situarse este Dios que pide a Job que tome el mando, que ejerza la violencia necesaria, que destruya a los malvados (como dirán los criados al amo en Mt 13,24-30: ¿quieres que arranquemos la cizaña?).

En este contexto de *propuestas de Job* (¡que pide a Dios que se revele!) y de *contra-propuestas de Dios* (¡hazlo tú, toma el mando!) se sitúa esta sección. Es como si Dios dijera a Job: ¡Inténtalo tú, yo no puedo...! En esa línea, al menos en un plano, el Dios de nuestro drama pudiera parecer menos poderoso, cuando dice a Job: «Resuelve tú el tema a sangre y fuego, con ira poderosa ¡entiérralos a todos en el polvo, apaga sus rostros en la oscuridad...!».

Posiblemente se trata, como he dicho, de palabras irónicas, aunque quizá en el fondo de ellas late en un momento (fugazmente) la visión de un Dios creador arriesgado, que ha dejado el mundo en manos de los hombres, a los que ahora dice: «Hacedlo vosotros, resolved los temas de vuestro mundo». Pero inmediatamente, sin dejarnos tiempo para pensar en esa hipótesis, Dios viene a mostrarse otra vez con toda su grandeza, como creador más alto, presentando ante Job a dos «vivientes» enigmáticos, para que partiendo de ellos revise el sentido de sus quejas y preguntas.

Behemot, primera de las obras de Dios (41,15-24)

Las dos bestias que ahora vienen (Behemot y Leviatán) son, al mismo tiempo, peligrosas y admirables, signo muy alto de la armonía discordante de un mundo habitado por vivientes (animales) fascinantes y peligrosos. Es como si Dios dijera a Job: «Yo podría haber hecho un mundo sin estos vivientes pavorosos, más feroces que el león, más audaces que las gacelas, más extraños que el avestruz y el onagro, más excelsos que el halcón y el águila. Pero he querido crearlos, como signo de un poder y de una vida que desborda toda inteligencia».

Significativamente, estos dos vivientes, extraños y lejanos, casi imaginarios, pueden identificarse de algún modo con el hipopótamo y el cocodrilo de las márgenes del Nilo. Dios los ha creado, haciendo así que el mundo sea con ellos más extraño, pero también más rico de vida, de aventura y riesgo, y así le dice a Job que considere: Mira a *Behemot* (בְּהֵמוֹת, 40,15), ¿podrás pescar a *Leviatán?* (לִוְיָתָן, 40,25). Sin duda, Dios podría haber hecho praderas sin Behemot, ríos sin Leviatán, pero: ¿Sería ello mejor? ¿Merecería la pena? Job tiene que pensarlo, antes de ponerse a criticar a Dios.

Estos animales, tal como Dios los describe (y en el lugar en que lo hace) pertenecen al tesoro de la literatura y el pensamiento de Occidente, y así los ha visto y descrito T. Hobbes (1588-1679), tanto en *Leviathan* (1651, sobre el poder) como en *Behemoth* (1681, sobre la economía), concibiéndolos como vivientes peligrosos, pero que están ahí, surgidos de la mano de Dios, aunque en forma político-económica han sido creados por los hombres, entre (o sobre) quienes ellos se elevan.

40 [15]He ahí a Behemot, que he creado contigo.

Come hierba, como el buey.

[16]Su fuerza está en sus lomos;

su vigor, en los músculos del vientre.

[17]Mueve su cola como cerdo;

los nervios de sus muslos están entrelazados.

¹⁸Sus piernas son tubos de bronce
y sus huesos como barras de hierro.
¹⁹Es la primera de las obras de Dios,
y solo él puede acercarle la espada.
²⁰Los montes producen hierba para él,
y todas las bestias del campo se alegran.
²¹Se acuesta bajo plantas de loto,
a cubierto, bajo cañas y zonas pantanosas.
²²Las plantas de loto lo cubren con su sombra;
los sauces del arroyo lo rodean.
²³Aunque el río lo anegue, no tiembla;
aunque un Jordán llene su boca está sereno.
²⁴¿Podrás cazarlo mientras él vigila?
¿Quién perforará su nariz con trampas?

Este pasaje ha sido escrito en un tiempo (siglos V-IV a.C.) en que la apocalíptica (cf Dan 7; 1Henoc) empezaba a desarrollar el tema de unas «bestias» imperiales (león, oso, leopardo...) que conquistan y consumen el producto de las tierras conquistadas, destruyendo reinos y ciudades. En esa línea, Dios presenta ante Job al primer viviente, *Behemot*, בְּהֵמוֹת, que significa en plural «bestias» o, mejor dicho, la Bestia por excelencia, que es muy fuerte, pero no tiene rasgos militares (de potencia conquistadora), sino económicos, pues consume gran parte de la hierba del campo.

En principio no es bestia maléfica, no es Diablo, pero es signo de la enorme complejidad de los poderes animales (Hobbes dirá económico-sociales) entre los que vive el hombre. Dios lo ha creado y lo ha hecho como a ti *('immak*, עִמָּךְ*)*, a tu lado, de forma que él debe compartir con esta bestia el producto de los campos. En sentido estricto, Behemot parece inofensivo; ha surgido de Dios y no es sanguinario, no se dedica a matar a otros vivientes, ni a consumir toda la hierba, como los gigantes que surgieron del pecado de los hijos de Dios (cf 1Henoc 7–9), pero consume gran parte de ella, tiene gran potencia, y puede parecer peligroso para el hombre, a quien disputa (y quita) la comida.

Dios dice que es *la más grande de sus* obras, la primera *(r'eshit,* רֵאשִׁית*)*, de sus creaciones (40,19). Recordemos que Gén 1,1 decía que al principio *(be-r'eshit)* creó Dios los cielos y la tierra; por su parte Jn 1,1 dirá que en el principio *(en arkhê)* era el Logos o palabra de Dios. Pues bien, conforme a este pasaje, el principio y modelo *(r'eshit)* de las obras de Dios es la bestia Behemot, pues para ella producen su hierba los montes, como diciendo que tiene más derecho respecto al pasto del campo, que, según Gén 1–2, Dios había creado para hombres y animales.

Quizá se podría afirmar que el Dios que habla así tiene rasgos parecidos a los de Behemot. Sin duda, habla con Job y le responde, pero lo hace complaciéndose con Behemot, al que pone como ejemplo. No consuela a Job, ni le dice palabras hermosas, sino algo previo y mucho más extraño: se entretiene enseñándole a Behemot, para que se admire, de forma que así pueda superar mejor sus penas y cuidados. Dios sitúa a Job ante Behemot, con sus grandes dimensiones, sus piernas, su vientre, su boca, su nariz, su cola. De esa forma le sitúa en el centro de una terapia de identificación zoomórfica, de vuelta a un tipo de «inconsciente» en el que aparece la Bestia de la pradera y del río, que descansa bajo el loto y los sauces de la orilla, sin que puedan perturbarlo las grandes corrientes del Nilo (¡un Jordán!) en crecida.

Este Behemot no produce miedo a los restantes animales, pues se alimenta de hierba no de su carne, de forma que ellos se alegran a su paso, aunque consuma una inmensa cantidad de pasto, sin que nadie se oponga. No mata como los guerreros, pero tiende a comer toda la hierba. Por eso, Hobbes ha podido compararlo con una economía de capital que consume gran parte del alimento de todos los hombres, como signo de una cultura, sometida al capital de algunos.

Un tipo de literatura medieval había identificado a Behemot con el Diablo, y en ese sentido podría tomarse como criatura al servicio de Satán, a quien Dios ha dado poder sobre Job (Job 1-2). Pero aquí no es un animal diabólico, sino expresión extrema de la obra creadora de Dios, que se alegra por sus grandes dimensiones y su fuerza indomable, para decirle a Job que hay seres misteriosos, poderes que no somos capaces de domar y que debemos convivir con ellos, pues el mundo es así: la vida es extraña y el mundo es lugar de animales (problemas) insolubles que Job debe aceptar sin protestas.

En esa línea acaba el texto: ¿Podrás cazarlo mientras él vigila, es decir, ante sus ojos *(be'enau,* בְּעֵינָיו)? Sin duda, Job puede resolver otros problemas, domar o cazar otros ganados. Pero hay cosas que él no puede hacer, como sería perforar con argollas la nariz de Behemot, el hipopótamo. Es evidente que Job no podrá resolver tampoco el enigma o misterio de Dios.

¿Pescarás a Leviatán con un anzuelo? (40,25-41,26)

Este motivo empalma con el de Behemot, el monstruo anterior. En esa línea, Dios sigue preguntándole a Job si podrá pescar a Leviatán con un anzuelo o sujetando su boca con cuerdas. Este motivo forma un elemento clave de la respuesta de Dios a Job y del despliegue de conjunto del libro, pues con Leviatán culmina la discordante armonía de los vivientes que Dios ha creado.

Este Leviatán que, mirado externamente, parece un cocodrilo, es con Behemot el más inquietante de los seres creados por Dios. Parece demoníaco (y muchos comentaristas lo han tomado como un monstruo del caos, un tipo de anti-dios), y sin embargo es una criatura de la tierra. Tiene rasgos «mitológicos» que pueden evocar y evocan potencias terroríficas que emergen de los sueños y del miedo, pero, al mismo tiempo, es un tipo de cocodrilo, que habita en las riberas del Nilo. Así le dice Dios a Job:

40 [25]¿Pescarás al leviatán con anzuelo,
atarás su lengua con cuerdas?
[26]¿Pondrías una soga en las narices?
¿Perforarías con garfio su quijada?
[27]¿Multiplicará ruegos él ante ti?
¿Te hablará con palabras lisonjeras?
[28]¿Hará un pacto contigo
para que lo tomes por esclavo para siempre?
[29]¿Jugarás con él como con un pájaro?
¿Le atarás y jugarán tus niñas?
[30]¿Lo comerán los pescadores?
¿Lo repartirán entre los mercaderes?
[31]¿Atravesarás su piel con dardos,
y su cabeza con arpón de pesca?
[32]Pon tu mano sobre él:
recordarás su furia y no volverás a hacerlo.

41 [1]Ante él desaparece toda esperanza,
a su vista la gente se desmaya.

[2]Nadie es tan loco como para excitarlo;
¿quién podrá permanecer ante él?
[3]¿Quién le hizo frente y quedó ileso?
Nadie bajo el cielo.
[4]No olvidaré sus miembros, su poder armonioso,
la gracia de su disposición.
[5]¿Quién levantará el manto de su piel
y entrará en su doble hilera de dientes?
[6]¿Quién abrirá las puertas de su rostro?
Sus dientes están llenos de terror.
[7]Su dorso son hileras de escudos,
cerrados entre sí con duro sello.
[8]El uno se junta con el otro
de modo que el viento no pasa entre ellos.
[9]Unido está el uno con el otro,
trabados entre sí, no pueden separarse.
[10]Sus estornudos son relámpagos;
sus ojos son como párpados del alba.
[11]De su boca salen llamaradas;
centellas de fuego brotan de ella.
[12]Sus narices echan humo,
como una olla o caldero que hierve.
[13]Su aliento enciende los carbones;
de su boca salen llamas.
[14]Gran fuerza reside en su cuello,
y delante de él cunde el desaliento.
[15]Los flancos de su carne son firmes,
unidos entre sí, no se mueven.
[16]Firme es como piedra su corazón,
fuerte como piedra de molino.
[17]Los fuertes temen si se mueve
retroceden con desfallecimiento.

[18]Aunque lo alcance la espada no se le clavará;
ni la lanza, el dardo o la pica.
[19]Para él, el hierro es como paja
y el bronce como madera podrida.
[20]La saetas no lo espantan
y las piedras de honda son como paja.
[21]Toma la maza como hojarasca,
y se burla del silbido de la jabalina.
[22]Su panza es de escamas puntiagudas,
pasa como un trillo por el lodo;
[23]calienta el fondo como un caldero,
y el agua en su entorno humea como una olla.
[24]En pos de sí ilumina el camino,
de manera que el abismo parece blanco.
[25]No hay en la tierra quien se le asemeje;
es un animal sin temor alguno.
[26]Menosprecia toda arrogancia
y es rey sobre toda bestia orgullosa».

Job 3,8 presentaba a Leviatán *(Lotán, livyatan,* לִוְיָתָן*)*
como un dragón celeste, una constelación de estrellas,
causante de eclipses de sol. Algunas mitologías de Oriente
dicen que es la serpiente de las aguas, monstruo primigenio
capaz de oponerse incluso a Dios, como *Tanin/Taninim*
(Sal 74,13: תַּנִּינִים), signo de los poderes maléficos de Egipto.
Otras veces se asocia con monstruos del agua, de rasgos
demoníacos, opuestos a Dios. De todas formas, sin excluir
esas resonancias, Leviatán sigue siendo un animal concreto,
un viviente de las aguas (cf Sal 104,26). Pues bien, aquí aparece ante Job como signo del misterio admirable, aterrador y
fascinante, de un mundo que los hombres no pueden domar/
dominar a su capricho.

Job había elevado a Dios su reto, pidiendo que responda a sus preguntas, que le explique la razón de su desdicha, de su enfermedad y su caída, bajo poderes de adversidad, enfermedad y miedo, sin más salida que la muerte. Pues bien, en vez de consolarle, Dios le ha pedido que observe mejor, que mire no solo el orden superior de las estrellas, las grandes tempestades y la lluvia, sino el mundo fascinante de los animales, con su variedad (león y águila, onagro y avestruz), para culminar con Behemot y Leviatán, animales que el hombre no puede (no podía) dominar, domesticar, comer u ofrecer a Dios en sacrificio.

Actualmente, en un mundo en que los hombres parecen haberse alejado de los animales, poniéndolos bajo su dictado, como vivientes de consumo o compañía, olvidamos lo que ellos implicaban y aportaban al hombre con su vida en libertad salvaje. Ciertamente, Job ha destacado la singularidad del hombre, su diferencia esencial, pidiendo a Dios que le explique la razón de su dolor, de la injusticia de su vida... Pues bien, sin negar esa diferencia, Dios le pide que se integre en el mundo de los animales, que los observe, que no olvide su vinculación con ellos, dentro de un mundo sorprendente, con vivientes adversos, atrayentes, misteriosos como este Leviatán, cocodrilo de Egipto.

Esta descripción del cocodrilo es un canto a su poder, su libertad, su resistencia, un himno admirado a la naturaleza, que produce animales admirables, fascinantes y terribles, bien constituidos, defendidos con escamas, adaptados al agua y a la tierra, que no pueden ser cazados, pescados, ni vendidos en mercados... Ante ellos ha de preguntarse Job por el sentido y razón de su protesta, el porqué de su enfrentamiento con Dios.

Ciertamente, Job puede preguntar y protestar (cf 42,7-9),

que para eso tiene libertad e inteligencia, buscando el cómo y el porqué de su vida, la causa y sentido de su opresión. Pero, al mismo tiempo, debe aceptar lo que hay, admirando al cocodrilo, sin más razón ni finalidad que su vida portentosa. Desde ese fondo, como he señalado al ocuparme de Behemot, comedor de hierba, en el contexto de admiración que suscita el friso de animales anteriores, debemos hoy preguntarnos por la pertinencia y sentido de la presentación de este «monstruo» Leviatán, en un momento en el que hemos matado a casi todos los rinocerontes, y corremos el riesgo de hacer lo mismo con los cocodrilos, convertidos en objeto de caza o zoológico.

Estos animales, que servían a Dios como argumento para demostrar su grandeza, son ya para los hombres poco más que una atracción de parque o circo, donde viven amenazados por nosotros. Por eso, estas descripciones de Job pueden sonarnos gastadas, tras siglos de saqueo humano del planeta. Pero, en otro plano, siguen siendo pertinentes: los hombres actuales podemos y debemos cuestionarnos cómo estamos presentes en el mundo, nuestra relación con los restantes seres vivos, no solo por supervivencia (si los destruimos nos destruimos a nosotros mismos), sino por respeto a la riqueza de la vida.

No podemos preguntarnos por nuestra diferencia y valor como personas, si no mantenemos una relación de justicia ecológica con todos los vivientes. En esa línea se entiende la importancia que Dios concede a Leviatán, que es rey *(melek,* מֶלֶךְ) sobre toda cosa elevada, sobre todos los hijos del orgullo, como diciéndole a Job que no se ensalce, que no se pierda con preguntas, que acepte su lugar entre los vivientes, al lado de Leviatán.

De oídas te conocía, ahora mis ojos han visto (42,1-6)

Job había respondido ya en 40,1-5, aceptando la lección de Dios, tapándose la boca y sometiéndose a su «juicio»; ahora lo hace nuevamente, de la misma forma. Esta aceptación de Job nos resulta extraña, pues Dios no ha respondido a sus preguntas, ni a los temas de opresión y enfermedad del hombre, ni a la injusticia social, ni al miedo a la muerte, ni a la posibilidad de una respuesta tras la muerte.

Ha sido una revelación extraña, pero al autor del libro le ha parecido suficiente en su contexto, y Job también la acepta. Dios había comenzado a responderle apelando a la tormenta, con su ambigüedad destructora, con rayos y truenos, con la lluvia necesaria para el campo, todo ello por encima del entendimiento humano. Siguiendo en esa línea, desbordando el plano de la lluvia y la fecundidad del campo, Dios ha hecho pasar ante Job a los animales, que podían parecen extraños, e incluso anormales, pero que han sido importantes pues han mostrado la gran variedad de los vivientes, culminando en las figuras majestuosas de Behemot y Leviatán (retomando de algún modo el «paso» de los animales ante Adán en Gén 2,18-20, y el hecho de que Noé los introduce en el arca para así salvarlos del diluvio: Gén 6-8).

Posiblemente, nosotros, occidentales cultos del siglo XXI, no habríamos culminando nuestra «teodicea» o defensa de Dios con la descripción de ese friso de animales que bordean el reino de la naturaleza física y de los sueños (imaginaciones, miedos y deseos) de nuestra existencia dolorosa y sorprendida. Pero el autor del libro es un poeta, un dramaturgo abierto al ancho mundo de los pueblos, y de esa forma ha visto (ha creído) que debe culminar esta visión de la obra de Dios, y así responde Job:

42 ¹Entonces respondió Job a Yahvé y dijo:

²«Reconozco que todo lo puedes

y que no hay para ti nada que no puedas.

³(Yo soy) ese que oscurece el consejo sin conocimiento.

Así he hablado sin entendimiento de cosas maravillosas,

sin conocerlas.

⁴Escucha, te ruego, y hablaré. Te preguntaré y tú me enseñarás.

⁵Por escucha de oídas te conocía, mas ahora mis ojos te han visto.

⁶Por eso me retracto y me arrepiento en polvo y ceniza».

Job repite la confesión de 40,1-5 de manera ya definitiva. Como he dicho, en un momento anterior, quizá solo había un discurso de Dios, pero el redactor final lo ha dividido en dos, uno sobre el mundo y los primeros animales (38,1–40,5) y otro sobre Behemot y Leviatán (40,6–42,6). Sea como fuere, Job acepta esos discursos, retractándose de las acusaciones que había levantado contra Dios en 3-27.29-31: retira sus protestas, se somete al dictamen de Dios.

¿Por qué calla ahora Job y no retoma las preguntas y acusaciones anteriores? ¿Por conveniencia? ¿Por convencimiento? Quizá por ambas razones. *En un sentido por conveniencia:* Job no puede seguir discutiendo con Dios, y así se deja vencer, tras haber descubierto que su dolor y su protesta han de integrarse en el universo extraño de tormentas y animales. *En otro, por convencimiento:* se ha situado ante el tribunal de Dios, y Dios lo ha escuchado.

En principio, lo que Job había querido era: no tanto que Dios justificara su conducta y le diera la razón, sino que lo escuchara, que le hiciera el honor de atenderle. Esto había pedido: ¡Aguardar a Dios, hablar con él, aunque pudiera matarlo! (12,18). Pues bien, Dios ha venido para hablarle, tras un plazo de silencio; lo ha escuchado, le ha dado una respuesta, y eso en el fondo ha sido suficiente, lo más importante para Job (13,15).

Cuando gritaba «tierra no cubras mi sangre...» lo que él quería era eso: no desaparecer sin que Dios lo hubiera atendido, presentándose ante él como *goel* o redentor (16,18-22). Job había expuesto sus palabras ante Dios, como los reyes que escribían sus dictados en la roca (o en paredes de templos), y Dios ha venido a responderle (19,22-26), no para contestar al detalle a sus cuestiones, sino para situar el tema en un plano más alto.

Con su venida, Dios está mostrando que Job no ha seguido la ruta de los hombres perversos antiguos (22,12-29), sino que, a pesar de sus protestas (precisamente por ellas), es un «hombre de bien», a quien puede ofrecerse una respuesta. De un modo consecuente, tras haber escuchado los discursos de Dios, Job puede sentirse satisfecho. Más que el tenor de la sentencia, le ha importado el hecho de que Dios le haya respondido, abriendo con y para él un camino de conversación.

Esta ha sido su ganancia: el mismo Dios ha venido para hablarle, desde la tormenta y la nube, a él que se encontraba moribundo en el estercolero, sin amigo, familiar, ni fiscal que lo defendiera. Así había quedado solo ante todos, como un maldito de Satán, pero Dios ha bajado hasta la «soledad» de su estercolero, no para condenarlo, como los amigos de 4-27, ni para condenar su teología, como Elihu (en 32-37), sino para enseñarle a mirar con nuevos ojos la tormenta y el sentido de los animales, arrancándolo así de las manos de Satán (y del mismo fiscal Elihu).

Ciertamente, a lo largo del libro, parecía que Dios no quería hablar con Job, sino solo hacerle callar. Pero a medida que avanzaban sus discursos ha crecido también su cercanía ante Job, con intenciones positivas, como las que están al fondo de su deseo de que mire a Behemot y Leviatán. Ese gesto ha sido como una «terapia» de Dios, ha servido en primer lugar para descentrar a Job, haciéndole salir de sí mismo, de su problemática absorbente (por más justa que fuera), situando su dolor (y el sentido de su vida) en el contexto de la experiencia admirada del mundo, como espacio de armonía discordante al servicio de la vida, con los animales, un mundo fascinado de sentido, en la línea de los «caminos adversos de Dios».

Dios aparece así al final como un «Señor humilde», que no habla de sí, sino de su creación. No expulsa o condena a Job, sino que le invita a descubrir y admirar el mundo, en la gran tormenta, al lado de los animales, compañeros de camino (como en el paraíso de Adán, Gén 2,18-20). No ha venido con razones de imposición, sino con experiencias de vida (de mundo, de vivientes), haciendo que los sintamos y entendamos como fundamento y espacio de nuestra existencia, con la lluvia que fecunda la tierra, con animales extraños, que son nuestros maestros, para culminar en los grandes signos de Behemot y Leviatán.

Dios no ha respondido a la pregunta más hiriente y teórica de Job (¿qué razón tiene el sufrimiento?), pero le ha ofrecido su palabra, con gran respeto, sin acusarle de nada, como amigo y terapeuta. Por eso, finalmente, Job ha aceptado a Dios como «razón» (supra-razón) de su vida, sin sentirse sometido, dominado o expulsado, como seguirá mostrando la sentencia final recogida en el *epí-logo* narrativo, que conecta con el *pró-logo* de los capítulos 1-2.

Epílogo.
Sentencia de Job, una tarea actual
(42,7-17)

Tras el prólogo (1-2), el grito (3), la disputa con los amigos (4-47), el interludio de los mineros (28) y los tres discursos del juicio (29,2-42,6) llega esta sentencia sorprendente: Dios rehabilita a Job, aunque de forma en parte ambigua, quizá más de restauración que de creación. Ese Dios ya no es «adverso», sino «partidario» de Job, pues no solamente admite sus razones y «le deja vivir», sino que le ayuda a rehacer su camino, devolviéndole el honor, la riqueza, la familia.

Rehabilitación y recreación. Final del libro (42,7-17)

A lo largo de esta lectura he venido anticipando la posible ambigüedad (polivalencia) y riqueza de este final de Job, que resulta sorprendente (y para algunos decepcionante). Muchos tienen la sospecha de que el autor se queda corto o, quizá mejor, de que no se define. A lo largo de la sección dramática (4-27) y después en su apología ante el juicio (39-31), Job había planteado una serie de problemas a los que al final Dios no responde, aunque lo rehabilite.

Para verificar esa sospecha tendremos que leer con cierta detención el texto. De todas formas, esa impresión de ambigüedad no ha de entenderse desde un razonamiento lógico de tipo univalente (cartesiano), sino desde la lógica oriental, más multivalente, acostumbrada, desde Gén 1–4 (donde hay dos o más lecturas de la creación) hasta los evangelios (con cuatro versiones de Jesús), a una visión más panorámica y múltiple de la realidad. Esta «rehabilitación» y recreación consta de tres partes, unidas entre sí de un modo general, sin que se vea clara la relación de una parte con la otra, aunque las tres se organizan de un modo ascendente y tienen que entenderse de un modo unitario.

- Está primero *la conversión de los amigos* (42,7-10a), que es quizá la más importante de todas, pues implica un cambio total de perspectiva respecto al drama central del libro, desarrollado en 4–27.
- Viene después el *retorno de los familiares* (42,10b-11), que reconocen nuevamente a Job y le ofrecen sus regalos, integrándolo nuevamente en su clan.
- Esta parte final y el conjunto del libro culmina en *la restauración de la vida de Job* (42,12-17). Este ha sido el aspecto más destacado por los comentaristas, aunque no puede verse aislado de los otros.

Conversión de los amigos, camino truncado (42,7-10)

De forma sorprendente, al final de los discursos de Dios (38,1–42,6), dejando a un lado de Elihu y antes de ocuparse de Job, el texto se ocupa de sus amigos. Ese «olvido» de Elihu podría ser puramente *literario*, como hemos insinuado en el comentario, pues su «discurso» (32-37) ha podido ser introducido después de haber sido compuesto ya el libro. Pero puede tratarse más bien (y esa es mi opinión) de *un olvido voluntario* (teológico).

A mi entender, ese discurso de Elihu, fiscal de Dios, nuevo teólogo, no había sido una cuña secundaria dentro de la obra, sino una parte esencial del conjunto, pues plantea temas que aparecen también, de forma «crítica» (reelaborada y resituada) en el discurso definitivo de Dios (38,1-42,6). Evidentemente, el Dios final de Job no ha querido detenerse en la problemática de Elihu, sino superarla, rechazando, sin cita expresa, su forma de condenar a Job y de elaborar su teología de «fiscal» desde un plano de superioridad «espiritualista», en línea de poder, no de diálogo con el hombre real y de respeto a las víctimas.

Ciertamente, el texto sabe que Dios se ha dirigido a Job, ofreciéndole su «lección» de experiencia (no de teología estricta), añadiendo que Job ha aceptado la revelación y la palabra de Dios (cf 42,7, unido a 40,1-5 y 42,1-6). Pero resulta extraño que esta parte final del libro no empiece desarrollando el tema, al parecer central, de la restauración de Job, sino refiriéndose a los tres «amigos» a quienes Dios se dirige primero, diciéndoles que está enfurecido con ellos, y exigiéndoles que se arrepientan, y que lo muestren externamente, ofreciendo en reparación siete novillos y siete carneros, de un modo público ante Job, que también públicamente tendrá que orar a favor ellos, en nombre de Dios (¡como representante de Dios!):

42 ⁷Aconteció que después que habló Yahvé estas palabras a Job, Yahvé dijo a Elifaz, el temanita: «Mi ira se ha encendido contra ti y tus dos compañeros, porque no habéis hablado de mí lo recto,

como mi siervo Job. [8]Ahora, pues, tomad siete novillos y siete carneros, id a mi siervo Job y ofreced holocausto por vosotros. Mi siervo Job orará por vosotros y yo de cierto lo atenderé para no trataros con afrenta por no haber hablado de mí con rectitud, como mi siervo Job».

[9]Fueron, pues, Elifaz, el temanita, Bildad, el suhita, y Sofar, el naamatita, e hicieron como Yahvé les había dicho. Y Yahvé aceptó la persona (oración) de Job. [10]Y Yahvé le quitó a Job su aflicción (le hizo volver de su cautividad...), cuando oró por sus amigos, y aumentó Yahvé al doble todas las cosas que habían sido de Job.

Lo primero que sorprende es esta «ira» o furia de Dios contra Elifaz y sus dos compañeros, porque ellos no han hablado bien de él. Elifaz y sus dos compañeros, que han actuado como si fueran «amigos» de Job y representantes de Dios, han sido en realidad enemigos (calumniadores) de Dios y de su siervo Job. Sin duda, en un primer momento, ellos han actuado como representantes del Dios-Poder del mundo (de los imperios dominantes, que identifican a Dios con el mando que ellos tienen, esto es, con su «mano»); pero, al mismo tiempo, ellos son representantes de un tipo de teología y poder israelita, propia de muchos judíos del post-exilio, que están construyendo también una teología del poder.

De un modo sorprendente, sacando la conclusión de lo sucedido en todo el libro, desde la sospecha de Satán hasta su discurso final, con la aceptación de Job (38,1–42,6), el mismo Dios, que ahora aparece otra vez con su nombre israelita de *Yahvé,* יְהוָה (como en Job 1–2), reconoce, en contra de los tres «amigos», que Job, su siervo *('abdi,* עַבְדִּי) ha dicho lo recto y ajustado. Precisemos bien la novedad:

˜ Por una parte, *Dios es Yahvé,* Señor de Israel, el Dios de los esclavos y oprimidos, Dios de las víctimas, como aparece ya en Éx 3,14. Eso significa que la culminación del juicio de Job ha de entenderse desde la experiencia y teología específica de Israel, pueblo en el que Dios se ha revelado para el conjunto de la humanidad.

˜ En esa línea, *Yahvé reconoce a Job como «mi siervo»,* es decir, su representante, situándose así en la línea de Isaías II, cuando presenta la historia adversa y salvadora del *siervo de Yahvé* (Is 42,1-7; 49,1-6; 50,4-9; 52,13–53,12), ultrajado, expulsado, negado por los hombres.

De esa forma, las quejas, dolores, lamentos y peticiones de Job (quien así aparece como auténtico Israel y verdadera humanidad) quedan encuadradas en el despliegue de la revelación israelita de Dios, en la línea de Jacob-Israel, que lucha durante toda la noche con Dios, en el vado de Yabok (Gén 32,22-30), para vencerle. También Job ha luchado con Dios, a lo largo de la noche de su prueba, y al fin le ha vencido.

Dios se ha dejado «vencer» por Job. Por el contrario, los amigos de Job, representantes del poder del mundo, no han sabido (querido) entender sus palabras, ni aceptarlo como signo de los caminos adversos de Dios, ni siquiera le han acompañado (consolado, ayudado) de manera humanitaria. Por eso, Yahvé les *reprende,* aunque de alguna forma les *comprenda* (nos comprenda) por la novedad que implica esta historia, y lo hace con el fin de que se arrepientan y ofrezcan sacrificios por su error (por su pecado), en la línea de la tradición de los antiguos pueblos de Oriente.

Dios les manda que vayan donde Job y que ofrezcan ante él sus holocaustos de reparación (confesando así su pecado), de manera que lo reconozcan como verdadero templo, lugar de reconciliación de los hombres con Dios. Esta es la novedad: los tres prohombres del poder y la justicia, que habían condenado a Job en nombre del sistema de un Dios victorioso y exaltado (universal, pero también israelita, pues se presenta con su nombre propio, que es Yahvé), deben venir al basurero-estercolero, donde Job había padecido (con los expulsados de la tierra, sin honor ni gloria), para pedirle disculpas e implorar su ayuda, pues solo con la ayuda de Job podrán recuperar su camino y su tarea en la vida.

De esa forma (¡de manera sorprendente, definitiva!), Job viene a presentarse como verdadero altar, presencia/templo de Yahvé, el Dios de los oprimidos de Egipto y del mundo entero (Éx 3,14), su representante, con los expulsados y víctimas del mundo, mucho más de lo que lo había sido Moisés, en otro tiempo, abriendo de esa forma un camino de liberación para o, mejor dicho, desde los expulsados y oprimidos de la tierra.

De esa forma viene a culminar la religión antigua, simbolizada por el holocausto *('ŏla'*, עוֹלָה) de siete novillos y carneros, que ellos, sus amigos-enemigos antiguos, deben ofrecer al Dios que se revela en Job, quien aparece de esa forma como nuevo sacerdote, aceptando los sacrificios y las excusas de sus «enemigos» anteriores, orando *(yitpalel,* יִתְפַּלֵּל) por ellos. La vida de los tres sabios del sistema, con la estabilidad (vida y bienestar) del conjunto de la humanidad, depende de la aceptación-oración de Job, víctima maldita, «holocausto» de la historia, garante y promesa de la nueva humanidad. No son ellos, los tres poderosos, señores del sistema de poder, los que pueden «perdonar» a Job, aceptándolo de nuevo en su sociedad establecida, sino que es Job el que puede abrir para y con ellos un camino más alto de humanidad.

Dios dirige así su petición a los tres «amigos» de las discusiones anteriores (4-27), pero especialmente, de un modo indirecto, a «Job mi siervo», a quien establece como su sacerdote, mediador y guía en los caminos adversos de la historia, haciéndole principio (promotor) de una reconciliación que puede abrirse incluso a los antes opresores, a partir de las víctimas, que así aparecen como portadoras mesiánicas de la revelación plena de Dios. La solución de la historia humana depende así de que Job acepte la tarea que Dios le ha encomendado, que no responda al talión de sus amigos con un nuevo talión (¡ojo por ojo, diente por diente!), sino que les perdone, que acoja sus disculpas y sus «sacrificios» de reparación en nombre (como auténtico) Dios, y que eleve su oración por ellos, aceptándolos en la nueva fraternidad, desde los oprimidos.

Este es, en el libro de Job, el verdadero «apocalipsis» o revelación salvadora de los caminos «adversos» de Dios, que convergen en Job, quien así aparece como centro y camino ya definitivo de la historia de Dios (en una línea que retomará Jesús crucificado, desde el reverso de la historia, diciendo: «yo soy el camino, la verdad y la vida»: Jn 14,6). Pues bien, en este momento, el texto sigue diciendo, sin inmutarse, como si fuera lo más normal del mundo, que los tres «amigos» (poderes del sistema) reconocieron su error (su pecado) y cumplieron la palabra de Dios ante Job, en el mismo estercolero (donde lo habían expulsado), mostrando así que el verdadero Dios (Yahvé de Israel) había aceptado la oración de Job, es decir, toda su vida, mostrándole su favor.

Este es el milagro de la historia de Job, el signo aún no cumplido de la «conversión» del sistema de poder, la *profecía* de un nuevo mundo en que los poderosos, que habían divinizado su economía y su dominio sobre los demás, reconocen

LOS CAMINOS ADVERSOS DE DIOS

su pecado y piden perdón a Job, es decir, a la víctima. Quien debe pedir perdón y convertirse al verdadero Dios no es Job, sino que es el sistema de poder-dominio el que debe «inclinarse».

Los que deben ofrecer reparación (simbolizada por los holocaustos o sacrificios animales), los que han de convertirse y poner sus bienes al servicio de los oprimidos y las víctimas son los «amigos», antes prepotentes, esperando que Job los acepte y acoja en su despliegue de vida, esto es, de fidelidad y comunión abierta a todos (en la línea de Jesús, según la Carta a los hebreos). Job (como Jesús) no ofrece sacrificios de animales (esos sacrificios culminan en los «amigos» convertidos), pero hace algo más grande, ya definitivo en la historia de la salvación.

Job recibe el gesto de arrepentimiento y conversión de sus amigos, orando personalmente por ellos, para que se conviertan (para que Dios acepte su sacrificio), presentándose así como principio y testimonio de una ofrenda nueva, de esperanza y reconciliación, desde el basurero de la historia donde había sido expulsado. Este pasaje nos sitúa así en la verdad y culminación de la historia, que no avanza desde la prepotencia de los dueños del sistema (los tres amigos), sino desde los expulsados y las víctimas, a través de una doble conversión:

- *La conversión de los prepotentes (tres amigos),* que confiesan el fracaso de su estrategia, mudan de conducta y se ponen al servicio de las víctimas, a fin de que todos puedan vivir en comunión.
- *La intercesión (acogida) de las víctimas como Job,* que no responden vengándose de un modo violento de los ricos, sino aceptando su «transformación», e iniciando con ellos un camino de comunión universal.

En este contexto, el redactor proclama la palabra esencial de la «redención» israelita: «Y Yahvé *restauró la cautividad (shab 'et shebût,* שָׁב אֶת שְׁבוּת) de Job» y lo hizo precisamente en el momento en que oraba (intercedía) por sus amigos (cf 42,10), con una fórmula que retoma y ratifica la experiencia básica del perdón de la Biblia: Dios restaura, es decir, supera la cautividad y opresión de los pobres, y lo hace a través de Job (víctima expulsada), que aparece así como Gran Sacerdote, intercesor orante a favor de sus «amigos» (de sus mismos opresores).

El futuro del mundo (de la vida humana) depende, según eso, del testimonio y ofrenda positiva de Job (signo de todas las víctimas) y de su intercesión (de su perdón) a favor de los opresores, superando la ley del talión, para así restaurar la comunión entre los hombres, superando la cautividad (la opresión) de los expulsados y oprimidos. Solo así, por medio de Job, es decir, por intercesión de las víctimas, pueden ser perdonados y recibidos en la comunión de Dios los antes opresores, de forma que se instaure la más honda fraternidad, sin opresión de unos sobre otros, sin talión de venganza.

Job se eleva de esa forma, desde el estercolero donde ha sido víctima, como testigo y mediador de Dios, portador y signo de redención del pueblo, de forma que en su vida se manifiesta el Dios verdadero, que promueve y acepta el cambio de unos y otros, iniciando la inversión salvadora y definitiva de la humanidad. Aquí no estamos ante una revelación por sueños, como aquella que pedía Elihu en su discurso (cf cap. 33), sino ante una revelación a pleno día, ante la manifestación de la vida de Dios en las víctimas y en los oprimidos. Este es el cambio mesiánico, y en él se expresa el sentido de la salvación bíblica:

~ *Los tres amigos habían exigido a Job que reconociera su culpa y se sometiera a su poder divino* (4-27). De todas las formas posibles, con amenazas, condenas y halagos, habían querido convencerle, para que confesara su culpa y aceptara al Dios del poder, dentro de un sistema de «dominación», presidido por ellos, los tres grandes «sacerdotes» del Dios del orden dominante.

Ellos lo habían tachado de insumiso y soberbio, de contrario a Dios, de impío. Pues bien, ahora Dios les pide (les exige) que se conviertan ellos, que pidan perdón, que ofrezcan sacrificios de expiación por su pecado, para que Job pueda acogerlos, pues de lo contrario, si no son admitidos en el camino de las víctimas, perecerán sin remedio, se destruirán a sí mismos. Significativamente, según el texto, ellos lo hacen, se ponen en manos del Dios de Job y se convierten, recibiendo el perdón.

~ *Pues bien, ahora son ellos los que tienen que cambiar. ¿Cómo han de hacerlo?* El texto no lo dice, no sigue explorando ese camino, de forma que Job, de hecho (en la conclusión del libro) no ofrece el programa de ese nuevo camino, y no comienza a trazar con su propia vida ese proyecto divino de reconciliación universal (sino que en 42,12-17 se afirma simplemente que él retornó a su modo de vida antigua). De todas formas, el texto indica en algún sentido que las cosas han comenzado ya a cambiar, diciendo (suponiendo) que Dios ha aceptado la oración de Job, de forma que ellos, los tres amigos se han convertido de hecho, teniendo que ponerse al servicio de Job, es decir, de las víctimas.

Esta conversión así iniciada implica un cambio total del «sistema» de poder que representaban esos amigos poderosos. Antes vivían dominando sobre las víctimas, ahora tienen que ponerse a su servicio. Eso significa que no son ellos (los poderosos y ricos) los que pueden salvar a los pobres (excluidos y víctimas), sino al contrario: son los excluidos y las víctimas como Job los que pueden «curar» (salvar, transformar a los opresores).

Este pasaje nos sitúa por tanto ante la inversión final de la historia, tal como se ha dado (debe darse), según los cristianos, en el mensaje y misión de Jesús, donde se dice, con toda claridad que son los pobres-enfermos-excluidos los que pueden «salvar» (curar, transformar) a los ricos-fuertes-opresores, conforme a la misión central del Evangelio, tal como ha sido recogida en Mt 10,5-15 (cf X. Pikaza, *Historia de Jesús*, Verbo Divino, Estella 2015). Solo de esa forma, cuando Job (víctima del mundo) acepte la ofrenda (conversión) de los opresores, sin pedir ni buscar venganza, y cuando Dios acoja a todos (incluidos los opresores, convertidos) en la nueva comunión fundada a partir de las víctimas, cesará la cautividad (es decir) la opresión del pueblo.

Solo entonces podrá empezar la nueva historia de la humanidad, representada por Job (a quien los cristianos han visto como signo de Jesús) y por sus tres amigos, a quienes Dios rehabilita (en una línea ratificada por la Carta a los hebreos), pero solo en el caso de que esos «amigos» opresores se conviertan plenamente, sacrificando (es decir, superando) su egoísmo, y recorriendo el nuevo camino de solidaridad con las víctimas, que son ya las iniciadoras de la nueva libertad y comunión humana. Este pasaje nos sitúa de esa forma ante el encuentro y camino nuevo de los opresores y las víctimas, que se concreta en esa comunión de los tres amigos y de Job, con los tres rasgos que siguen:

~ *Los opresores (los «tres amigos») tienen que pedir perdón a Job, es decir, a las víctimas,* cambiando de vida. Sin una superación radical del sistema de poder (es decir, sin una conversión de los opresores) no puede trazarse el nuevo camino. Se trata, no solo, de una conversión intimista, sino de pensamiento, palabra y obra, como dice una fórmula cristiana. Solo de esa forma, los tres amigos podrán ser «recuperados» (re-convertidos) para el nuevo ideal y proyecto de vida desde las víctimas. Conforme a la sentencia de Dios, Elihu, su fiscal (cf 32–37) no cabe (en cuanto fiscal espiritualista) en ese proyecto.

~ *Las víctimas, con Job, han de aceptar la petición de los opresores,* acogiéndolos en su comunión, ayudándoles así a cambiar, superando el talión de la venganza. Sin esta aportación central de los oprimidos no puede darse cambio alguno. Desde su experiencia radical de víctima, ellos han de iniciar con Job la marcha de la reconciliación de la humanidad, superando así el orden y dominio de un poder que se identificaba de hecho con Dios. Esta es la «meta-noia» (transformación mental, total) que Jesús pedirá (exigirá) a los que inician su camino de Evangelio (cf Mc 1,14-15 par).

~ *El libro de Job intuye y anuncia de algún modo ese camino, pero no lo desarrolla.* En esa línea, los tres opresores (el sistema del poder divino) tienen que invertir su visión de Dios, para crear así un mundo distinto, desde la perspectiva (razón) de las víctimas. La concreción político-social de ese camino resultaba imposible en el siglo V-IV a.C., de tal forma que ese ideal quedó simplemente anunciado en este pasaje. Pero ese camino fue retomado por Jesús, e iniciado, también simbólicamente, al principio de la Iglesia, aunque volvió a quedar nuevamente truncado en el momento en que cierto cristianismo posterior se organizó como estructura de poder espiritual. Sin duda, la Iglesia aceptó y acepta el programa y camino de transformación de Jesús, desde los más pobres. Pero de hecho ha tendido a configurarse en claves de poder, como si Job-Jesús tuvieran razón en un plano espiritual (de mística, oración), pero no en el plano político-social, en el que continúa aplicándose la ideología antigua de los tres amigos (antes de su «conversión»).

En un sentido, la historia total de este libro podía haber terminado (y termina de hecho) con esta reconciliación de Job y sus amigos, entendida como culminación mesiánica de la vida humana. A partir de aquí debería haberse trazado, al menos implícitamente, el sentido y camino de la nueva historia, en línea de la comunión universal humana, desde las víctimas. Esta habría sido la resurrección de Job, entendida y aplicada como transformación liberadora de los hombres. Pero, de pronto, en vez de terminar su historia y cerrar el libro de los hechos de Dios en la vida de los hombres, el autor nos lleva a la simple «restauración» de un tipo de lazos familiares de Job, como si en el fondo no hubiera pasado nada o casi nada.

Retorno ambiguo de la familia antigua (42,10-11)

Quedan pues los amigos reconciliados, sin que se diga cómo se transforma su historia, y el autor nos lleva al tema del clan de los familiares antes desconocidos de Job. En esa línea, manteniendo lo dicho, tenemos que volver al verso 10, que actúa como bisagra entre este nuevo párrafo y el anterior, para situarnos ante el grupo extenso de los familiares de Job. Este es un tema que parece menos destacado en el texto, pero sirve para introducir el siguiente (42,12-17), con su nueva forma de entender la rehabilitación de Job. Este es un tema que puede parecer innecesario desde nuestra perspectiva de lectores del siglo XXI, pero que es importante desde un tipo de judaísmo y de sociedad antigua, donde resulta fundamental la recuperación familiar del clan.

Frente a los tres «amigos» a quienes Dios ha llamado para que se conviertan y se integren en el nuevo camino de Job, aparecen aquí estos familiares, con una función más opaca, más difícil de recuperar en la línea de una visión (transformación) que se despliega a partir de las víctimas. No se dice si ellos se convierten y cambian, simplemente que vienen. No se dice tampoco si vienen para ayudar de hecho a Job o si solo lo hacen para mantener un tipo de unidad egoísta del clan. Pero vienen, y su llegada y regalo nos sitúa en el plano más concreto y tradicional de la recuperación familiar del «héroe» caído.

Como he dicho ya, refiriéndome también al desarrollo de otros libros bíblicos, el texto de Job no impone una sola lectura de los hechos, sino que ofrece varias, entre las que se encuentra también esta. Durante la prueba, Job había estado solo. Ahora vienen hermanos, hermanas y todos los conocidos:

> 42 (¹⁰Y Yahvé le quitó a Job su aflicción cuando oró por sus amigos...). ¹¹Y vinieron a él todos sus hermanos, todas sus hermanas y todos los que antes lo habían conocido y comieron pan con él en su casa. Se condolieron de él, lo consolaron de todo aquel

mal que Yahvé había traído sobre él y cada uno le dio una *qesitá* (moneda de plata) y un anillo de oro.

Estos familiares no habían participado en la tragedia de Job, sino que lo habían abandonado en su desgracia, a diferencia de sus tres amigos..., que por lo menos habían venido a discutir con él (4-27). El texto no dice quiénes son. Los hijos de Job habían muerto (2,13-22), su mujer había desaparecido, tras decirle que maldijera a Dios y que muriera (2,9-10), pero deben haber quedado otros muchos, el gran clan de los «jobitas». Pues bien, ahora que «las cosas» se han resuelto y Job ha sido rehabilitado, aparecen estos, con sus regalos como signos de parentesco. La escena resulta extraña, y, sin embargo, forma parte del «drama», una vez que ha sido superada externamente la tragedia, en una línea que parece de retorno al pasado más que de apertura al futuro:

- *En el momento del «derrumbamiento» (shoah), estos familiares lo han abandonado.* Ninguno de ellos lo ha reconocido, ni cuidado, ni se ha declarado su pariente, ni ha venido a defenderlo en contra de sus «amigos».
- *Pero tras su rehabilitación vuelven todos, como si nada hubiera cambiado,* con su condolencia y tributo, para recordarle que forman parte de su «grupo de poder». Todo nos permite suponer que ellos aparecen aquí como un «residuo» del pasado, sin el arrepentimiento que Dios ha pedido a los tres amigos, sin haberse convertido. Son el pasado de Job, no forman parte de su futuro.

Esta escena puede parecer extraña, pero forma parte de la lógica del drama de Job, quien, como víctima, ha debido recorrer al final su camino a solas, como los evangelios han puesto de relieve en los relatos de la muerte de Jesús. De todas formas, hay una gran diferencia. A Jesús le han dejado sus discípulos varones, todos los «poderosos», pero le han quedado (lo han acompañado hasta el fin) algunas mujeres, y serán precisamente ellas las que recrearán su historia mesiánica proclamando su resurrección. Job, en cambio, no ha tenido al final a nadie a su lado, y solamente después de ser rehabilitado por Dios vienen esos parientes, por interés egoísta, para compartir su triunfo. Pero hay además otra diferencia, que es aún más profunda:

~ *Job no ha muerto*, y en ese nivel, su rehabilitación ha de entenderse en sentido histórico, como simple *restauración del orden anterior*, de manera que la historia real queda como estaba, sin cambio alguno. Esto es lo que quieren los parientes (y quizá algunos parientes de Jesús en la primera Iglesia). Estos son los que vuelven sin haber realizado cambio alguno, sin haber aprendido nada, con regalos de tipo puramente interesado, para que todo vuelva a ser como era. Es evidente que estos «amigos del regalo» no forman parte del nuevo camino de Job, a diferencia de los «amigos» convertidos, que le piden perdón con sacrificios, vinculándose así a su destino.

~ *A diferencia de Job, Jesús ha muerto*, de forma que su rehabilitación no se puede entender como restauración (=cuarenta nuevos años de vida, con riquezas abundantes, con siete hijos y tres hijas), sino como *recreación*, en una línea más cercana a lo que ha mostrado el breve relato de la conversión de los tres amigos. A diferencia de lo que sucede con los familiares, que vienen a saludar a Job desde sus intereses pasados de poder, los tres amigos de Job, convertidos por él, pueden (podrían) iniciar un camino de transformación que, según los cristianos, culminará en la pascua de Jesús, como han proclamado las mujeres de la «tumba vacía» (cf Mc 16,1-8 par), que son absolutamente necesarias para recrear el mensaje de la vida de Jesús, en perspectiva de resurrección, es decir, de nueva creación.

Restauración histórica: rebaños, hijos, muerte (42,12-17)

La escena de la conversión de los amigos (42,7-10) podía haber abierto un camino de transformación radical de la historia de Job, en una línea parecida a la del Evangelio. Pero, como he dicho, ese camino ha quedado truncado, quizá porque entonces (siglo V-IV) era imposible realizar (traducir) de un modo social la tarea implicada por aquella conversión, una tarea que no se ha seguido después de un modo consecuente en el conjunto de la Iglesia, de forma que sigue pendiente, como seguiré diciendo en el próximo apartado.

En ese contexto de restauración (no de creación como exigía el relato de conversión de los tres amigos) nos sitúa la escena final del libro, la que suele tomarse de hecho como «conclusión canónica» y en el fondo como única posible, a modo de simple vuelta al pasado. Es como si nada hubiera sucedido, como si todo hubiera sido un sueño, un paréntesis pasajero, pues Job recupera su estado anterior, previo a la tentación y prueba de Satán (cf Job 1,1-5: siete hijos, tres hijas, gran riqueza, vida larga):

¹²Y Yahvé bendijo el postrer estado de Job más que el primero, porque tuvo catorce mil ovejas, seis mil camellos, mil yuntas de bueyes y mil asnas. ¹³También tuvo siete hijos y tres hijas. ¹⁴A la primera le puso por nombre Paloma; a la segunda, Acacia y a la tercera, Azabache. ¹⁵Y no había en toda la tierra mujeres tan hermosas como las hijas de Job, a las que su padre dio herencia entre sus hermanos. ¹⁶Después de esto vivió Job ciento cuarenta años, y vio a sus hijos y a los hijos de sus hijos, hasta la cuarta generación. ¹⁷Job murió muy anciano, colmado de días.

Volvemos así a Job 1,1-5, como si todo lo sucedido en el centro del libro hubiera sido un paréntesis pasajero (un simple cambio para que las cosas antiguas se ajusten mejor), como si la trama del libro fuera solo un artificio literario, para entretener por un momento a los lectores u oyentes, en la línea de los cuentos de *Las mil y una noches*. Pero, leyendo mejor la trama anterior, podremos destacar dos elementos nuevos: (a) Este final no es el único, sino que a su lado quedan y pueden (deben) trazarse otros distintos, en la línea de la conversión de los tres amigos. (b) El drama-tragedia de Job no es el relato de algo que pasó una vez, para quedar de esa manera en el pasado, sino una «historia» perfectamente actual, como en aquellas «historias» (cuentos) que empiezan diciendo «érase una vez».

Así empezaba el texto «érase una vez», «había una vez...» (Job 1,1). Ese «érase una vez» no significa que Job hubiera existido de hecho como un hombre concreto, ni que la «historia de su vida» hubiera sucedido de la forma en que se narra en este libro. Job era y sigue siendo, más bien, un signo viviente de la humanidad, mirada desde la perspectiva de un tipo de judaísmo, en el siglo V-IV a.C. Pero, trazando un signo fuerte de la conflictividad humana, en el centro de eso que he llamado el «tiempo eje», este personaje de Job ha captado y expresado una realidad que, mudadas algunas circunstancias, se sigue conservando en nuestro tiempo, en el siglo XXI d.C.

Ciertamente, la «historia» de este libro (érase una vez...) ha sido escrita, en primer lugar, desde la perspectiva de los actores, lectores y oyentes judíos del entorno de Jerusalén en torno al año 400 a.C. Pero, al mismo tiempo, mantiene y ofrece también su mensaje para muchos de nosotros, millones de judíos, cristianos, musulmanes, creyentes de un tipo o de otro, e incluso no creyentes religiosos, que seguimos leyendo admirados esta obra, con el deseo de entender y resolver mejor el drama en que estamos inmersos, no solo como espectadores, sino también como protagonistas.

Sin duda, en un plano, el *happy end* de la restauración feliz de Job, con muchos rebaños, siete hijos varones (como los días de la semana) y tres hijas bellas, que son la naturaleza entera, como reino animal (Paloma), vegetal (Acacia) y mineral (Azabache), es bueno y necesario, pero está claro que resulta insuficiente. La historia de Job no se ha resuelto y cumplido en el tiempo antiguo, de forma que pueda cerrarse ya, a fin de que todo siga siendo igual, sino que sigue estando abierta, como un «viaje» radical de profundización y transformación, en la línea de la llamada y el camino de Abraham (Gén 12,1-3), de la vocación de Moisés y la salida de los hebreos (Éxodo de Egipto)..., en la línea de Buda y de Jesús de Nazaret.

Nuevo final para Job, una tarea pendiente (año 2020)

Como las grandes «historias» (que empiezan «erase una vez...»), esta parábola *(mashal)* de Job «sabe» que, en un nivel, su *happy end* (42,12-17), con rebaños, hijos e hijas, es bueno y provechoso y así lo dice el texto. Pero sabe también que, en otro nivel, resulta insuficiente, pues sabe que hay otros finales, como los ya vistos de 42,7-10 y 42,10-11, y como aquellos otros que el lector u oyente descubrirá tan pronto como envuelva el rollo, cierre el libro o deje de seguir oyendo al narrador, pues la vida sigue, y quedan pendientes los problemas que Job ha discutido con sus tres amigos, con la forma de interpretar y aplicar la sentencia final del Dios de la trama.

En un sentido ha sido un final bueno

Todo sigue, pero el lector actual del libro puede y debe repensar el sentido de la historia, como las mujeres de la tumba vacía de Jesús a las que el ángel de la pascua dice que vuelvan a Galilea para allí encontrar a Jesús y recrear su mensaje (Mc 16,1-8). Así también nosotros, caminantes del siglo XXI, tras haber asumido vitalmente la trama de este libro podemos entender y recorrer mejor su historia, que es la nuestra:

~ *Será bueno empezar aceptando el final de 42,12-17 desde la perspectiva del mismo Dios,* que ha descubierto al fin, de un modo fehaciente, tras la «peripecia» de Job, en contra de Satán y Elihu, sus fiscales, que hay hombres y mujeres como Job que pueden amarle (esto es, amar la Vida, hacer el Bien) por convencimiento y decisión personal, no por pura conveniencia egoísta, como pretendía Satán (1-2). Ciertamente, el Satán derrotado de esta historia puede seguir merodeando, vigilando la obra de Dios y dudando de su creación, pero está ya vencido, pues Dios ha ganado la batalla de Job, porque Job se ha mostrado hasta el final como hombre «bueno», a pesar de la sospecha del fiscal Elihu.

~ *También es bueno aceptar ese final desde la perspectiva de Job y de los hombres en general,* pues aunque Dios no ha respondido externamente a todas sus preguntas, le ha permitido preguntar, y le ha dado la razón, diciendo que puede y debe seguir en la línea de sus caminos adversos. En ese sentido hemos de añadir que este final no cierra la polémica anterior entre Dios y Job, sino que la mantiene abierta para nuevos creyentes y lectores, por encima de las religiones establecidas, pues Job no es judío, ni budista en sentido confesional, sino un ser humano que busca a Dios desde su situación de víctima, protestando y queriendo superarla.

El Job rehabilitado de 42,12-17 debe continuar viviendo en un mundo y una historia como la anterior, pero él no es ya igual, pues ahora «sabe», conoce, mejor los complejos caminos de la vida, como revelación y tarea de esperanza, a pesar de sus problemas. Y tampoco nosotros los lectores-actores del libro (seguidores de su trama), somos ya los mismos, tras haber recorrido la trama del libro. Sin duda, podemos identificarnos con los tres amigos de 4-27, pero solo podemos hacerlo de verdad si con ello queremos superar nuestra forma de ser anterior, confesando el mal que hemos hecho a las víctimas, a fin de que ellas intercedan por nosotros. Pero debemos identificarnos también (y aún más) con Job, asumiendo como nuestro su camino.

En ese sentido, nosotros, transeúntes del siglo XXI (superando la visión de Elihu, fiscal fracasado, que ha sido dominante en el pasado de la Iglesia), tendremos que aprender a vivir de un modo más atento a la justicia y esperanza amorosa de la vida, superando la opresión del Dios-Poder del sistema, en apertura gratuita a los demás, en una tierra compleja de tormentas y animales extraños como portadores de un misterioso y extraño plan divino, reflejado en la gran tormenta y los animales del discurso de Dios.

Manteniendo el origen judío de la historia

Quizá algunos lectores, desde un fondo cristiano, hubieran preferido que Job hubiera muerto dando testimonio de la herida de su grito, como víctima del sistema opresor, esperando la llegada final de la resurrección, para resolver así los problemas del más allá, como si en este mundo no hubiera posibles respuestas. Pero, si queremos ser fieles al libro, debemos empezar esperando aquí, en este mundo, pues solo así podremos recrear su trama, leyéndolo en su propio contexto y momento, en un tiempo en que, en conjunto, el judaísmo no creía en la resurrección, entendida en sentido «espiritualista», sino que quería (y sigue queriendo) una respuesta en este mundo. Unidos a los judíos, debemos seguir esperando la reconciliación en este mismo mundo, a pesar de (o precisamente por) los «holocaustos» *(shoah)* en los que han muerto millones de hombres y mujeres como Job, asesinados muchas veces por pretendidos cristianos, sin tener la suerte externa de este Job de libro, a quien el Dios del Libro restauró en esta tierra.

En esa línea podemos y debemos leer e interpretar la historia de Job desde la perspectiva de una humanidad actual que parece asomarse de nuevo a otro tipo de *shoah*, un gran derrumbamiento de tipo económico, social, militar o incluso ecológico y sanitario (expresado en forma de nuevas enfermedades corporales, psicológicas o «espirituales»). Por eso tenemos que mantener abierto este final del libro, precisamente a causa del riesgo de destrucción que nos amenaza (y que nosotros mismos suscitamos de algún modo).

Eso significa que debemos mantener abierta la respuesta de conjunto del epílogo del libro (42,7-17), y si no la vemos abierta esforzándonos por abrirla, en este momento, en este mundo, no solo en plano de simbolismo general, sino de compromiso histórico a favor de la vida de todos, sin olvidar la *shoah*, la destrucción o derrumbamiento, cuyo testimonio más significativo ha sido y sigue siendo, dentro del judaísmo, la historia de Job.

~ *Por un lado, nuestra historia de fracaso nos sigue dominando, y no tenemos salida (futuro de vida)* mientras seamos lo que somos y vivamos como vivimos, mientras sigan existiendo y amenazándonos los riesgos y problemas sobre los que habían discutido Job y sus amigos en la parte más fuerte del libro, los caps. 4-7. Pero, al mismo tiempo, tenemos que descubrir que este epílogo (42,7-17) ha sido escrito por nosotros, y así debemos mantenerlo y recrearlo, como impulso para vivir, a pesar de todo (iba a decir «por encima de todo»), superando las crisis, levantándonos de las caídas, aunque al final nos atrape a todos la muerte, como a Job, pero quizá sin los 140 años de prórroga feliz que a él le concedieron, con grandes rebaños, hijos laboriosos e hijas bellas (es decir, con buena compañía) para todos.

~ *En esa línea, en este mundo que, en un plano, no tiene salida, los judíos de Job han sido y siguen siendo un testimonio intenso de esperanza, es decir, de «salida»,* y signo de ella son los 140 años de prórroga que se le concedieron a Job, que han de ser signo de 140 y más años de felicidad para todos. En esa línea, a pesar de ser distintos (¡y más precisamente por serlo!) los judíos posteriores a Job, una y otra vez expulsados y perseguidos, han seguido apostando por la vida y el futuro, como supone el libro de Job, con su promesa de riqueza (rebaños) y familia (hijos e hijas), durante 140 años que son signo de la «eternidad» futura. En ese sentido, este libro ha ofrecido y nos sigue ofreciendo consuelo y esperanza, como se lo ofreció a los judíos en el tiempo del post-exilio y de la reconstrucción de Jerusalén, cuando se sintieron probados por la vida (en riesgo de perecer), pero sostenidos por Dios, para retomar el camino de la creación y de la historia.

Insisto en esa experiencia: este libro ha sostenido a muchísimos judíos, en medio de pruebas intensas, reiteradas y fatídicas, como la destrucción del segundo templo (70 d.C.), las persecuciones medievales, la expulsión de Sefarad (1491 d.C.) y la gran *shoah* del 1939-1945 del nacional-socialismo de Alemania. Ciertamente, los judíos siguen interpretando su historia milenaria también con otros signos, como los de Abraham y Moisés, con Elías, el retorno del exilio y la esperanza del Mesías, aunque manteniendo siempre la sombra (la imagen aún velada) de un Job que no ha sido rehabilitado todavía, de un Job que ha seguido preguntando y muriendo en los campos de exterminio nazis del siglo XX, de un Job que muere en los millones de hambrientos y oprimidos del mundo, sean o no judíos.

De un modo consecuente, algunos pensadores judíos, posteriores a la última gran *shoah* (1939-1945), buenos lectores de Job, han renunciado a dar una respuesta confesional positiva a ese «martirio», de manera que en vez de hablar de «holocausto» (en sentido de sacrificio religioso), han preferido retomar el término que yo vengo evocando de *shoah,* como fatalidad, una palabra que aparece significativamente en 30,14, cuando Job grita y dice que los enemigos «irrumpen por una ancha puerta», rodando *bajo el derrumbamiento (tahat sho'ah,* תַּחַת שֹׁאָה*).*

En esa línea puedo recordar el testimonio de E. L. Fackenheim *(La presencia de Dios en el mundo,* Sígueme, Salamanca 2002), que renuncia a ofrecer una interpretación positiva de la historia del judaísmo (y de la humanidad), en medio de una muerte sin alternativas, como la de Job condenado en el estercolero, del que ningún posible «dios» le ha sacado hasta ahora (a pesar de lo que dice 42,7-17). Ciertamente, algunos judíos buscan una recuperación política e incluso militar de su proyecto, apelando incluso a Job (cf R. Travis, *From Job to the Shoah,* Wipf and Stock, Eugene 2014), pero el tema debe mantenerse abierto.

Ciertamente, se han dado y se siguen dando otras lecturas judías de Job, en perspectiva de análisis existencial y transformación penitencial. Pero he querido destacar esta de tipo radical, siguiendo lo que he dicho, en la introducción al primer acto del «drama» (Job 4-14), en la línea de la interpretación psicoanalítica de S. Freud, que ha tomado el drama (o mejor dicho la tragedia) de Job como testimonio lúcido y descarnado del derrumbamiento de toda ilusión humana. Conforme a esa visión, el hombre Job no puede esperar una respuesta de Dios, sino que tiene que dársela él mismo, a sí mismo, poniéndose en pie, si puede, en aquel estercolero donde le han arrojado los (dis-)fortunios de la historia, procurando mejorar un poco lo que hay, con realismo y racionalidad, incluso con alguna solidaridad, mientras el mundo puede ir derrumbándose a su lado (y dentro de sí mismo).

Entendido desde ese punto de vista, el libro de Job no es una introducción o anuncio de un tipo de respuesta diferente que Dios dará más tarde a través del Jesús cristiano (o de algún otro mesías de salvación), sino *un texto de la ruina en sí*, el testimonio de la catástrofe de un judaísmo siempre amenazado, bajo la violencia de los poderes imperiales que se sucedieron a lo largo de la historia (desde Asiria y Babilona, pasando por Roma, hasta España, siglo XV, y Alemania, siglo XX). En esa línea, Job ha sido y puede seguir siendo el libro de la *shoah*, ruina o derrumbamiento, no solo del judaísmo, sino de la humanidad, que, a pesar de todo, se mantiene en pie, haya o no haya Dios, sin ilusiones trascendentes.

De un modo significativo, Freud murió en el exilio (en septiembre del 1939), cuando estallaba la mayor de las catástrofes judías, en el contexto de una Alemania que había sido por siglos amiga de los judíos. En los campos de exterminio murieron millones de víctimas como Job, pero que no fueron perdonadas en el último minuto, sino que fueron exterminados incluso cuando estaban gritando a Dios y esperando inútilmente su llegada.

Lectura abierta desde el cristianismo

A pesar de esa lectura radical de tipo más negativo, sigue habiendo miles y millones de judíos que apuestan por una lectura abierta de la historia de Job, una lectura que en este libro he resituado a la luz de Jesús de Nazaret (y de Buda), pero no en contra del judaísmo, sino como expresión de un judaísmo que no solo es capaz de mantenerse firme en medio de la prueba (a pesar de la muerte o expulsión de muchos), sino también de abrir un futuro de esperanza para el conjunto de la humanidad, orando a favor de todos los hombres y mujeres de la tierra, como hace Job en 42,7-10, cuando intercede ante Dios por la salvación de los tres amigos/enemigos que habían querido condenarlo.

En esa línea, con todo el respeto que merece una perspectiva nacional judía de Job (sin querer suplantarla en modo alguno), quiero citar la visión de aquellos que piensan (pensamos) que, de un modo enigmático pero intenso, Dios ha querido responder a Job (y completar su historia) en Jesucristo. Así lo puso de relieve, en perspectiva antropológica, C. G. Jung, *Respuesta a Job* (Trotta, Madrid 2014; original de 1952), retomando un argumento que aparece en muchos intérpretes cristianos, sobre todo protestantes, del siglo XIX (como he dicho ya en la introducción de este libro).

Conforme a su lectura, como han puesto de relieve muchos intérpretes actuales, dentro de la trama del libro, en cuanto personaje, el hombre Job sabe más de Dios y de la vida que el mismo «dios» del drama, entendido como personaje de la obra, no como divinidad filosófica ni como Dios de la Biblia en su conjunto. En esa línea literaria, el personaje Job ha planteado al personaje Dios una serie de preguntas a las que él no sabe responder en el discurso final de este libro (38,1-42,6), apelando por eso, de manera enfática, al torbellino del «cielo» atmosférico y de los animales de la tierra. De manera consecuente, ese Dios del libro (como poder del cosmos y vida de los animales), a fin de comprender la problemática de Job y responderle, tuvo que hacerse como él, esto es, un Dios-humanidad, encarnado en Jesucristo, sufriendo sus mismos dolores.

Solo de esa forma, conociendo (compartiendo) el sufrimiento vital de Job, Dios pudo responderle con su vida y con su muerte (y con la experiencia-esperanza de la resurrección), desde la misma humanidad dolorida, no desde una tormenta externa (en la línea que evoca y proclama el himno de Flp 2,6-11). Como habrá podido observar el lector, esta propuesta de C. G. Jung (compartida por muchos intérpretes protestantes, del siglo XIX y XX) ha estado presente, al menos como posibilidad, en varios momentos de mi lectura del texto. Me ha parecido valiosa, en la medida en que nos lleva a interpretar al hombre como «encarnación de Dios», desde la perspectiva de Jesús, signo y compendio de todas las víctimas (como ha puesto de relieve R. Girard, a quien también he citado en la introducción de este libro).

Ciertamente, *muchos lectores judíos* siguen (y seguirán) pensando y viviendo el drama de Job desde una *shoah* que no ha recibido (aún) una respuesta. Sin negar ese aspecto o nivel del tema, *los lectores cristianos* de Job tenderán a interpretar su historia desde la muerte y resurrección de Jesús, pero sin pretender que con ello han resuelto todos los problemas. Ningún verdadero cristiano podrá contestar a un judío con arrogancia y decirle: «Yo sé más que tú de Job y del Dios de las víctimas». No se trata de saber más en teoría, sino de ofrecer con intensa y humilde sobriedad, el testimonio activo de una esperanza de vida iluminada por la experiencia de Job, enriquecida y recreada (según los cristianos) por Jesús de Nazaret. Y con esta reflexión termino, de manera abrupta, mi lectura guiada del libro de Job, atreviéndome a culminar (y de algún modo a condensar) lo dicho con cuatro reflexiones abiertas a la lectura ulterior del libro:

- *Job es un libro de super-vivencia*, esto es, un manual de aguante y resistencia, para mantenernos en la crisis (no morir bajo la angustia de la persecución, la enfermedad o el miedo a la muerte), en medio de un tipo de pandemia que nos sigue amenazando en este tiempo (2020), tan parecido al tiempo de Job. El libro de Job no se limita a decirnos que sobrevivamos (bajo un «satán» de opresión, injusticia y «peste»), sino que esperemos, abiertos de forma solidaria, en amor a la vida, a un futuro de esperanza. En medio de la lucha, desde el estercolero, Job le dijo a Dios que «no cubriera su sangre», que no lo mate ni olvide del todo, sino que lo espere, aunque sea después de la muerte, para darle una respuesta (16,18). En esa línea, el libro de Job nos sigue ofreciendo el testimonio de una esperanza de vida por encima de todos los terrores y poderes de la muerte.

- *Libro de comunicación.* Ciertamente, en un sentido, Job acepta el reto duro de la finitud, y nos sitúa ante el futuro inexorable de la tumba (aunque sea tras ciento cuarenta años de tregua bendita). Pero en otro sentido él se opone a toda finitud injusta, porque sabe que la justicia (lo mismo que el amor, cf Cant 8,6) es más fuerte y duradera que la muerte. En esa línea, Job confiesa que la vida solo puede mantenerse y avanzar como camino de justicia que se transmite desde un pasado de creación a un futuro de recreación, por encima de los poderes de imposición y muerte que tienden a destruir todo lo que existe. Según eso, la protesta y alegato de Job no es un lamento cerrado en sí mismo, sino una voz de vida que se va transmitiendo por generaciones, como inspiración e impulso radical de Dios en nuestra vida.

~ *En perspectiva cristiana, el libro de Job ha de entenderse desde el mensaje de resurrección de Jesucristo.* Ciertamente, en un plano, el libro ha terminado en clave de restauración, con Job lleno de rebaños e hijos, viviendo otros 140 años, entre los ricos de Oriente, en plenitud de felicidad. Pero en otro sus protestas y experiencias, sus apologías y llamadas de esperanza siguen abiertas para las generaciones futuras, no en clave de simple restauración, sino de llegada de un tiempo mesiánico de resurrección, en el mismo ser y caminar de lo divino (es decir, del hombre en Dios). Desde ese fondo me atrevería a pensar que Job murió en la prueba (como víctima final de un mundo injusto), lo mismo que Jesús de Nazaret; no pervivió en sí mismo, como un hombre aislado sino que murió de verdad, pero resucitó y se encuentra vivo en el Dios de la humanidad resucitada en y con Cristo, tras haber iniciado un camino de perdón, conversión y comunicación liberadora, desde los oprimidos, con sus tres «amigos» anteriores, también convertidos y resucitados.

~ *Entendido de esa forma, este libro no narra solo una historia para judíos y cristianos, sino para la humanidad en su conjunto,* pues, como he venido indicando, Job no es solo «siervo» del Dios para judíos y cristianos, sino para la humanidad, y así puede vincularse con

Muhammad, a quien Dios hizo triunfar tras su prueba (héjira) de Medina, y, en otra línea, puede y debe entenderse desde Buda, con quien he ido comparando su historia y doctrina en todas estas páginas. En ese sentido, me atrevo a decir que tanto Jesús como Buda han sido respuestas a Job, o, mejor dicho, a la problemática de Job, cada uno a su manera, cada uno en su línea, no uno contra otro, sino uno con el otro. No solo Dios ha respondido a Job (como decía el libro programático de C. G. Jung, con muchos teólogos cristianos), sino que le han respondido y caminado con él muchísimos hombres y mujeres desde su tiempo hasta el nuestro. Como respuesta a Job he querido escribir yo también este libro, y así quiero que puedan responderle también mis lectores, cada uno desde su perspectiva y, si puede ser, con el compromiso de su vida, como exploradores de los «caminos adversos» de Dios, que escribe recto con renglones que parecen torcidos.

Bibliografía

La bibliografía sobre el libro de Job es inmensa, y aquí no puedo hacer ni el intento de resumirla. Para una visión de conjunto más extensa puede acudirse a los comentarios especializados, como el de V. Morla. En una perspectiva más humilde, para situar el libro de Job en el contexto general de los libros de la Biblia, pueden servir dos de mis libros: *Gran Diccionario de la Biblia* y *Ciudad-Biblia*, Verbo Divino, Estella 2017 y 2019.

Comentarios al libro de Job

Recojo algunos más significativos, sobre todo en lengua castellana, fijándome sobre todo en aquellos que me parecen más pedagógicos, citando no solo por erudición, sino también por su valor intrínseco, algunos clásicos hispanos del siglo XV (Huerga, Luis de León y Pineda).

Alonso Schökel L.-Sicre J. L., *Job. Comentario teológico y literario*, Cristiandad, Madrid 1983 (²2002).
Arens E., «Job», en *Comentario Bíblico Latinoamericano AT*, Verbo Divino, Estella 2007, 747-803.

Auge R., «Job», en *Biblia de Montserrat*, Monasterio de Montserrat, Montserrat 1959.

Barth K., *Hiob*, Neukirchener V., Neukirchen-Vluyn 1966.

Brates L., «El libro de Job», en Profesores Compañía de Jesús, *Sagrada Escritura. Antiguo Testamento 3. Israel bajo persas y griegos*, BAC, Madrid 1969, 437-739.

Budde K. F. R., *Das Buch Hiob*, HKAT 2, Gotinga 1913.

Clines D. J. A., *Job* I–II, Word, Dallas 1898/2006.

Delitzsch F., *Das Buch Job*, Dörffling und Franke, Leipzig ²1876.

Dhorme P., *Le livre de Job*, Gabalda, París 1924.

Driver S. R.-Gray G. B., *Critical and Exegetical Commentary on the Book of Job*, T&T, Nueva York 1950.

García Cordero M., *Libro de Job*, en Prof. Salamanca, *Biblia comentada* IV, Madrid 1962, 16-16.

Glaze A., *Un varón llamado Job*, Casa Bautista, El Paso 1970.

Gray J., *The Book of Job*, Hebrew Bible 1, Sheffield 2010.

Guillaume A., *Job*, SPCK, Londres 1951.

Habel N. C., *The Book of Job*, Cambridge University Press, Cambridge 1975.

Horst F., *Hiob 1-19*, BK XVI/1, Neukirchen 1968.

Huerga C. de la, *Commentaria in Librum Beati Iob et in Cantica Canticorum Salomonis regis* (1582), en *Obras Completas*, Universidad de León, León 1994.

Jones H. R., *A Study Commentary of Job*, Ev. Press, Darlingnton 2007.

Keel O., *Jahwes Entgegnung an Hiob*, Vandenhoeck, Gotinga 1978.

Larcher C., *Job*, BibJer, París 1950.

León L. de, *Exposición del Libro de Job*, BAC, Madrid 1991.

Lobato J., *El libro de Job*, Sígueme, Salamanca 1992.

MacKenzie R. A.-Murphy R., «Job», en *Nuevo Comentario Bíblico San Jerónimo*, Verbo Divino, Estella 2005, 712-745.

Morla V., *Job 1–28* y *Job 29–42*, DDB, Bilbao 2007 y 2010; *Libro de Job. Recóndita armonía*, Verbo Divino, Estella 2017.

Murphy R., «Job», en *Comentario Bíblico Internacional*, Verbo Divino, Estella 2005, 693-711.

Pineda J. de, *Commentariorum in Iob libri tredecim* I-II, Hispali 1598 y 1602.

Pixley J., *El libro de Job; comentario bíblico latino-americano*, DEI, San José CR 1982.

Pope M. H., *Job*, Doubleday, Nueva York 1965.

Ravasi G., *Giobbe*, Borla, Roma 1984.

Renan E., *Le livre de Job*, Calmann, París 1926.

Ricciotti G., *Il libro di Giobbe*, Marietti, Turín-Roma 1924.

Rowley H. H., *Job*, New Century Bible, Londres 1976.

Skehan P. W., *The Book of Job*, CBA, Washington 1971.

Snaith N. H., *The Book of Job. Origin and Purpose*, SCM Press, Londres 1968.

Steinmann J., *Le livre de Job*, Cerf, París 1954.

Sutcliffe E. F., *Job II*, Verbum Dei, Barcelona 1956, 104-165.

Terrien S., *Job*, Delachaux-Niestlé, Neuchätel-París 1963.

Tur-Sinai N. H., *The Book of Job*, Kyriat Sepher, Jerusalén 1967.

Weiser A., *Das Buch Hiob*, ATD, Vandenhoeck, Gotinga 1980.

Estudios sobre el libro de Job

Son innumerables. Recojo solamente aquellos que me parecen más significativos desde la perspectiva literaria y teológico-social en que se sitúa mi lectura, dando primacía a los de lengua castellana.

ÁLVAREZ DE MIRANDA A., *Job y Prometeo, o religión e irreligión*, en Anthologica Annua, 2 (1954) 207-237.

AMADO LÉVY-VALENSI E., *Job. Response a Jung*, Cerf, París 1991.

ASURMENDI J., *Job. Experiencia del mal, experiencia de Dios*, Verbo Divino, Estella 2001.

BATNITZKY L.-PARDES I. (eds.), *The Book of Job: Aesthetics, Ethics, Hermeneutics*, De Gruyter, Berlín 2015.

BEN-CHORIN S.-LANGER M., *Die Tränen des Hiob*, Tyrolia, Innsbruck 1994.

BOCHET M., *Job après Job. Destinée littéraire d'une figure biblique*, Cerf, París 2000.

BONORA S., *Giobbe: Il tormento di credere*, Gregoriana, Padua 1990.

BORGONOVO S., *La notte e il suo sole. Luce e tenebre nel libro di Giobbe*, AnBiblica, Roma 1995.

BOSKAMP K., *La identificación del testigo-abogado de Job. Un estudio exegético de Job 16, 19-21*, I-II, Davar-Logos 9 (2010) 135-155 y 10 (2011) 189-207.

BRUNI L., *La desventura de un hombre justo. Una relectura del libro de Job*, Ciudad Nueva, 2017.

CABODEVILLA J. M., *La impaciencia de Job*, BAC, Madrid 1967.

CHESTERTON G. K., «El Libro de Job», en *El hombre que fue jueves*, Valdemar, Madrid 2000.

DAHOOD M., *Norwest Semitic Philology and Job,* en J. MCKENZIE (ed.), *Current Catholic Thought,* Herder, Nueva York 1962, 55-74; *Ebla, Ugarit and the Bible, The Archives of Ebla,* Garden City, Nueva York 1981, 271-321.

DELL K. J., *The Book of Job as Sceptical Literature,* De Gruyter, Berlín 1991.

EMO P., *Job y el exceso del mal,* Caparrós, Madrid 1995.

FISCHER L. R., *The Many voices of Job,* Wipf and Stock, Eugene 2009.

FOHRER G., *Das Buch Hiob,* G. Mohn, Gütersloh 1963; *Studien zum Buche Hiob (1956-1979),* Beihefte ZAW, Berlín-Nueva York ²1983.

GARCÍA-MORENO A., *Sentido del dolor en Job,* Estudio Teológico San Ildefonso, Toledo 1990.

GIRARD R., *Job: The Victim of his People,* Standford University Press, Redwood City 1987; *La ruta antigua de los hombres perversos,* Anagrama, Barcelona 2006.

GUTIÉRREZ G., *Hablar de Dios desde el sufrimiento del inocente. Una reflexión sobre el libro de Job,* Sígueme, Salamanca 1986.

HECKL R., *Hiob – vom Gottesfürchtigen zum Repräsentanten Israels,* Mohr Siebeck, Tubinga 2010.

HONORA A., *Il contestatore di Dio,* Marietti, Turín 1978.

IWANSKI D., *The Dynamics of Job's Intercession,* AnBiblica, Roma 2006.

JANZEN J. G., The *Ground of the Hope in the Book of Job,* Baker, Grand Rapids 2009.

JUNG C. G., *Respuesta a Job,* Trotta, Madrid 2014 (original 1952).

KAUSEMANN J., *Hiob. Geheimnis des Leidens,* Christliche V. Dillenburg 1990.

Kermani N., *Der Schrecken Gottes, Attar, Hiob und die metaphysische Revolte*, Beck, Múnich 2005.

Krüger T.-Oeming M. (eds.), *Das Buch Hiob und seine Interpretation*, AThANT 88, Zúrich 2007.

Langenhorst G., *Hiob unser Zeitgenosse. Die literarische Hiob-Rezeption im 20. Jahrhundert als theologische Herausforderung*, Grünewald, Maguncia 1994.

Lévêque J., *Job et son Dieu I-III*, Gabalda, París 1970; *Job. El libro y el mensaje*, Verbo Divino, Estella 1986; *Job ou le drame de a foi*, Cerf, París 2007.

Lindblom J., *La composition du libre de Job*, Gleerup, Lund 1945.

Lippert P., *El hombre Job habla a su Dios*, Jus, México 1967.

Martínez J. M., *Job, la fe en conflicto*, Clie, Tarrasa 1975.

Mathys H. P.-Kaiser G., *Das Buch Hiob: Dichtung als Theologie*, Neukirchener, Neukirchen 2006.

Müller H. P., *Das Hiobproblem. Seine Stellung und Entstehung im alten Orient und im Alten Testament*, EF 84, Darmstadt 1995.

Nemo P., *Job et l'excés du mal*, Grasset, París 1978.

O'Connor D. J., *Job. His Wife, his Friends and his God*, Columba P., Dublín 1995.

Oberhänsli-Widmer G., *Hiob in der jüdischen Antike und Moderne*, Neukirchener Verlag, Neukirchen 2003.

Pacheco M. M., *Disolución política de la teología. Comentarios al libro de Job*, en Quaderns de filosofia i ciència 35 (2005) 119-132.

Perdue L. G., *Wisdom in revolt. Metaphorical Theology in the Book of Job*, JSOT, SuppSer 112, Sheffield 1991.

Pieri F., *Giobbe e il suo Dio. L'incontro-scontro con il semplicemente altro*, Biblico, Roma 2012.

Pyeon Y., *You have not spoken what is right about me. Intertextuality in the Book of Job*, Lang, Nueva York 2003.

QUEZADA J., *El libro de Job. Un drama psicológico en forma de panel*, en Revista Iberoamericana de Teología 2 (2006) 33-68.

RADEMAKERS J., *Dieu, Job et la Sagesse*, Lessius, Bruselas 1998.

RAMOS A., *Job y el sentido del sufrimiento*, Fasta, Mar del Plata 2018.

SANMARTÍN R., *De Job a Kafka. El sentido en nuestro tiempo*, Tirant, Valencia 2020.

SCHÜSSLER W.-RÖBEL M. (eds.), *Hiob – transdisziplinär. Seine Bedeutung in Theologie und Philosophie, Kunst und Literatur, Lebenspraxis und Spiritualität*, Lit. Verlag, Berlín 2013.

SCHWIENHORST-SCHÖNBERGER L., *Ein Weg durch das Leid – Das Buch Ijob*, Herder, Friburgo 2007.

SELLIN E. F., *Das Hiobproblem*, P. Druckerei, Berlín 1931

SINGER R. E., *Job's Encounter*, Bookman A., Nueva York 1963.

SUSMAN M., *Il libro di Giobbe e il destino del popolo ebraico*, La Giuntina, Florencia 1999.

TRAVIS R., *From Job to the Shoah: A Story of Dust and Ashes*, Wipf and Stock, Eugene 2014.

TREBOLLE J.-POTTECHER S., *Job*, Trotta, Madrid 2011.

VERMEYLEN J., *Job, ses amis et son Dieu: La Legende de Job et ses relectures postexiliques*, Brill, Leiden 1986.

WESTERMANN C., *Der Aufbau des Buches Hiob*, Calwer, Stuttgart 1978.

WHEELER G., *El Dios del torbellino*, AGES, Buenos Aires 1993.

WITTE M. (ed.), *Hiobs Gestalten. Interdisziplinäre Studien zum Bild Hiobs in Judentum und Christentum*, Evangelische V., Leipzig 2012.

Witte M., *Vom Leiden zur Lehre. Der dritte Redegang (Hiob 21-27) und die Redaktionsgeschichte des Hiobbuches*, De Gruyter, Berlín 1994; *Hiobs viele Gesichter. Studien zur Komposition, Tradition und frühen Rezeption des Hiobbuches*, FRLANT 267, Gotinga 2018.

Zerafa P. P., *The Wisdom of God in the Book of Job*, Angelicum, Roma 1978.

Índice

2ª PARTE
El juicio de Job (29,1–42,6).
Tres discursos para la sentencia